W0235810

An einer Sache lässt Professor Richard Wiseman keinen Zweifel: Paranormale Phänomene gibt es nicht. Aber genauso wie die Raumfahrt zu einer Technologie führt, die das Alltagsleben verwandelt, liefert die Erforschung von Telepathie, Wahrsagerei und außerkörperlichen Erlebnissen bemerkenswerte Einblicke in Gehirn, Verhalten und Ihre Überzeugungen.

In seinem Buch »Paranormalität« untersucht der Bestseller-Autor nun mit gewohnt britischem Humor die neue Wissenschaft vom Übernatürlichen. Er nimmt die Leser mit auf eine wilde Geisterjagd und zeigt u. a., wie man Träume steuert, aus seinem Körper heraustritt, fremde Personen davon überzeugt, dass man alles über sie weiß, eine Gehirnwäsche vermeidet und mit nichtexistenten Geistern verkehrt.

Professor Richard Wiseman begann seine berufliche Laufbahn als Magier und wurde bald schon mit zahlreichen Preisen ausgezeichnet. Nachdem er einen ersten Abschluss in Psychologie erworben hatte, untersuchte er vier Jahre lang parapsychologische Medien im Rahmen seiner Doktorarbeit in der Koestler-Abteilung für Parapsychologie an der Universität von Edinburgh. Die letzten 20 Jahre hat er die Psychologie des Paranormalen erforscht und verbrachte schlaflose Nächte in Spukschlössern, nahm Gurus in Indien in Augenschein, versuchte mit den Toten zu sprechen und prüfte parapsychologisch veranlagte Hunde. Professor Wiseman hat über 50 wissenschaftliche Aufsätze über paranormale Phänomene veröffentlicht und ist Mitglied des Komitees zur wissenschaftlichen Erforschung von Behauptungen über paranormale Phänomene.

Im Fischer Taschenbuch sind außerdem erschienen: ›Wie Sie in 60 Sekunden Ihr Leben verändern‹ und ›Quirkologie‹.

Richard Wiseman

Paranormalität

Warum wir Dinge sehen, die es nicht gibt

Aus dem Englischen von Jürgen Schröder

Fischer Taschenbuch Verlag

Veröffentlicht im Fischer Taschenbuch Verlag,
einem Unternehmen der S. Fischer Verlag GmbH,
Frankfurt am Main, Oktober 2012

Die englische Originalausgabe
»Paranormality. Why we see what isn't there«
erschien 2011 im Verlag Macmillan, London
© 2011 Richard Wiseman
Für die deutsche Ausgabe
© 2012 Fischer Taschenbuch Verlag GmbH
in der S. Fischer Verlag GmbH, Frankfurt am Main
Satz: Dörlemann Satz, Lemförde
Druck und Bindung: CPI – Clausen & Bosse, Leck
Printed in Germany

ISBN 978-3-596-19235-9

Für Jeff

Interaktive Tags

Mehrere Abschnitte dieses Buches enthalten folgende Muster:

www.richardwiseman.com/paranormality/Welcome.html

Sie heißen QR-Tags und gestatten Ihnen, exklusive Kurzfilme und Audio-Clips auf Ihrem Smartphone anzuschauen und anzuhören. Öffnen Sie einfach irgendeine Anwendung zum Scannen von Barcodes, richten Sie Ihre Kamera auf das Muster, und Ihr Smartphone wird automatisch eine Verbindung zum Zusatzmaterial herstellen. Wenn Sie kein Smartphone haben, können Sie die Web-Adresse, die unter jedem Tag steht, verwenden, um dieses Zusatzmaterial einzusehen.

Inhaltsverzeichnis

Ein kurzer Test, bevor wir anfangen

Dieses Buch enthält viele Tests, Experimente, Übungen und De-monstrationen. Hier kommt die erste Übung. Betrachten Sie kurz den hier abgebildeten Tintenklecks.

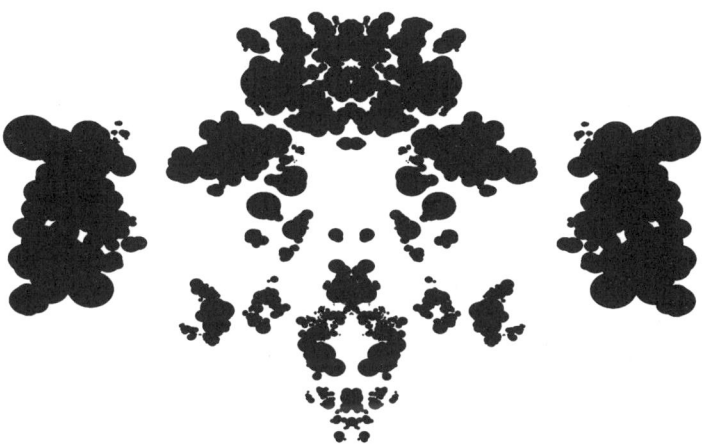

Wonach sieht das Bild Ihrer Meinung nach aus? Vielen Dank. Wie wir später feststellen werden, enthüllen die Gedanken, die Ihnen gerade durch den Kopf gegangen sind, eine Menge über Sie selbst.

Einleitung

In welcher wir erfahren, was geschah, als ein vermeintlich parapsychologisch begabter Hund getestet wurde, und unsere Reise in eine Welt antreten, in der alles möglich zu sein scheint und nichts genauso ist, wie es auf den ersten Blick aussieht.

Als ich tief in Jaytees Augen blickte, gingen mir mehrere Gedanken durch den Kopf. Hatte dieser niedliche, kleine Terrier wirklich eine parapsychologische Begabung? Wenn nicht, wie konnte er dann in der ganzen Welt Schlagzeilen machen? Und wenn er die Zukunft vorhersagen konnte, wusste er dann schon, ob unser Experiment erfolgreich ausgehen würde? Gerade in diesem Augenblick hüstelte Jaytee leicht, lehnte sich nach vorn und erbrach sich auf meine Schuhe.

Meine Mußestunden mit Jaytee fanden vor etwa zehn Jahren statt. Ich war Anfang dreißig und führte ein Experiment durch, um herauszufinden, ob dieser vermeintlich parapsychologisch begabte Terrier wirklich vorhersehen konnte, wann seine Besitzer heimkehren würden. Zu dieser Zeit hatte ich schon über zehn Jahre mit der Erforschung einer Vielzahl vermeintlich paranormaler Phänomene hinter mir und schlaflose Nächte in vermeintlichen Spukhäusern verbracht, Medien und parapsychologisch begabte Personen getestet und Laborexperimente über Telepathie durchgeführt.

Diese Faszination für das Unmögliche begann, als ich acht Jahre alt war und meinen ersten Zaubertrick sah. Mein Großvater ließ mich meine Initialen in eine Münze einritzen, brachte die Münze zum Verschwinden und zeigte mir dann, dass sie auf magische Weise in eine versiegelte Kiste gelangt war. Einige Wochen später erklärte er das Geheimnis des vermeintlichen Wunders, und ich hatte angebissen. Die nächsten paar Jahre fand ich alles über die dunklen Künste der Zauberei und der Täuschung heraus, was ich nur konnte. Ich suchte in antiquarischen Buchläden nach obskuren Werken über Taschenspielertricks, trat einem örtlichen Zauberklub bei und gab Vorführungen für Freunde und meine Familie. Als Teenager hatte ich schon ein paar hundert Shows hinter mir und war zu einem der jüngsten Mitglieder des angesehenen Magic Circle geworden.

Um ein Publikum erfolgreich zu täuschen, muss ein Zauberer Ihr Denken und Verhalten verstehen. Genauer gesagt, er muss verstehen, wie er Sie zu einer Fehlwahrnehmung dessen veranlassen kann, was nur Zentimeter von Ihrer Nase entfernt geschieht, wie er Sie daran hindert, über bestimmte Lösungen für Tricks nachzudenken, und Sie dazu überredet, sich an das, was genau vor Ihren Augen passiert, falsch zu erinnern. Nachdem ich über mehrere Jahre hinweg zweimal am Abend Menschen getäuscht hatte, verspürte ich eine Faszination für diese Aspekte menschlichen Verhaltens und beschloss daher, mich für ein Psychologiediplom am Londoner University College einzuschreiben.

Wie die meisten Zauberer hegte ich tiefe Zweifel an der Existenz paranormaler Phänomene und hatte sie in einer geistigen Schublade untergebracht mit der Bezeichnung »unwahr, macht aber Spaß, auf Partys darüber zu sprechen«. Als ich mich dann gerade dem Ende meines ersten Studienjahres der Psychologie näherte, wurde alles durch ein Zufallsereignis verändert. Eines Tages schaltete ich zufällig den Fernseher in meiner Studentenbude ein und erhaschte den Schluss einer Sendung über Wissenschaft und das Übernatürliche. Eine junge Psychologin namens Sue Blackmore erschien auf dem Bildschirm und erklärte, dass sie ebenfalls fasziniert war von Dingen, die angeblich nachts herumpoltern. Dann sagte sie etwas, das einen enormen Einfluss auf meine Laufbahn hatte. Anstatt zu untersuchen, ob solche Phänomene echt seien, erklärte sie, dass sie es für lohnender halte zu erforschen, warum Menschen diese sonderbaren Empfindungen erlebten. Warum glaubten Mütter, dass sie mit ihren Kindern telepathisch kommunizierten? Warum glaubten Menschen, dass sie einen Geist gesehen hätten? Warum waren sich manche Menschen so sicher, dass ihr Schicksal in den Sternen geschrieben stehe? Plötzlich fiel der Groschen. Zuvor hatte ich nicht ernsthaft in Erwägung gezogen, irgendwelche Forschungen zu paranormalen Phänomenen durchzuführen. Warum sollte ich schließlich meine Zeit damit verschwenden, die mögliche Existenz von Dingen zu untersuchen, die es wahrscheinlich gar nicht gab? Sues Kommentare ließen mich jedoch Klarheit darüber gewinnen, dass eine solche Arbeit lohnenswert sein könnte, wenn ich mich von der Existenz der Phänomene wegbewegte und mich stattdessen auf die tiefgründige und faszinierende Psychologie konzentrierte, die hinter den Überzeugungen und Erlebnissen der Leute steckte.

Als ich mich eingehender mit diesen Dingen befasste, entdeckte ich, dass Sue nicht die einzige Forscherin war, die diesen Ansatz gegenüber dem Paranormalen verfolgte. Tatsächlich widmete im Laufe der ganzen Geschichte eine Handvoll Forscher ihr Leben der Entdeckung dessen, was vermeintlich paranormale Phänomene über unser Verhalten, unsere Überzeugungen und unser Gehirn aussagen. Indem sie es wagten, einen Abstecher ins Übernatürliche zu unternehmen, haben diese Pionierarbeit leistenden Einzelgänger einige der sonderbarsten Untersuchungen durchgeführt, die je gemacht wurden, unter anderem das Ablösen des Kopfes des weltbesten Gedankenlesers, das Eindringen in verschiedene Kulte, den Versuch, die Seelen der Sterbenden zu wiegen, und die Prüfung eines sprechenden Mungos. Ebenso wie der geheimnisvolle Zauberer von Oz sich als Mann erwies, der hinter einem Vorhang Knöpfe drückte und an Hebeln zog, ergab ihre Arbeit überraschende und wichtige Einblicke in die Psychologie des Alltagslebens und in die menschliche Psyche.

Meine Untersuchung des angeblich parapsychologisch begabten Terriers Jaytee ist ein gutes Beispiel für diesen Ansatz.

Bevor er zu dem äußerst erfolgreichen Selbsthilfeguru von heute wurde, veranstaltete Paul McKenna eine Fernsehreihe über das Paranormale. Ich wurde als einer der ortsansässigen Wissenschaftler zu der Show eingeladen und tat meine Meinung zu einer ganzen Bandbreite von bemerkenswerten Vorführungen, Experimenten und Ereignissen kund. Diese waren sehr vielfältig. In der einen Woche erschien ein Mann, der Funken aus seinen Fingerspitzen sprühen ließ, während ein anderes Mal Paul Millionen von Zuschauern aufforderte, die staatliche Lotterie durch ihren Geist zu beeinflussen, indem sie sich während der Ziehung auf sieben bestimmte Zahlen konzentrierten (drei davon wurden gezogen).

Eine Episode hatte mit einem besonders interessanten Film über einen Terrier namens Jaytee zu tun. Dem Film zufolge besaß Jaytee die frappierende Fähigkeit vorherzusagen, wann seine Besitzerin, Pam, nach Hause kam. Pam wohnte bei ihren Eltern, und diese hatten bemerkt, dass Jaytee zuverlässig die Rückkehr ihrer Tochter dadurch signalisierte, dass er sich ans Fenster setzte. Eine britische Zeitung hatte einen Artikel über Jaytees erstaunliche Fähigkeit veröffentlicht, und eine österreichische Fernsehgesellschaft hatte ein erstes Experiment mit ihm durchgeführt. Der Test wurde in Paul McKennas Programm gezeigt und bestand darin, dass ein Filmteam Pam auf ihrem Weg durch das Zentrum ihrer Heimatstadt folgte, während ein zweites Team Jaytee kontinuierlich im Haus ihrer Eltern filmte. Als Pam sich entschloss, nach Hause zurückzukehren, ging Jaytee zum Fenster und blieb dort, bis seine Besitzerin kam. Pam, Jaytee und ich waren alle bei der

Show dabei und plauderten über den Film. Ich sagte, dass ich das sehr merkwürdig fände, und Pam forderte mich freundlich auf, eine förmlichere Überprüfung ihres anscheinend parapsychologisch begabten Hundes vorzunehmen.

Einige Monate später fuhren mein Forschungsassistent Matthew Smith und ich nach Ramsbottom in Nordostengland, um Jaytee zu testen. Wir trafen uns, und alles schien gutzugehen. Pam war sehr freundlich, Matthew und ich mochten Jaytee, und Jaytee schien uns zu mögen.

Beim ersten Test fuhren Matthew und Pam zu einem Wirtshaus, das etwa zwölf Kilometer entfernt war, und als sie dort eintrafen, wählten sie mit einem Zufallszahlengenerator eine Zeit für die Rückkehr aus – 9 Uhr abends. Unterdessen filmte ich ständig Jaytees Lieblingsfenster, damit wir eine vollständige Aufzeichnung seines Verhaltens an diesem Ort hätten. Als Pam und Mat vom Wirtshaus zurückkehrten, spulten wir den Film zurück und beobachteten gespannt Jaytees Verhalten. Interessanterweise war der Terrier zur ausgelosten Zeit am Fenster. So weit, so gut. Als wir uns jedoch den restlichen Film ansahen, begannen Jaytees scheinbare Fähigkeiten, sich aufzulösen. Es stellte sich heraus, dass er so etwas wie ein Liebhaber dieses Fensters war und es im Verlauf des Experiments dreizehn Mal aufsuchte. Es schien, dass die Zeit, die er am Fenster verbrachte, nicht das eindeutige Signal war, das der Ausschnitt aus dem österreichischen Fernsehen nahelegte. Pam erklärte, dass der Sommer vielleicht die falsche Jahreszeit für das Experiment war wegen der vielen Ablenkungen, wie etwa die läufige Hündin aus der Nachbarschaft oder das Kommen des Fischhändlers.

Im Dezember kehrten wir nach Ramsbottom zurück und führten zwei weitere Versuche durch. In der ersten Sitzung ging Jaytee viermal zum Fenster, und eines dieser vier Male fand etwa zehn

Minuten vor dem Zeitpunkt statt, als Matthew und Pam ihre Rückkehr antraten. Knapp vorbei ist auch daneben. Beim letzten Versuch ging Jaytee achtmal zum Fenster. Bei einem Mal machten sich Matthew und Pam genau zu diesem Zeitpunkt auf den Heimweg, aber Jaytee blieb dort nur ein paar Sekunden, bevor er in den Garten rannte und sich auf meine Schuhe erbrach. Alles in allem sind das nicht gerade überwältigende Belege für Tiermagie.[1] Die interessante Frage ist jedoch nicht, ob Tiere wirklich parapsychologisch begabt sind, sondern vielmehr, warum Menschen zu der Überzeugung gelangen könnten, dass sie eine parapsychologische Verbindung mit ihrem Haustier haben. Die Antwort darauf sagt uns eine Menge darüber, wie wir die Welt denken.

Filmmaterial zum Test von Jaytee
www.richardwiseman.com/paranormality/Jaytee.html

1967 führten das Psychologenehepaar Loren und Jean Chapman von der University of Wisconsin ein heute als klassisch geltendes Experiment durch.[2] In der Untersuchung wurde eine Form von psychiatrischer Begutachtung verwendet, die in den 1960er Jahren beliebt war und »Draw-a-Person-Test« genannt wurde. Den damaligen Klinikern zufolge war es möglich, die verschiedensten Probleme anhand der von einem Patienten angefertigten Zeichnung einer typischen Person festzustellen, wie z. B. Paranoia, unterdrückte Sexualität und Depression. Die Chapmans waren sich jedoch nicht so sicher, dass der Test einer genaueren Überprüfung standhielte. Schließlich schienen viele der angeblichen Zusammenhänge, wie z. B. dass paranoide Personen Zeichnungen mit großen Augen machten, überraschend gut zu den Stereotypen zu passen, die die Öffentlichkeit im Kopf herumträgt. Deshalb stellten sich die Chapmans die Frage, ob die angeblichen Muster nicht vielmehr im Geist der Kliniker existierten. Um ihre Vermutung zu prüfen, wurden einer Gruppe von Studenten Zeichnungen von Menschen gezeigt, die von psychiatrischen Patienten angefertigt worden waren, und zwar zusammen mit einer kurzen Beschreibung ihrer Symptome, wie z. B. »Er ist argwöhnisch«, »Er macht sich Sorgen darüber, nicht männlich genug zu sein«, »Er macht sich Sorgen über sexuelle Impotenz«. Nachdem sie die Paarungen von Bildern und Beschreibungen durchgesehen hatten, wurden die Versuchspersonen gefragt, ob sie irgendwelche Muster in den Daten bemerkt hätten. Interessanterweise berichteten die Versuchspersonen über dieselben Arten von Mustern, die die professionellen Kliniker seit Jahren verwendeten. Sie dachten beispielsweise, dass paranoide Menschen atypische Augen zeichnen, dass diejenigen, die Probleme im Zusammenhang mit ihrer Männlichkeit haben, Figuren mit breiten Schultern darstellten und dass kleine Geschlechtsorgane auf Dinge hinwiesen, die mit Impotenz zu tun haben.

Dabei gab es nur ein kleines Problem. Die Chapmans hatten die Zeichnungen und die Symptome durch Zufallsauswahl miteinander gepaart. Es gab also keine wirklichen Muster in den Daten. Die Versuchspersonen hatten das Unsichtbare gesehen. Die Arbeit der Chapmans brachte den »Draw-a-Person-Test« völlig in Misskredit und offenbarte darüber hinaus einen wichtigen Einblick in die menschliche Psyche. Unsere Überzeugungen sitzen nicht passiv in unserem Gehirn, um darauf zu warten, durch einlaufende Informationen bestätigt oder widerlegt zu werden. Stattdessen spielen sie eine Schlüsselrolle bei der Formung unserer Weltsicht. Das gilt besonders, wenn wir es mit Koinzidenzen zu tun haben. Wir haben eine bemerkenswerte Fähigkeit, unsere Aufmerksamkeit auf gemeinsam auftretende Ereignisse zu lenken, vor allem dann, wenn sie unsere Überzeugungen stützen. Im Experiment der Chapmans glaubten die Versuchspersonen bereits, dass paranoide Menschen Zeichnungen mit großen Augen machen würden, und bemerkten daher Fälle, in denen die Zeichnung einer paranoiden Person tatsächlich große Augen hatte, und spielten die von paranoiden Personen angefertigten Bilder herunter, auf denen die Figuren völlig normale Augen hatten.

Dasselbe Prinzip gilt für Dinge, die mit dem Paranormalen zu tun haben. Wir möchten alle glauben, dass wir ein unerschlossenes parapsychologisches Potential haben, und geraten in Aufregung, wenn wir an einen Freund denken, das Telefon klingelt und seine Stimme am anderen Ende der Leitung ertönt. Dabei vergessen wir alle diejenigen Male, als wir an diesen Freund dachten, das Telefon klingelte und ein Telefonverkäufer am anderen Ende war. Oder alle die Male, die Sie nicht an den Freund gedacht haben und er unerwartet anrief. Ebenso, wenn wir einen Traum haben, der die Ereignisse des folgenden Tages widerspiegelt, sind wir schnell dabei, eine prophetische Begabung zu behaupten. Aber dabei lassen wir alle jene Male außer Acht, als unsere Träume sich nicht bewahrheiteten. Dasselbe gilt für Tiermagie. Wenn wir glauben, dass die Besitzer eine parapsychologische Verbindung mit ihren Haustieren haben, achten wir darauf, wann ein Tier die Heimkehr seines Besitzers vorherzusagen scheint, und vergessen jene Male, als das Tier eine Vorhersage machte, aber falschlag, oder eine Heimkehr nicht vorhersehen konnte.

Wichtiger noch ist vielleicht die Tatsache, dass derselbe Mechanismus uns bei der Gesundheit in die Irre führt. Mitte der 1990er Jahre beschlossen die Forscher Donald Redelmeier und

Amos Tversky, die mögliche Verbindung zwischen arthritischem Schmerz und dem Wetter zu erforschen.[3] Seit Tausenden von Jahren waren Menschen davon überzeugt, dass ihre Arthritis bei bestimmten Änderungen der Temperatur, des Luftdrucks und der Feuchtigkeit aufflammte. Um herauszufinden, ob das auch tatsächlich der Fall war, ließen Redelmeier und Tversky eine Gruppe von Leuten, die an rheumatischer Arthritis litten, die Stärke ihrer Schmerzen ein Jahr lang zweimal im Monat einschätzen. Das Forscherteam holte dann detaillierte Informationen über die örtliche Temperatur, den Luftdruck und die Feuchtigkeit ein. Alle Patienten waren davon überzeugt, dass es eine Beziehung zwischen dem Wetter und ihren Schmerzen gab. Die Daten zeigten jedoch, dass ihr Gesundheitszustand keinerlei Beziehung zu den Wetterverhältnissen aufwies. Sie hatten sich wiederum auf die Male konzentriert, als starke Schmerzen mit besonders schlechten Wetterbedingungen verbunden waren, diejenigen Male jedoch vergessen, als das nicht der Fall war, und hatten irrtümlich den Schluss gezogen, dass beides miteinander verbunden sei.

Ebenso könnten wir von jemandem hören, der auf wundersame Weise nach einem Gebet geheilt wurde, aber diejenigen vergessen, die ohne Gebet geheilt wurden, oder die beteten, aber nicht geheilt wurden, und fälschlicherweise schließen, dass Gebete Erfolg haben. Oder wir könnten von jemandem lesen, der von Krebs geheilt wurde, nachdem er eine Menge Orangen gegessen hatte, und diejenigen vergessen, die ohne Orangen kuriert wurden, oder Orangen aßen, aber nicht kuriert wurden, und am Ende glauben, dass Orangen zur Heilung von Krebs beitragen.

Der Effekt kann sogar eine Rolle bei der Begünstigung von Rassismus spielen, wenn Menschen Bilder von Angehörigen ethnischer Minderheiten sehen, die an Gewalttakten beteiligt sind, und sowohl die gesetzestreuen Mitglieder von Minderheiten als auch gewalttätige Personen vergessen, die keiner Minderheit angehören, und dann schließen, dass die Angehörigen von Minderheiten besonders häufig Verbrechen begehen.

Meine Untersuchung von Jaytee begann mit der Erforschung eines vermeintlich parapsychologisch begabten Hundes und offenbarte schließlich eine Menge über eine unserer grundlegendsten Fehlwahrnehmungen der Welt. Das illustriert, warum ich die Wissenschaft des Übernatürlichen so faszinierend finde. Mit jeder solchen Erkundung begibt man sich auf eine Reise ins Unbekannte, wobei man keine Vorstellung davon hat, wem man begegnen oder was man finden wird.

Wir sind im Begriff, eine Expedition in die Tiefe dieser bislang verborgenen Welt der Wissenschaft des Übernatürlichen zu unternehmen. In einer Reihe phantastischer Geschichten werden wir einem bunten Ensemble von Charakteren begegnen, mit erfahrenen Illusionisten hinter die Kulissen schauen, charismatische Kultführer in Aktion beobachten und an verblüffenden Séancen teilnehmen. Jedes Abenteuer wird einzigartige und überraschende Einblicke in die verborgene Psychologie hinter Ihrem Alltagsleben offenbaren, unter anderem wie Sie sich so entwickelt haben, dass Sie Dinge fürchten, die nachts poltern, wie Ihr Unbewusstes weit leistungsfähiger ist, als man zuvor meinte, und wie Ihr Geist von anderen gesteuert werden kann. Die Reise wird weit mehr als eine passive Besichtigung von Sehenswürdigkeiten sein. Unterwegs werden Sie aufgefordert werden, Ihre Ärmel hochzukrempeln und an mehreren Experimenten teilzunehmen. Jeder dieser Tests bietet eine Gelegenheit, die geheimnisvollere Seite Ihrer Psyche zu erkunden, indem Sie beispielsweise ermuntert werden, die Kraft Ihrer Intuition zu messen, einzuschätzen, wie beeinflussbar Sie sind, und herauszufinden, ob Sie ein geborener Lügner sind.

Der Augenblick der Abreise steht unmittelbar bevor. Machen

Sie sich bereit, in eine Welt einzutreten, in der alles möglich erscheint und doch nichts jemals so ist, wie es auf den ersten Blick aussieht. Eine Welt, in der die Wahrheit tatsächlich sonderbarer ist als manche erfundene Geschichte. Eine Welt, die mir das Vergnügen bereitete, sie in den letzten zwanzig Jahren mein Zuhause zu nennen.

Nun schnell, ein Gewitter zieht sich zusammen, und wir sind im Begriff, unsere Reise in eine Welt anzutreten, die weit wundersamer ist als Oz …

1. Kapitel:
Wahrsagerei

In welchem wir dem geheimnisvollen »Herrn D.« begegnen,
die nichtexistierende Stadt Lake Wobegon besuchen, herausfinden,
wie wir fremde Personen davon überzeugen können, dass wir alles
über sie wissen, und entdecken, wer wir wirklich sind.

Aus Gründen, die bald schon klarwerden, wäre es nicht fair, Herrn D.s wirklichen Namen zu nennen. Nachdem er 1934 im Norden Englands geboren wurde, verbrachte dieser bemerkenswerte Mann einen Großteil seines Lebens damit, als professionelles parapsychologisches Medium zu arbeiten, und entwickelte einen beträchtlichen Ruf wegen äußerst genauer Wahrsagungen. Als ich an der Edinburgh University studierte, nahm Herr D. Kontakt mit mir auf und fragte mich, ob ich Interesse hätte, ihn bei einigen seiner Wahrsagungen zu beobachten. Ich akzeptierte das liebenswürdige Angebot sofort und lud Herrn D. an die Universität ein, damit ich ihn bei der Arbeit filmen konnte. Einige Wochen später trafen wir uns im Foyer des Psychologie-Departments. Ich führte ihn in mein Labor und erklärte, dass ich mehrere freiwillige Versuchspersonen antreten ließe, die unbedingt an einer parapsychologischen Wahrsagesitzung teilnehmen wollten. Herr D. stellte seelenruhig seinen Tisch auf, zog seine Tarotkarten und seine Kristallkugel hervor und wartete auf sein erstes Versuchskaninchen. Einige Augenblicke später öffnete sich die Tür, und herein kam eine 43 Jahre alte Bardame namens Lisa. Ich drückte den »Aufnahme«-Knopf der Videokamera und zog mich auf die andere Seite eines Doppelspiegels zurück.

Herr D. wusste vor der Sitzung nichts von Lisa. Er bat sie zunächst, ihre rechte Hand vorzustrecken mit der Handfläche nach oben. Nachdem er ihre Handfläche mit einem horngestielten Vergrößerungsglas sorgfältig untersucht hatte, begann Herr D. ihre Persönlichkeit zu beschreiben. Schon nach wenigen Sekunden nickte und lächelte Lisa. Dann bat er sie, einen Stapel Tarotkarten zu mischen und diesen dann in die Mitte des Tisches zu legen. Herr D. dreht eine nach der anderen Karte um und besprach jede einzelne. Innerhalb weniger Minuten sagte er Lisa, dass sie einen Bruder habe, und beschrieb seinen Werdegang in beachtlichen Einzelheiten. Ein paar Augenblicke später sagte Herr D., er glaube, dass Lisa eine langfristige Beziehung beendet habe.

Die Wahrsagesitzung mit Lisa dauerte ungefähr zehn Minuten. Als sie das Labor verließ, interviewte ich sie zu ihrer Einschätzung der Zeit, die sie mit Herrn D. verbracht hatte. Lisa war äußerst beeindruckt und erklärte, wie richtig Herr D. ihre Persönlichkeit, kürzliche Schwierigkeiten mit einer Beziehung und den beruflichen Werdegang ihres Bruders beschrieben hatte. Als ich Lisa bat, die Korrektheit von Herrn D.s Wahrsagung einzuschätzen, gab sie ihr Bestnoten.

Den ganzen Morgen über verließen uns noch mehrere Leute, die gleichermaßen überzeugt waren, dass Herr D. unheimliche Kräfte besäße. Nach einem kurzen Mittagessen betrachtete Herr D. die Aufnahmen seiner Wahrsagesitzungen und erklärte seine Fähigkeiten etwas mehr. Es war eine faszinierende und aufschlussreiche Erfahrung. In nur wenigen Stunden bot Herr D. nicht nur einen seltenen Einblick in die Welt eines professionellen parapsychologischen Mediums, sondern enthüllte auch, wie nahezu jeder lernen könne, solche Kräfte zu entwickeln. Am Abend packte Herr D. seine Tarotkarten ein und verabschiedete sich. Leider traf ich Herrn D. nie wieder, weil er wenige Jahre später einer plötzlichen und tödlichen Herzattacke zum Opfer fiel. Doch der Tag, den ich mit ihm verbrachte, lebt in meinem Geist fort, und später in diesem Kapitel werden wir auf das Geheimnis hinter seiner an-

scheinend magischen Begabung zu solchen Einsichten zurückkommen.

Jedes Jahr besuchen Millionen von Menschen parapsychologische Medien und gehen mit der festen Überzeugung von dannen,
dass diese Personen die Fähigkeit besitzen, tief in ihre Seele zu
blicken. Betrügen sie sich selbst, sind sie die Opfer ausgefeilter
Tricks, oder geht hier etwas wirklich Gespenstisches vor? Um das
herauszufinden, hat eine kleine Gruppe von Forschern die angeblich paranormalen Kräfte parapsychologischer Medien unter dem
Mikroskop betrachtet. Der namhafteste Forscher unter ihnen ist
der Magier und Erzskeptiker James Randi.

Laborfilmmaterial von Herrn D. bei der Arbeit
www.richardwiseman.com/paranormality/MrD.html

Eine Séance an einem warmen Mittwochnachmittag

Randall James Hamilton Zwinge wurde 1928 in Toronto geboren.[1]
Als er 12 Jahre alt war, sah er zufällig eine Matinee-Vorführung
von einem bekannten amerikanischen Magier namens Harry
Blackstone Sr. Dieses Erlebnis hinterließ einen tiefen Eindruck,
und soviel wie er nur konnte, erkundete Zwinge die geheimnisvolle

Welt der Zauberei und begann schließlich selbst, regelmäßig Vorstellungen zu geben.

Wie viele Magier war Zwinge etwas skeptisch im Hinblick auf paranormale Dinge. Als er 15 war, ging er zu seiner örtlichen spiritualistischen Kirche und war abgestoßen von dem, was er dort sah. Die Gemeindemitglieder wurden ermuntert, versiegelte Umschläge mitzubringen, die Fragen an ihre verstorbenen Familienangehörigen enthielten. Die Geistlichen lasen dann heimlich die Botschaften und produzierten eine gefälschte Antwort von den »Toten«. Zwinge versuchte, den Betrug aufzudecken, verärgerte aber die Geistlichen und fand sich schließlich auf der örtlichen Polizeiwache wieder.

Unbeirrt ließ er sich am Ende einen Spitzbart wachsen, änderte seinen Namen rechtmäßig in James Randi, »Der Unglaubliche«, und begann eine lange und bunte Laufbahn als professioneller Magier und Entfesselungskünstler. Im Laufe der Jahre nahm Randi an einer Reihe von spektakulären Projekten teil, unter anderem blieb er 104 Minuten lang in einem versiegelten Metallsarg (und überbot damit Houdinis Rekord um zehn Minuten), erschien 22-mal in Johnny Carsons *The Tonight Show*, spielte in einer Folge von *Happy Days* mit, befreite sich aus einer Zwangsjacke, während er mit dem Kopf nach unten über den Niagara-Fällen hing, und erschien, um allabendlich die Rocklegende Alice Cooper zu enthaupten.

Parallel zu seiner Karriere als Magier setzte Randi seinen Kreuzzug gegen paranormale Betrügereien fort. Seine Untersuchungen entwickelten einen solchen Impetus und solche Bekanntheit, dass er 1996 die James Randi Educational Foundation gründete. Die Website preist sich selbst als »Bildungsquelle zu paranormalen, pseudowissenschaftlichen und übernatürlichen Phänomenen« an und bietet auch eine kühne Herausforderung für Möchtegernmedien an oder jene, die behaupten, über paranormale

Kräfte zu verfügen. Eine Herausforderung im Wert von einer Million Dollar, um genau zu sein.

In den späten 1960er Jahren erschien Randi in einer Radio-Diskussionsrunde und erklärte, warum er der Ansicht sei, dass diejenigen, die Anspruch auf paranormale Kräfte erheben, sich entweder selbst täuschen oder andere betrügen. Ein Diskussionsteilnehmer, ein Parapsychologe, schlug vor, dass er Wörtern auch Taten folgen lassen sollte, indem er einen Bargeldpreis für jeden aussetzte, der zeigen konnte, dass er echte parapsychologische Fähigkeiten habe. Randi nahm die Herausforderung an und setzte 1000 Dollar aus. Im Laufe der Jahre wuchs Randis Angebot auf 100 000 Dollar, und dann, in den späten 1990er Jahren, erhöhte ein wohlhabender Anhänger seiner Stiftung das Preisgeld auf eine Million Dollar für jeden, der die Existenz paranormaler Fähigkeiten zur Zufriedenheit eines unabhängigen Gremiums nachweisen könnte (bislang hat das noch niemand geschafft). Aber über ein Jahrzehnt lang hat diese Chance, im Nu zum Millionär zu werden, einen stetigen Strom von Bewerbern angezogen, darunter auch parapsychologische Medien, die behaupten, in der Lage zu sein, die Reihenfolge gemischter Kartenstapel zu erraten, Wünschelrutengänger, die sagen, dass sie mit gebogenen Kleiderbügeln und Astgabeln unterirdisches Wasser entdecken können, und sogar eine Frau, die versuchte, durch die Kraft ihres Geistes fremde Personen zum Urinieren zu veranlassen. Auch das war ein Misserfolg …

2008 bewarb sich ein britisches Medium namens Patricia Putt um Randis Herausforderung von einer Million Dollar. Putt war überzeugt, dass sie Informationen über die Lebenden sammeln konnte, indem sie sich mit deren verstorbenen Freunden und Verwandten unterhielt. Randi bat mich und Chris French, einen Psychologieprofessor am Goldsmiths College in London, Putts Fähigkeiten zu testen.[2]

Putt lebt in Essex und ist ein erfahrenes Medium, das jahrelang sowohl Einzel- als auch Gruppensitzungen veranstaltet hat. Ihrer Website zufolge wurde ein Großteil dieser Arbeit mit der außerordentlich wertvollen Unterstützung ihres ägyptischen spirituellen Helfers »Ankhara« durchgeführt, dem sie zum ersten Mal bei einer Regressions-Schlaftherapiesitzung begegnete. Putts Website beschreibt außerdem viele Beispiele, in denen sie anscheinend unbestreitbare Beweise der Geisterwelt geliefert hat, und enthält eine Liste von mehreren Fernseh- und Radioprogrammen, die ihre Dienste in Anspruch genommen haben.

Nach langen Diskussionen einigten sich Putt, French und ich auf die Einzelheiten des Tests. Er sollte an einem einzigen Tag stattfinden und zehn freiwillige Versuchspersonen teilnehmen. Putt sollte keine dieser Personen im Voraus kennen und sollte versuchen, mit einem verstorbenen Freund oder Verwandten jeder Versuchsperson Kontakt aufzunehmen, und dann mit Hilfe dieses Geistes Informationen über die Persönlichkeit und das Leben der Versuchsperson herausfinden.

Der große Tag brach an. Alle Versuchspersonen waren so eingeteilt worden, dass sie über den ganzen Tag hinweg zu verschiedenen Zeiten in Frenchs Labor eintreffen sollten. Um die Möglichkeit auf ein Minimum zu begrenzen, dass Putt irgendwelche Informationen über die Versuchspersonen anhand ihres Aussehens oder ihrer Kleidung in Erfahrung bringen könnte, ließ French sie Armbanduhren und Schmuck ablegen, einen den ganzen Körper bedeckenden, schwarzen Umhang anziehen und eine schwarze Sturmhaube überstreifen.

Jede Versuchsperson wurde in den Testraum geführt und gebeten, auf einem Sessel Platz zu nehmen, der gegenüber einer Wand stand. Dann betrat Putt das Zimmer, setzte sich an der gegenüberliegenden Seite des Zimmers an einen Schreibtisch und

Eine Versuchsperson nimmt am Test mit
Patricia Putt teil

versuchte, mit der Geisterwelt Kontakt aufzunehmen. Sobald sie
der Meinung war, dass sie eine direkte Verbindung zu den Toten
hatte, machte sie einen Geist ausfindig, der die Person kannte, und
schrieb dann leise Informationen über die Versuchsperson auf.
Meine Rolle bei diesem Test bestand darin, Putt zu geeigneten
Zeiten in den Testraum hinein- und wieder herauszubringen, bei
ihr zu sein, während sie versuchte, mit den Geistern Kontakt aufzunehmen und sie im Allgemeinen den ganzen Tag hindurch zu
begleiten. Putt und ich verbrachten die meiste Zeit zwischen den
Sitzungen mit Plaudern. Einmal fragte ich sie, ob es einen Nachteil
bei der Arbeit als professionelles Medium gäbe. Ohne einen An-
flug von Ironie erklärte sie, wie ärgerlich es sei, wenn Leute mit ihr
ein Treffen vereinbaren, aber dann nicht erschienen.

Nachdem Putt alle zehn Sitzungen absolviert hatte, wurden
die Versuchspersonen gebeten, in den Testraum zurückzukehren.

Jede erhielt Transkriptionen aller Sitzungen, die Putt an diesem Tag gemacht hatte, und wurde gebeten, sie durchzusehen und diejenige Wahrsagung zu identifizieren, die auf sie zuzutreffen schien. Wenn Putt wirklich die Kräfte besaß, die sie zu besitzen beanspruchte, sollte das den Versuchspersonen leichtfallen. Stellen wir uns beispielsweise vor, dass eine von ihnen auf dem Land groß geworden war, eine beträchtliche Zeit auf Reisen in Frankreich verbracht und vor kurzem einen Schauspieler geheiratet hätte. Wenn Putt wirklich eine direkte Verbindung zur Geisterwelt hätte, dann könnte sie eine Kindheit umgeben von Grün, den starken Geruch von Brie oder den Satz »Liebling, es war ein Triumph« erwähnt haben. Sobald die betreffende Person diese Angaben sah, würde sie augenblicklich wissen, dass die Wahrsagung sich auf sie bezog, und würde deshalb keinerlei Schwierigkeiten haben, sie aus dem Bündel auszuwählen. Damit Putt den Test bestand, mussten fünf oder mehr Versuchspersonen ihre jeweilige Wahrsagung richtig identifizieren.

Jede Versuchsperson prüfte sorgfältig Putts Wahrsagungen und bestimmte diejenige, die sie für am zutreffendsten hielt. Dann versammelten wir uns alle in Frenchs Labor, um zu sehen, wie Putt abgeschnitten hatte. Versuchsperson eins hatte eine Wahrsagung ausgewählt, die für Versuchsperson sieben gedacht war. Die Wahrsagung, die von Versuchsperson zwei ausgewählt wurde, war tatsächlich erstellt worden, als Versuchsperson sechs vor Putt saß. Und auf diese Art ging es weiter. Tatsächlich identifizierte keine der Versuchspersonen ihre eigene Wahrsagung. Putt war fassungslos über das Ergebnis, gelobte jedoch, mit einer neuen und besseren Behauptung zurückzukehren.[3]

Sie könnten geltend machen, dass Putt deshalb scheiterte, weil sie sich einverstanden erklärte, unter künstlichen Bedingungen zu arbeiten. Falls sie nicht einen Auftritt bei einer Zusammenkunft introvertierter, als Batman verkleideter Laiendarsteller bekommt, wird sie selten gebeten werden, Wahrsagungen für Leute zu machen, die in einen schwarzen Umhang gehüllt sind, eine schwarze Sturmhaube tragen und von ihr wegschauen. Das Problem ist jedoch, dass andere Experimente, die in einer natürlicheren Umgebung durchgeführt wurden, dasselbe Ergebnis lieferten.

Interview mit Prof. Chris French

www.richardwiseman.com/paranormality/ChrisFrench.html

In den frühen 1980er Jahren untersuchten die Psychologen Hendrik Boerenkamp und Sybo Schouten von der Universität Utrecht fünf Jahre lang die angeblichen paranormalen Kräfte von zwölf angesehenen holländischen Medien.[4] Die Forscher besuchten jedes Medium mehrmals in jedem Jahr zu Hause (»Erwartet es Sie?«), zeigten dem Medium ein Foto von jemandem, dem es nie begegnet war, und baten es, Informationen über diese Person zu liefern. Mit einer Gruppe von zufällig ausgewählten Personen, die nicht beanspruchten, parapsychologisch begabt zu sein, führten sie genau dasselbe Verfahren durch. Nachdem sie über 10 000 Aussagen aufgenommen und analysiert hatten, kamen die Forscher zu dem Schluss, dass die vermeintlich paranormalen Kräfte der Medien nicht besser waren als das zufällige Raten der nicht parapsychologisch begabten Kontrollgruppe und dass keine von beiden Gruppen beeindruckende Trefferquoten erzielte.

Solche negativ verlaufenden Untersuchungen sind nicht die Ausnahme, sondern die Norm.[5] Über ein Jahrhundert haben Forscher die Behauptungen von Medien und parapsychologisch begabten Personen geprüft und sie für unzulänglich befunden. Nachdem Sybo Schouten diese riesige Menge von Untersuchungen einer kritischen Durchsicht unterzogen hatte, kam er tatsächlich zu der Schlussfolgerung, dass die Leistung von Medien einfach nicht besser war als auf Zufallsniveau. Vonseiten der parapsychologisch begabten Personen und Medien scheint jedenfalls keine Gefahr für Randis Preis von einer Million Dollar auszugehen.

Ein Rätsel ergibt sich daraus, dass Umfragen darauf hindeuten, dass etwa jeder Sechste glaubt, dass er eine korrekte Wahrsagung von einer angeblich parapsychologisch begabten Person erhalten hat.[6] Um dieses Rätsel zu lösen, ist es notwendig, die Geheimnisse der medialen Wahrsager kennenzulernen. Dazu gibt es mehrere Methoden. Beispielsweise könnten Sie ein paar Wochen mit einem Programm zur Entwicklung parapsychologischer Fähigkeiten zubringen und versuchen, Ihr inneres Auge zu öffnen. Oder Sie könnten sich für einen einmonatigen Kurs an einer Akademie für Medialität einschreiben und versuchen, Fühlung mit den Toten aufzunehmen. Alternativ dazu könnten Sie sich eine Menge Zeit und Mühe sparen, indem sie das alles beiseiteschieben. Ob absichtlich oder unabsichtlich, die meisten Medien und parapsychologisch begabten Personen machen Gebrauch von einem faszinierenden Arsenal psychologischer Techniken, um den Eindruck zu vermitteln, dass sie über einen magischen Einblick in die Vergangenheit, Gegenwart und Zukunft verfügen. Diese Techniken werden als »kaltes Wahrsagen« bezeichnet, und sie offenbaren wichtige Einblicke in die Natur unserer alltäglichen Interaktionen. Um etwas über sie herauszufinden, werden wir noch etwas Zeit mit einem unserer vertrauten Freunde verbringen.

Die Enthüllung des geheimnisvollen Herrn D.

Bevor wir unsere Reise in die Psychologie parapsychologischer Wahrsagesitzungen fortsetzen, möchte ich, dass Sie den folgenden zweiteiligen psychologischen Test bearbeiten.

Stellen Sie sich erstens vor, dass die untenstehende Illustration eine Luftansicht einer großen Sandgrube darstellt. Stellen Sie sich dann vor, dass jemand einen Ort in der Grube zufällig ausgewählt und dort einen Schatz vergraben hat. Sie haben nur eine einzige Chance zu graben und den Schatz zu finden. Ohne groß darüber nachzudenken, setzen Sie ein »X« in die Sandgrube, um anzugeben, wo Sie graben würden.

Stellen Sie sich zweitens eine geometrische Figur innerhalb einer anderen vor. Vielen Dank. Wir werden später auf Ihre Antworten zurückkommen.

Zu Beginn dieses Kapitels schilderte ich, wie Herr D. einmal zur Universität von Edinburgh kam und seine verblüffenden Fähigkeiten demonstrierte. In einer Sitzung nach der anderen setzten sich ihm völlig fremde Personen gegenüber und gingen mit der Überzeugung weg, dass er alles über sie wusste. Eine der beeindruckendsten Wahrsagesitzungen wurde Lisa zuteil, die sich nicht vorstellen konnte, wie Herr D. mit fehlerfreien Informationen über ihre Persönlichkeit, den beruflichen Werdegang ihres Bruders und ihre jüngsten Beziehungsschwierigkeiten aufwarten konnte.

Wie Sie sich wahrscheinlich inzwischen schon gedacht haben, besaß Herr D. keine echten paranormalen Kräfte. Tatsächlich hatte er einen Großteil seines Lebens mit kaltem Wahrsagen zugebracht, um parapsychologische Fähigkeiten vorzuspiegeln, und enthüllte bereitwillig die Tricks seiner Branche. Herr D. verwendete sechs psychologische Techniken, um den Anschein zu erwecken, das Unmögliche zu leisten.[7] Um die erste dieser Techniken zu verstehen, müssen wir zu der nichtexistenten Stadt Lake Wobegon reisen.

Mit Schmeichelei kommen Sie überall hin

Mitte der 1980er Jahre schuf der amerikanische Schriftsteller und Humorist Harrison Keillor eine fiktive Stadt namens Lake Wobegon. Keillor zufolge befindet sich Lake Wobegon im Zentrum von Minnesota, lässt sich jedoch wegen der Inkompetenz der Landvermesser des 19. Jahrhunderts auf keiner Landkarte finden. Bei der Beschreibung der Stadtbewohner bemerkte Keillor, dass »alle Frauen stark sind und alle Männer gut aussehen und alle Kinder überdurchschnittlich sind«. Obwohl das im Scherz geschrieben wurde, spiegelt Keillors Beschreibung ein psychologisches Schlüsselprinzip wider, das man jetzt als »Lake-Wobegon-Effekt« bezeichnet.

Die meiste Zeit treffen Sie rationale Entscheidungen. Unter bestimmten Umständen stellt Ihnen Ihr Gehirn jedoch ein Bein, und plötzlich lassen Sie die Logik fahren. Psychologen haben entdeckt, dass eine Hauptursache von Irrationalität sich um ein eigenartiges Phänomen dreht, das als »egozentrische Verzerrung« bekannt ist. Fast alle haben wir zerbrechliche Egos und wenden verschiedene Techniken an, um uns vor der herben Wirklichkeit der Außenwelt zu schützen. Wir sind äußerst geschickt darin, uns davon zu überzeugen, dass wir selbst für den Erfolg in unserem Leben verantwortlich sind, und genauso gut darin, Misserfolge auf andere Menschen zu schieben. Wir betrügen uns mit dem Gedanken, dass wir einzigartig sind, überdurchschnittliche Fähigkeiten und Fertigkeiten besitzen und wahrscheinlich mehr als unser gerechtes Maß an Glück in der Zukunft erleben werden. Die Auswirkungen egozentrischen Denkens können dramatisch sein. In dem vielleicht berühmtesten Beispiel baten Forscher jeden der Partner von langjährigen Paaren, den Prozentsatz von Hausarbeit einzuschätzen, die sie verrichteten. Das kombinierte Gesamtergebnis überschritt bei fast jedem Paar 100 Prozent. Jeder Partner hatte eine egozentrische Verzerrung gezeigt, indem er sich auf seine eigene Arbeit konzentrierte und den Beitrag des jeweils anderen Partners herunterspielte.

Größtenteils ist dieser Egoismus gesund. Er führt dazu, dass Sie positive Selbstgefühle haben, motiviert Sie, morgens aufzustehen, hilft Ihnen dabei, mit den Pfeilen und Schleudern eines empörenden Schicksals umzugehen, und überredet Sie dazu, weiterzumachen, wenn das Leben hart wird. Beispielsweise hat die Forschung gezeigt, dass Menschen unrealistisch optimistisch im

Hinblick sowohl auf ihre Persönlichkeit als auch auf ihre Fähigkeiten sind. 94 Prozent der Menschen glauben, dass sie einen überdurchschnittlichen Sinn für Humor haben, 80 Prozent der Autofahrer sagen, dass sie geschickter als der Durchschnittsfahrer sind (bemerkenswerterweise gilt das sogar für diejenigen, die im Krankenhaus sind, weil sie in einen Autounfall verwickelt waren), und 75 Prozent der Geschäftsleute betrachten sich selbst als moralischer als den durchschnittlichen Geschäftsmann.[8] Dasselbe Bild ergibt sich bei der Persönlichkeit. Legen Sie jemandem irgendeinen positiven Charakterzug vor, und schon kreuzt er das »ja, das bin ich«-Kästchen an, was zu der überwältigenden Mehrheit von Menschen führt, die sich auf irrationale Weise für weitaus kooperativer, besonnener, verantwortlicher, freundlicher, zuverlässiger, erfinderischer, höflicher und verlässlicher als die Durchschnittsperson halten. Diese Wahnvorstellungen sind der Preis, den wir für das Glücksgefühl, den Erfolg und die Belastbarkeit zahlen, die wir im übrigen Teil unseres Lebens genießen.

Eine in kaltem Wahrsagen geübte Person nutzt Ihr egozentrisches Denken aus, indem sie Ihnen sagt, wie wunderbar Sie sind. Herrn D.s Wahrsagesitzungen waren voller Schmeichelei. Nachdem er nur ein paar Augenblicke lang auf Lisas Handfläche geblickt hatte, sagte ihr Herr D., dass sie eine gute Vorstellungskraft habe, eine Menge kreatives Gespür und dass sie ein Auge für Details besitze. Kurz danach erfuhr Lisa, dass sie ein parapsychologisches Medium hätte sein können, weil sie sehr intuitiv war, die ungewöhnliche Fähigkeit besäße, ihre Meinung über Menschen zu äußern, ohne deren Gefühle zu verletzen, und sich sehr um andere Menschen kümmerte. Jedes Mal, wenn sie Komplimente dieser Art hörte, kam der Lake-Wobegon-Effekt zum Zug und ließ Lisa ohne Erklärung für Herrn D.s treffende Einblicke in ihre Persönlichkeit zurück.

Aber kaltes Wahrsagen hat nicht nur mit dem Besuch von Lake Wobegon zu tun. Es schließt auch den wenig bekannten »Dartmouth Indians versus Princeton Tigers«-Effekt ein.

Sehen, was Sie sehen wollen

1951 spielte die amerikanische Uni-Footballmannschaft der Dartmouth Indians gegen die Princeton Tigers. Es war ein besonders hartes Spiel, bei dem sich Princetons Quarterback eine gebrochene Nase zuzog und ein Dartmouth-Spieler mit einem gebrochenen Bein vom Platz getragen wurde. Die Zeitungen von jeder der beiden Universitäten boten jedoch sehr verschiedene Beschreibungen des Spiels, wobei die Dartmouth-Journalisten schilderten, wie die Spieler von Princeton für die Probleme verantwortlich waren, während die Princeton-Journalisten die Überzeugung hegten, dass die Dartmouth-Mannschaft schuld war. War das einfach nur eine Voreingenommenheit der Medien? Fasziniert von diesem Ereignis, suchten die Sozialpsychologen Albert Hastorf und Hadley Cantril Dartmouth- und Princeton-Studenten auf, die beim Spiel dabei waren, und interviewten sie darüber, was sie gesehen hatten.[9] Obwohl sie genau dasselbe Ereignis angeschaut hatten, konzentrierten sich die beiden Gruppen auf verschiedene Aspekte der Handlung, was äußerst unterschiedliche Ansichten zu den Geschehnissen zur Folge hatte. Als sie beispielsweise gefragt wurden, ob die Dartmouth-Mannschaft mit dem harten Spiel angefangen hatte, kreuzten 36 Prozent der Dartmouth-Studenten gegenüber 86 Prozent der Princeton-Studenten das »Ja«-Kästchen an. Ebenso meinten nur 8 Prozent der Dartmouth-Studenten, dass die Dartmouth-Mannschaft unnötig hart gewesen sei, im Vergleich zu 35 Prozent der Princeton-Studenten. Forscher haben entdeckt, dass dasselbe Phänomen (das als »selektives Gedächtnis« bezeichnet wird) in vielen verschiedenen Kontexten auftritt – wenn Menschen mit starken Überzeugungen mit für ihre Ansichten relevanten, aber zweideutigen Informationen konfrontiert werden, werden sie sehen, was sie sehen wollen.

Dieser »Dartmouth Indians versus Princeton Tigers«-Effekt trägt auch dazu bei, den Erfolg von Lisas Wahrsagesitzung zu erklären. Als Herr D. sich das erste Mal ihre Hand ansah, sprach er über viele Aspekte von Lisas Persönlichkeit, wobei viele seiner Aussagen sowohl einen bestimmten Charakterzug als auch das genaue Gegenteil vorhersagten. Lisa wurde gesagt, dass sie sowohl äußerst empfindsam, aber auch sehr bodenständig sei, und dass, obwohl viele Leute sie als schüchtern empfanden, sie in Wirklichkeit keine Angst hatte zu sagen, was sie denkt. Ebenso wie die Dartmouth- und Princeton-Studenten sich an diejenigen Teile des Footballspiels erinnerten, die mit ihren vorgefassten Meinungen übereinstimmten, so konzentrierte sich Lisa auf diejenigen Aspekte von Herrn D.s Aussagen, von denen sie glaubte, dass sie auf sie zuträfen, und schenkte allen unrichtigen Informationen nahezu keine Aufmerksamkeit. Lisa hörte, was sie hören wollte, und ging mit der Überzeugung weg, dass Herr D. geheimnisvolle Kräfte besäße.

Ganz dicht auf den »Lake Wobegon«-Effekt und den »Dartmouth Indians versus Princeton Tigers«-Effekt folgt das dritte Schlüsselprinzip des kalten Wahrsagens, der »Dr. Fox«-Effekt.

Die Schaffung von Bedeutung

Schauen Sie sich das untenstehende Symbol an.

Wenn der Buchstabe »A« auf die eine Seite des Symbols und der Buchstabe »C« auf die andere Seite gesetzt werden, haben die meisten Menschen keine Schwierigkeit, das Symbol als ein »B« zu deuten.

Wenn jedoch die Zahl »12« über das Symbol gesetzt wird und die Zahl »14« darunter, verändert das rätselhafte Symbol seine Form zu einer »13«.

Sie könnten auch besonders gerissen sein und die Buchstaben »A« und »C« rechts und links und die Zahlen »12« und »14« darüber und darunter setzen, und plötzlich springt das Symbol ständig zwischen dem Buchstaben »B« und der Zahl »13« hin und her.

All dies illustriert auf schöne Weise eine grundlegende Eigenart des menschlichen Wahrnehmungssystems. Wenn der richtige Kontext gegeben ist, sind die Menschen geschickt darin, augenblicklich und unbewusst eine Bedeutung in einer bedeutungslosen Form zu sehen. Dasselbe Prinzip trägt dazu bei, dass Menschen alle möglichen Bilder in Tintenklecksen, Wolken und gerösteten Waffeln sehen. Starren Sie nur lange genug auf diese zufälligen Formen, und plötzlich beginnen Dinge, Gesichter und Figuren aufzutauchen.

Derselbe Prozess läuft bei unseren Unterhaltungen im Alltag ab. Wenn Sie mit jemandem plaudern, versuchen Sie und die andere Person, einander so gut wie möglich Ihre Gedanken zu vermitteln. Einige Ihrer Bemerkungen mögen zwar etwas vage und mehrdeutig sein, aber das menschliche Gehirn ist sehr geschickt im Erschließen der Bedeutung aus dem Kontext des Gesprächs, und daher läuft alles glatt. Dieser vitale Prozess kann jedoch auch über das Ziel hinausschießen und Sie auch dort eine Bedeutung heraushören, wo es keine gibt.

In den 1970er Jahren demonstrierten Donald Naftulin und seine Kollegen von der University of Southern California die Macht dieses Prinzips auf drastische Weise.[10] Naftulin schrieb einen völlig nichtssagenden Vortrag über die Beziehung zwischen

Mathematik und menschlichem Verhalten, den ein Schauspieler bei einer Bildungskonferenz vortragen sollte, und fragte dann die Zuhörerschaft der Psychiater, Psychologen und Sozialarbeiter, was sie davon hielten. Zuvor ließ Naftulin den Schauspieler seine Zeilen sorgfältig einstudieren und übte mit ihm die Anwendung von »Fachchinesisch, Neologismen, Nonsequiturs und widersprüchlichen Aussagen« ein, die er in der dreißigminütigen Frage- und-Antwort-Runde einsetzen sollte. Auf der Konferenz stellte Naftulin den Schauspieler als »Dr. Myron L. Fox« vor und sprach kurz über seinen beeindruckenden, aber völlig fiktiven Lebenslauf. Während der nächsten anderthalb Stunden wurden die Zuhörer mit bedeutungslosem Gefasel und widersprüchlichen Aussagen bombardiert. Am Ende der Sitzung teilte Naftulin einen Fragebogen aus und bat alle um Rückmeldung.

Ebenso wie Sie vor einigen Augenblicken ein bedeutungsloses Symbol gesehen haben, es aber entweder als den Buchstaben »B« oder die Zahl »13« interpretierten, nahmen die Zuhörer große Weisheit in Dr. Fox' Unsinn wahr. Den Anwesenden zufolge hatte Dr. Fox eine »hervorragende Präsentation« geliefert, konnte sich »äußerst gut ausdrücken« und hatte eine »gute Analyse des Themas« gegeben. Als sie gebeten wurden, den Vortrag zu bewerten, gaben 85 Prozent der Zuhörer an, dass der unverständliche Dr. Fox sein Material gut organisiert vorgetragen habe, 70 Prozent lobten ihn für seinen Gebrauch von Beispielen, und fast 95 Prozent fanden den Vortrag anregend.

Naftulin ist nicht der Einzige, der die wunderbare Fähigkeit des menschlichen Geistes bloßlegt, aus nichts etwas zu machen. Mitte der 1960er Jahre schuf der Experte für Künstliche Intelligenz, Joseph Weizenbaum, ein Computerprogramm, dessen Ziel es war, die Erfahrung eines Besuchs beim Psychotherapeuten zu reproduzieren. Es trug den Namen ELIZA (nach Eliza Doolittle, der Blumenverkäuferin aus der Arbeiterklasse, der in *Pygmalion* korrektes Sprechen gelehrt wurde) und war sehr unkompliziert. Zu Beginn jeder Sitzung bat ELIZA die Leute, ihr Problem zu schildern, und wandte dann eine geringe Zahl einfacher Regeln an, um auf verschiedene Arten von Sätzen zu reagieren. Wenn beispielsweise jemand eine Äußerung mit der Struktur »Ich habe gerade x getan« eingetippt hatte, antwortete ELIZA immer »Sie sagen, dass Sie gerade x getan haben?«. Immer wenn jemand die Worte »Ich glaube schon« sagte, antwortete ELIZA mit »Sagen Sie aus einem besonderen Grund, dass Sie das glauben?«. Wenn die Äußerung einer Person nicht mit einer der Standardformen übereinstimmte, war ELIZA darauf programmiert, eine Standardbemerkung zu machen, wie z. B. »Erzählen Sie mir mehr darüber«. Stellen Sie sich also vor, dass Sie gekommen sind, um mit ELIZA über eine kürzliche Änderung in Ihrem Berufsleben zu sprechen. Die Sitzung könnte dann etwa folgendermaßen verlaufen:

ELIZA: Bitte schildern Sie Ihr Problem.
Sie: Ich habe gerade die Arbeitsstelle gewechselt.
ELIZA: Sie sagen, dass Sie gerade die Arbeitsstelle gewechselt haben?
Sie: Ja, ich bin mir nicht sicher, ob ich die richtige Entscheidung getroffen habe.
ELIZA: Sie scheinen eine ziemlich positive Einstellung zu haben.
Sie: Ich glaube schon.
ELIZA: Können Sie das näher ausführen?
Sie: Nun, es fühlt sich so an, als ob es das Richtige gewesen ist.
ELIZA: Ich bin nicht sicher, ob ich Sie ganz verstehe.
Sie: Ich bin so ein Mensch, der seinen Bauchgefühlen traut.
ELIZA: Ihren Bauchgefühlen?
Sie: Ja, wissen Sie, wenn Sie so eine Ahnung haben.

ELIZA: Sie sind sich sicher.

Sie: Ich glaube schon.

ELIZA: Sagen Sie aus einem besonderen Grund, dass Sie das glauben?

Sie: Nun, ich mache mir Gedanken darüber, ob es mir an meinem alten Arbeitsplatz nicht besserging.

ELIZA: Tatsächlich?

Sie: In gewisser Hinsicht, ja.

ELIZA. Ich verstehe.

Obwohl ELIZA den Leuten eine Reihe völlig nichtssagender Aussagen präsentierte, erwies sich das Programm als äußerst beliebt und überzeugte viele Menschen davon, dass sie sich mit einem echten und erfahrenen Psychotherapeuten unterhielten.

Auf ähnliche Weise sind sich Politiker dieses Effekts bewusst und bieten der Öffentlichkeit vage, mehrdeutige und sogar widersprüchliche Aussagen dar in dem sicheren Wissen, dass die Wähler das hören werden, was sie hören wollen. (»Wir müssen bereit sein zurückzublicken und den Mut haben vorwärtszustreben, sowohl die Rechte der Arbeiter als auch die der Unternehmen in gleicher Weise anerkennen, diejenigen, die in Not sind, unterstützen, ohne die Menschen zu ermuntern, sich auf den Staat zu verlassen.«) Sogar Akademiker sind gegen diesen Effekt nicht gefeit. Mitte der 1990er Jahre vermutete der Physiker Alan Sokal von der New York University, dass dieselbe Art von Schwafelei hinter einem Großteil der postmodernen Kulturwissenschaft steckte, und beschloss, seine Theorie dadurch zu überprüfen, dass er einen völlig nichtssagenden Aufsatz an eine wissenschaftliche Zeitschrift dieser Fachrichtung einreichte.[11] Der Aufsatz mit dem Titel *Transgressing the Boundaries: Towards a Transformative Hermeneutics of Quantum Gravity* (Grenzüberschreitungen: Zu einer umgestaltenden Hermeneutik der Quantengravitation) bestand aus irrelevanten Literaturverweisen, zufälligen Zitaten und regelrechtem Unsinn. Beispielsweise wurde in einem Teil des Artikels dafür argumentiert, dass die Quantengravitation politische Implikationen habe. Die Arbeit schloss mit der Bemerkung: »Bislang gibt es noch keine solche emanzipatorische Mathematik, und wir können nur über ihren letztendlichen Inhalt spekulieren. Wir können zwar Hinweise darauf in der mehrdimensionalen und nichtlinearen Logik der mehrwertigen Systemtheorie erkennen; aber dieser Ansatz ist immer noch stark geprägt von seinen Ursprüngen in der Krise spätkapitalistischer Produktionsverhältnisse.« Die Herausgeber der Zeitschrift waren nicht fähig, den Jux zu erkennen, und veröffentlichten den Aufsatz.

Diese einfache Idee trägt zur Erklärung des Erfolgs parapsychologischer Wahrsagesitzungen bei. Viele der Aussagen, die parapsychologisch begabte Personen und Medien machen, sind mehrdeutig und daher offen für verschiedene Interpretationen. Wenn das Medium beispielsweise die Inangriffnahme einer »großen Veränderung im Besitzstand« erwähnt, kann es sich auf einen Umzug beziehen, darauf, dass man jemand anderem beim Umzug hilft, auf die Erbschaft eines Hauses, darauf, dass man eine neue Mietwohnung findet oder gar auf den Kauf eines Ferienhauses in Übersee. Da die Aussage zeitlich unbestimmt ist, könnte dieser Umzug in der jüngsten Vergangenheit stattgefunden haben, gerade jetzt oder in der nahen Zukunft stattfinden. Die Kunden geben sich große Mühe, solchen Aussagen einen Sinn abzugewinnen. Sie lassen ihr Leben Revue passieren und versuchen, etwas Passendes zu finden. Dabei können sie zu der Überzeugung gelangen, dass die Aussagen des Mediums sehr präzise sind. Dieser Prozess wird häufig schon ganz zu Beginn der Wahrsagesitzung in Gang gesetzt, wobei viele Medien ganz deutlich machen, dass sie nicht in der Lage sein werden, präzise Informationen zu liefern. Stattdessen behaupten sie, dass der Prozess so ähnlich ist, wie wenn man durch Rauchglas hindurch sieht oder gerade eben imstande ist, Stimmen in der Dunkelheit zu hören. Es ist Aufgabe des Kunden mitzuhelfen, indem er die Lücken ausfüllt. Genau wie Dr. Fox und ELIZA bringt das Medium dann bedeutungsloses Gefasel hervor, das seine Kunden anschließend in Perlen von Weisheit verwandeln. Der Forscher Geoffrey Dean beschreibt dieses Phänomen als »Prokrusteseffekt« nach der mythologischen griechischen Gestalt Prokrustes, der die Glieder seiner Gäste dehnte oder abtrennte, damit sie in sein Bett passten.[12]

Herrn D.s Wahrsagungen waren gespickt mit solchen Aussagen. Lisa wurde gesagt, dass sie »so etwas wie ein fürsorgliches Wesen habe«, dass sie »eine gewisse Veränderung am Arbeitsplatz durchmache«, dass jemand in ihrem Leben »besonders schwierig« sei und dass sie kürzlich »ein Geschenk von einem kleinen Kind« erhalten habe. Einer der dramatischsten Augenblicke im Verlauf der Sitzung nahte, als Herr D. ihr sagte, dass ihr Bruder großen Erfolg in seinem Beruf genoss und in Betracht zog, einer Organisation beizutreten, die ihm dazu verhelfen würde, noch größeren Erfolg zu erlangen. Herr D. hatte keine Ahnung, worüber er sprach. Seine Aussage hätte sich beispielsweise darauf beziehen können, dass Lisas Bruder die Arbeitsstelle wechselte oder Mitglied einer Berufsorganisation, eines Fitnessstudios, einer Sportmannschaft, eines Privatklubs oder einer Gewerkschaft werden würde. Lisas Bruder war jedoch vor kurzem gefragt worden, ob er den Freimaurern beitreten wolle, und daher deutete sie Herrn D.s Aussagen in diesem Zusammenhang. Als wir sie anschließend interviewten, war Lisa von diesem Teil der Sitzung besonders beeindruckt und erinnerte Herrn D.s Aussagen fälschlicherweise so, dass sie sich ausdrücklich auf ihren Bruder und eine Freimaurer-loge bezogen.

Von den sechs psychologischen Techniken, aus denen das kalte Wahrsagen Kapital schlägt, haben wir bisher den »Lake Wobegon-Effekt«, den »Dartmouth Indians versus Princeton Tigers«-Effekt und den »Dr. Fox«-Effekt erkundet. Machen wir eine Pause, bevor wir uns das vierte Schlüsselprinzip des kalten Wahrsagens an-schauen.

Wie Sie fremde Personen davon überzeugen, dass Sie alles über sie wissen: Teil eins

Jetzt ist es an der Zeit, dass Sie die psychologischen Techni-ken, die von professionellen Medien verwendet werden, für Ihre eigenen bösen Zwecke beherrschen lernen. Bevor Sie an-fangen, entscheiden Sie sich, welche »Fähigkeit« Sie dem An-schein nach besitzen wollen. Am besten ist es, wenn Sie etwas auswählen, das bei der Person, die Sie zu beeindrucken versu-chen, Anklang findet. Wenn Sie z.B. meinen, dass die andere Person der Handlesekunst gegenüber offen ist, sagen Sie, dass Sie aufgrund der Linien auf ihrer Hand eine Menge über sie sagen können. Wenn sie sich für Astrologie begeistert, erklä-ren Sie ihr, dass Sie ihre Vergangenheit und Zukunft anhand ihres Geburtsdatums bestimmen können. Oder wenn sie allen paranormalen Dingen skeptisch gegenübersteht, bitten Sie sie, das Bild eines Hauses zu zeichnen und verwenden Sie dieses als Grundlage für eine »psychologische« Wahrsagesitzung.

Anschließend üben Sie die folgenden drei Techniken ein:

1. Schmeicheln

Beginnen Sie damit, der anderen Person zu sagen, was sie hören will. Sehen Sie sich ihre Handfläche an, ihr Geburtsdatum oder die Zeichnung eines Hauses und erklären Sie, dass diese Dinge eine sehr ausgeglichene Persönlichkeit widerspiegeln. Strengen Sie sich an, keine Miene zu verziehen, wenn Sie vorgeben, tiefer zu schürfen, und erklären, dass die andere Person äußerst fürsorglich, verantwortlich, freundlich, kreativ und höflich ist. Vergessen Sie auch nicht zu erwähnen, dass sie außerdem extrem intuitiv zu sein scheint und daher in der Lage wäre, Wahrsagesitzungen für andere abzuhalten.

2. Janusköpfige Aussagen

Wenn Sie irgendeinen Charakterzug und dessen genaues Gegenteil schildern, werden die beschriebenen Personen sich auf denjenigen Teil Ihrer Schilderung konzentrieren, dem sie einen Sinn abgewinnen können. Arbeiten Sie sich durch die folgenden fünf Schlüsseldimensionen der Persönlichkeit, indem sie diese janusköpfigen Sätze verwenden:

Offenheit: »Manchmal können Sie phantasievoll und kreativ sein, haben aber auch eine überdurchschnittliche Fähigkeit, praktisch und bodenständig zu sein, wenn es darauf ankommt.«

Gewissenhaftigkeit: »In manchen Aspekten Ihres Lebens schätzen Sie eine gewisse Routine, aber Sie genießen es auch, spontan und unberechenbar zu sein.«

Extraversion: »Sie können kontaktfreudig sein, wenn Sie wollen, aber manchmal genießen Sie nichts mehr als einen Abend zu Hause mit einem guten Buch.«

Verträglichkeit: »Ihre Freunde betrachten Sie als vertrauensvoll und freundlich, aber Sie haben auch eine konkurrenzbetonte Seite, die von Zeit zu Zeit zum Vorschein kommt.«

Neurotizismus: »Obwohl Sie sich emotional unsicher und angespannt fühlen, sind Sie im Allgemeinen ziemlich entspannt und zurückgelehnt.«

3. Halten Sie die Dinge im Vagen

Obwohl es ganz in Ordnung ist, auch mal eine spezifische Aussage unterzustreuen (»Haben Sie eine Schwester namens Joanne, eine unbegründete Angst vor Hafergrütze und sich vor kurzem einen gelben Gebrauchtwagen gekauft … Das hätte ich nicht gedacht«), ist es im Allgemeinen besser, wenn Sie Ihre Aussagen vage halten. Um diese Vagheit erklären zu können, sagen Sie der Person, dass sie manchmal Mühe hat, die Gedanken und Bilder, die ihr durch den Kopf gehen, zu verstehen, und dass sie Ihnen daher helfen muss herauszufinden, um was es genau geht.

Was konkrete Aussagen betrifft, so versuchen Sie es mit »Ich gewinne den Eindruck einer bedeutenden Veränderung, vielleicht irgendeine Reise oder ein Umbruch am Arbeitsplatz«, »Sie haben vor kurzem irgendein Geschenk erhalten – vielleicht Geld oder etwas, das einen Gefühlswert besitzt?«, »Ich habe das Gefühl, dass Sie sich um einen ihrer Familienangehörigen oder einen engen Freund Sorgen machen«. Äu-

ßern Sie auch gerne abstrakte Aussagen, wie z. B. »Ich kann er-
kennen, dass sich ein Kreis schließt – sagt Ihnen das etwas?«,
»Ich kann erkennen, dass sich eine Tür schließt – egal wie fest
Sie ziehen, sie wird sich nicht öffnen«, oder »Ich kann ein
Reinemachen erkennen – versuchen Sie, etwas oder jemanden
aus Ihrem Leben zu entfernen?«.

Setzen wir unsere Erkundung der Prinzipien des kalten Wahrsagens beim Angeln fort.

Die Verwendung der »A-Wörter«

In alltäglichen Gesprächen geben sich die meisten Menschen
große Mühe, ihre Gedanken und Meinungen zu kommunizieren.
Aber selbst wenn nur eine Person spricht und eine andere Person
zuhört, fließt die Information nicht nur vom Sprecher zum Hörer.
Stattdessen wird das Gespräch immer ein wechselseitiger Vorgang
sein, bei dem der Hörer dem Sprecher dauernd Rückmeldungen
liefert. Vielleicht lässt er den Sprecher durch Nicken, Lächeln
oder »Ja«-Sagen wissen, dass er das Gesagte versteht und vielleicht
auch mit ihm übereinstimmt. Oder vielleicht wird er dem Sprecher zu verstehen geben, dass er verwirrt ist oder mit einer Aussage
nicht übereinstimmt, indem er verwirrt dreinschaut, seinen Kopf
schüttelt oder sagt »Du bist ein Narr, bitte geh'«. In beiden Richtungen sind solche Rückmeldungen entscheidend für den Erfolg
unserer Alltagsgespräche.

Parapsychologisch begabte Personen und Medien verfolgen
diese einfache Idee bis zum Äußersten. Während einer Wahrsagesitzung werden sie häufig mehrere Aussagen machen, feststellen,
auf welche eine Reaktion erfolgt, und die entsprechende Aussage

weiter ausführen. Wie ein guter Politiker oder Gebrauchtwagen-händler sagen sie nicht, was sie denken, sondern prüfen die Situation und ändern dann ihre Botschaft auf der Grundlage der Rückmeldung, die sie erhalten. Diese Rückmeldung kann viele verschiedene Formen annehmen. Sie können darauf achten, ob ihre Kunden nicken, lächeln, sich auf ihrem Sitz nach vorne lehnen oder plötzlich angespannt werden, und ändern dann ihre Aussagen entsprechend (das ist einer der Gründe, warum Handleser so gerne Ihre Hand bei einer Wahrsagesitzung halten). Die Technik wird als »Angeln und Aufspießen« bezeichnet, und Herr D. beherrschte sie meisterhaft.

Gewöhnlich konsultieren Menschen parapsychologische Medien wegen einer relativ kleinen Anzahl potentieller Probleme, wie z. B. ihre Gesundheit, Beziehungen, Reisepläne, Beruf oder Finanzen. Während Herr D. sich seinen Weg durch die Tarotkarten bahnte, erwähnte er jedes dieser Themen und beobachtete heimlich Lisas Reaktion. Sie sah ganz gesund aus und reagierte nicht wirklich, als er erwähnte, dass sie hie und da einmal Schmerzen habe. Fragen zu ihrer beruflichen Laufbahn riefen keine große Reaktion hervor. Dann kam er auf Reisen zu sprechen, aber Lisa blieb ungerührt. Schließlich ging er zu Lisas Gefühlsleben über. In dem Augenblick, als er das Thema Partnerschaft ansprach, veränderte sich Lisas ganzes Verhalten, und sie schaute plötzlich sehr ernst. Herr D. wusste sofort, dass er einer Sache auf der Spur war, und begann nachzubohren. Er sah sich die Linien auf Lisas Hand an, machte eine Bemerkung über ein imaginäres Zeichen in ihrer Herzlinie und sagte, dass er sich nicht sicher sei, ob es einen Todesfall in der Familie widerspiegelte oder eine nicht funktionierende Beziehung. Lisa zeigte überhaupt keine Reaktion, als er den Todesfall erwähnte, nickte aber, sobald sie von der zerbrochenen Beziehung hörte. Herr D. registrierte insgeheim ihre Reaktion und fuhr fort. Etwa zehn Minuten später nahm er eine weitere Tarotkarte auf und verkündete zuversichtlich, dass sie sich vor kurzem von ihrem Partner getrennt hatte. Lisa war verblüfft.

Sind Sie ein guter Menschenkenner?

Zusätzlich zu den Techniken, die in diesem Kapitel dargestellt wurden, sagen manche Leute, die kaltes Wahrsagen praktizieren, dass sie oft ein intuitives Gefühl zu einem Kunden entwickeln, und diese Ahnungen haben die frappierende Eigenart, richtig zu sein. Wie lassen sich diese seltsamen Empfindungen erklären, und sind Sie ein guter Menschenkenner?

Vor einigen Jahren führten die Psychologen Anthony Little von der University of Stirling und David Perrett von der University of St. Andrews eine faszinierende Studie über die Beziehung zwischen den Gesichtern von Menschen und ihrer Persönlichkeit durch.[13] Die Forscher ließen fast 200 Leute einen Persönlichkeitsfragebogen ausfüllen, der jede der fünf Dimensionen beleuchtete, die weiter vorne in diesem Kapitel beschrieben wurden (Offenheit, Gewissenhaftigkeit, Extraversion, Verträglichkeit und Neurotizismus). Dann nahmen sie Fotografien von jenen Männern und Frauen, die die höchsten und niedrigsten Werte auf jeder der Dimensionen hatten, und setzen ein Computerprogramm ein, um jede Gruppe von Gesichtern zu einem einzigen »zusammengesetzten« Bild eines Mannes oder einer Frau zu verschmelzen. Am Ende hatten sie vier gesonderte zusammengesetzte Bilder: eines repräsentierte Frauen mit niedrigen Werten, eines stellte Frauen mit hohen Werten dar, und Entsprechendes galt für die Männer mit hohen und niedrigen Werten. Das Prinzip, das sich hinter dieser Technik verbirgt, ist einfach. Stellen Sie sich vor, Sie hätten Fotoporträts von zwei Personen. Beide haben buschige Augenbrauen und tiefliegende Augen, aber die eine hat eine kleine Nase, während die Nase der anderen viel größer ist. Um ein zusammengesetztes Bild ihrer beiden Gesichter zu erzeugen, scannen die Forscher zunächst beide Fotos in den Computer ein, berücksichtigen mögliche Helligkeitsunterschiede und bearbeiten die Bilder dann, um sicherzustellen, dass die Schlüsseleigenschaften des Gesichts – wie z. B. die Mund- und Augenwinkel – sich ungefähr in derselben Lage befinden. Anschließend wird ein Bild über das andere gelegt und ein Durchschnitt der beiden Gesichter berechnet. Wenn beide Gesichter buschige Augenbrauen und tiefliegende Augen haben, hat das resultierende zusammengesetzte Bild diese Merkmale ebenfalls. Wenn ein Gesicht eine kleine Nase hat und das andere eine große, hat das sich ergebende Bild eine Nase von mittlerer Größe.

Das Forscherteam zeigte dann diese zusammengesetzten Bilder von Männern und Frauen einer weiteren Gruppe von 40 Personen und bat sie, jedes der Gesichter auf den verschiedenen Persönlichkeitsdimensionen einzuschätzen. Bemerkenswerterweise waren ihre Einschätzungen oft sehr exakt. Beispielsweise wurde das zusammengesetzte Bild, das von den sehr kontaktfreudigen Personen erstellt wurde, als besonders extravertiert beurteilt, die Komposition, die von den sehr gewissenhaften Personen angefertigt wurde, wurde als besonders zuverlässig eingestuft usw. Kurz, Ihre Persönlichkeit steht Ihnen bis zu einem gewissen Grad ins Gesicht geschrieben.

Ich habe die zusammengesetzten Bilder von Frauen, die

bei dieser Untersuchung erstellt wurden, für einen kurzen und lustigen Test verwendet, um Ihnen bei der Bestimmung dessen zu helfen, ob Sie ein guter Menschenkenner sind.[14] Um daran teilzunehmen, beantworten Sie einfach die folgenden fünf Fragen.

1. Welches dieser beiden zusammengesetzten Gesichter sieht am freundlichsten aus?

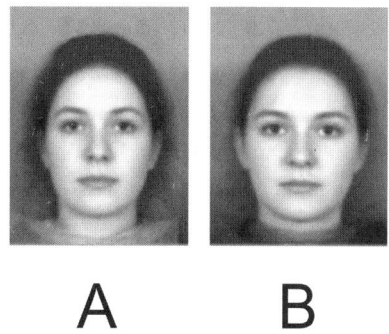

A   B

2. Welches dieser beiden zusammengesetzten Gesichter sieht am zuverlässigsten aus?

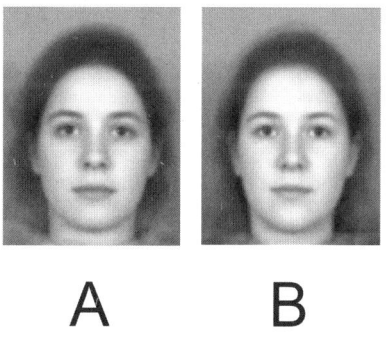

A   B

3. Welches dieser beiden zusammengesetzten Gesichter sieht am kontaktfreudigsten aus?

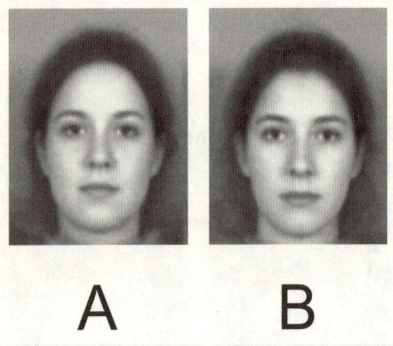

A   B

4. Welches dieser beiden zusammengesetzten Gesichter sieht am ängstlichsten aus?

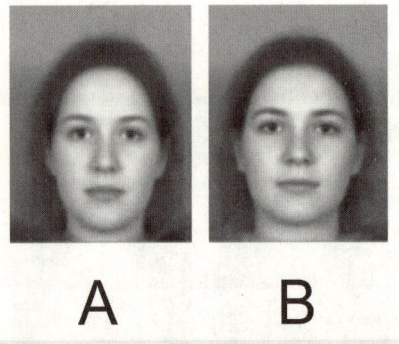

A   B

5. Welches dieser beiden Gesichter sieht am meisten phantasie-
begabt aus?

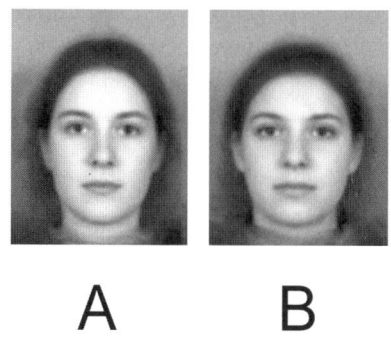

A   B

Die richtige Antwort auf alle diese Fragen ist »A«. Was für ein
Ergebnis haben Sie erzielt? Wenn Sie alle Fragen richtig beantwortet haben, könnte es richtig sein, Ihrer intuitiven Einschätzung anderer zu vertrauen. Wenn nicht, dann kommen
Sie wahrscheinlich besser weg, wenn Sie Ihre Ahnungen igno-
rieren und mehr über eine Person herausfinden, bevor Sie sich
eine Meinung bilden.

Wenn wir uns nun der fünften Technik parapsychologischer Medien zuwenden, habe ich so ein Bauchgefühl, dass Sie zu den Menschen gehören, die ihr Herz über ihren Verstand regieren lassen,
manchmal impulsiver sind als Ihnen guttut und kürzlich in engen
Kontakt mit einer Ziege gekommen sind. Seien Sie versichert, dass
Sie nicht die einzige Person sind.

Die Illusion der Einzigartigkeit

Zu Beginn dieses Kapitels bat ich Sie, zwei einfache psychologische Tests zu bearbeiten. Einer davon hatte mit der Suche nach einem verborgenen Schatz in einer Sandgrube zu tun und der andere mit der Vorstellung einer geometrischen Form in einer anderen. Beide Tests geben einen wichtigen Einblick in das fünfte Prinzip des kalten Wahrsagens.

Ich habe viele Menschen gebeten, diese beiden Aufgaben zu bearbeiten. Man könnte erwarten, dass sie beliebige Orte in der Sandgrube auswählen. Wie die graphische Darstellung unten jedoch zeigt, gräbt die überwältigende Mehrheit von ihnen an denselben Stellen.

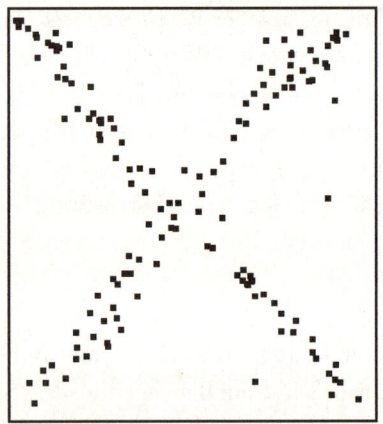

Ebenso tendieren die meisten Menschen, wenn es darum geht, zwei geometrische Formen auszuwählen, zu einem Kreis in einem Dreieck oder umgekehrt.[15] Dieselbe Art des egozentrischen Denkens, die dafür verantwortlich ist, dass Sie der Meinung sind, einen überdurchschnittlichen Sinn für Humor zu besitzen und geschickter als der durchschnittliche Autofahrer zu sein, veranlasst Sie auch zu der Ansicht, dass sie ein einzigartiger und besonderer Mensch sind. Obwohl Sie glauben möchten, dass Sie sehr verschieden von anderen Menschen sind, ist es doch in Wahrheit so, dass wir überraschend ähnlich sind und daher auf bemerkenswerte Weise berechenbar.

Parapsychologische Medien nutzen diese Vorstellung, um den Eindruck zu vermitteln, dass sie einen paranormalen Einblick in unsere Persönlichkeit und unsere Vergangenheit haben. Herr D. erklärte, dass viele Medien ihre Wahrsagesitzungen dadurch unterfüttern, dass sie spezifisch klingende Aussagen verwenden, die wahrscheinlich auf viele Menschen zutreffen. Sie könnten etwa sagen, dass sie die Vorstellung von einer Person haben, die eine Narbe auf ihrem linken Knie hat (was für ein Drittel der Bevölkerung gilt), eine Ausgabe von Händels Wassermusik besitzt (ebenfalls ein Drittel), jemanden namens »Jack« in der Familie hat (gilt für ein Fünftel der Bevölkerung), einen Schlüssel besitzt, ohne zu wissen, was sich mit diesem öffnen lässt, oder ein Paar Schuhe im Kleiderschrank hat, von denen man weiß, dass man sie nie wieder tragen wird.[16] Herr D. hatte im Laufe der Jahre mehrere solcher Aussagen selbst entwickelt, unter anderem sagte er Lisa, dass er jemanden sehen könne, der medizinische Hilfe braucht, um den man sich aber schlecht kümmern könnte, weil er seine Pillen ständig in den Abguss warf, dass jemand in ihrer Familie einst gestorben war, ohne ein Testament zu hinterlassen, und dass sie einen Stapel Fotos in einer Schublade habe. Jeder glaubt, dass er einzigartig sei, dass diese Aussagen unmöglich auf andere zutreffen könnten, und ist schließlich übermäßig beeindruckt.

Es ist jetzt Zeit, das sechste und letzte Prinzip des kalten Wahrsagens zu untersuchen. Bevor wir das jedoch tun, möchte ich noch eine letzte Vorhersage machen. Ich habe den Eindruck, dass Sie

Ihre Bücher nach der Farbe ihrer Umschläge anordnen und vor kurzem drei Tage in Lissabon verbracht haben. Nein? Kein Problem.

Wie man aus parapsychologischen Zitronen Limonade macht

Bei seinen Wahrsagesitzungen an der Edinburgh University sagte keine von Herrn D.s Versuchspersonen, dass irgendeine seiner Aussagen falsch gewesen sei. Manchmal geschieht das jedoch. Unter diesen Umständen haben die Medien verschiedene »Hintertüren«, die ihnen helfen, ein völliges Versagen zu vermeiden. Die am meisten verbreitete besteht darin, eine Aussage abzuschwächen, die als unrichtig zurückgewiesen wurde. Beispielsweise ist es möglich, »Ich kann jemanden namens Jean spüren« in folgende Aussage umzuwandeln: »Nun, wenn nicht Jean, dann vielleicht Joan oder vielleicht sogar Jack, aber auf jeden Fall ein Name, der mit einem J anfängt. Oder mit etwas, das wie ein J klingt. Wie z. B. ein K. Vielleicht Karen? Oder Kate?«

Es gibt auch die Strategie, das Problem weiterzugeben, indem man die andere Person bittet, intensiver nachzudenken, oder ihr sagt, dass sie die Antwort selbst herausfinden kann, wenn sie andere Familienmitglieder im Anschluss an die Wahrsagesitzung fragt. Danach kommt der alte »Ich habe metaphorisch gesprochen«-Trick. Herr D. sagte mir, dass er einmal Wahrsagesitzungen in einer kleinen Stadt am Meer veranstaltete. Eine der Sitzungen fand mit einem Mann namens George statt. Er schaute auf Georges wettergegerbtes Gesicht und meinte, dass dieser einen Großteil seines Lebens im Freien verbracht hatte. Außerdem habe er das Gefühl, dass George auf Schiffen gearbeitet haben könnte.

Herr D. blickte auf eine Tarotkarte und sagte, dass er sehen könne, wie George am Hafen stehe und auf die Ankunft eines Schiffes warte. George sah enttäuscht aus und schüttelte den Kopf. Er hatte sein ganzes Leben auf einem Bauernhof gearbeitet und mochte das Meer nicht. Das war ein gewaltiger Fehlschlag. Im Handumdrehen erklärte Herr D., dass er nicht wörtlich, sondern metaphorisch spreche. Das Schiff sei eine neue Richtung in Georges Leben, und er blicke der Veränderung aufgeregt entgegen. Georges Gesicht hellte sich auf, und er erklärte, dass er tatsächlich vor kurzem geheiratet habe und sich darauf freue, sein Leben mit jemandem zu teilen. Bingo. Parapsychologische Zitronen im Handumdrehen in Limonade verwandelt.

Wie Sie fremde Personen davon überzeugen, dass Sie alles über sie wissen: Teil zwei

Weiter vorne sind wir drei Techniken begegnet, die für jede parapsychologische Wahrsagesitzung wesentlich sind: Schmeichelei, janusköpfige Bemerkungen und vage Aussagen. Jetzt ist es an der Zeit zu erfahren, wie man die drei anderen Techniken einsetzt, die für eine erfolgreiche und überzeugende Wahrsagesitzung entscheidend sind.

4. Angeln und Aufspießen

Es ist wichtig, ein großes Spektrum von Themen anzuschneiden und Ihre Rede dann anhand der erhaltenen Reaktionen zu ändern. Wenn Ihre Bemerkung einen leeren Blick zur Folge hat, spielen Sie die Aussage herunter und gehen Sie zu einem anderen Thema über. Wenn man Sie dagegen mit einem Nicken und Lächeln empfängt, führen Sie Ihre Bemerkungen weiter aus. Viele Handbücher über parapsychologische Wahrsagesitzungen empfehlen, dass man mehrere Schlüsselthemen abarbeitet, wobei ein Autor als Gedächtnisstütze »THE SCAM« (Betrug) angab, um den Leser daran zu erinnern, dass er Reisen (Travel), Gesundheit (Health), Erwartungen bezüglich der Zukunft (Expectations about the future), Sex, berufliche Laufbahn (Career), ehrgeizige Bestrebungen (Ambitions) und Geld (Money) erwähnen sollte.[17]

5. Sagen Sie das Wahrscheinliche vorher

Verwenden Sie Aussagen, die auf viele Menschen zutreffen, wie z. B. »Ich kann sehen, wie Sie etwas in der Schule erreichen, vielleicht eine Auszeichnung bekommen – Sie können sich immer noch daran erinnern, wie stolz Sie sich gefühlt haben, als der Lehrer Ihren Namen aussprach«, »Als Kind hatten Sie ein besonders peinliches Erlebnis, an das Sie sogar heute noch von Zeit zu Zeit denken«, »Warum sehe ich die Farbe Blau oder Purpur? Haben Sie vor, etwas in dieser Farbe zu kaufen, oder haben Sie es gerade gekauft?«, »Wer ist die ältere Frau, die ich sehe, jemand in einem schwarzen Kleid, die über ihre Beine klagt?« und »Vor zwei Jahren geschah etwas, nicht wahr, irgendeine größere Veränderung?«.

Viele parapsychologische Handbücher raten ihren Lesern auch, sich auf diejenige Art von Fragen zu konzentrieren, die Menschen in verschiedenen Lebensabschnitten betreffen.[18]

Diesen Autoren zufolge probieren Teenager und diejenigen, die Anfang zwanzig sind, häufig verschiedene Identitäten aus und erkunden sexuelle Beziehungen. Diejenigen, die zwischen Mitte zwanzig und Mitte dreißig sind, haben gewöhnlich ein Gefühl für Stabilität entwickelt und konzentrieren sich mehr auf ihre Karriere und Finanzen und wollen Wurzeln schlagen. Leute zwischen Mitte dreißig und Mitte vierzig sorgen sich oft um die Gesundheit ihrer Eltern und die Belastungen, die die Kindererziehung mit sich bringen. Menschen ab 45 neigen dazu, sich mehr um ihre Gesundheit zu kümmern, fragen sich, ob ihre Beziehung schal wird, und werden von dem neuen Reiz der Enkelkinder angesprochen.

6. Bereiten Sie Ihre »Hintertüren« vor

Denken Sie daran, dass Sie nicht scheitern können, denn wenn jemand Ihrer Aussage keinen Sinn abzugewinnen vermag, stehen Ihnen zwei riesige Sicherheitsnetze zur Verfügung. Erklären Sie, dass die Aussage vielleicht nicht direkt auf die anwesende Person zutrifft, sondern vielmehr auf jemanden aus ihrer Familie, einen Arbeitskollegen oder einen Freund. Sie können Ihre Erklärung auch auf die Vergangenheit und die Zukunft ausdehnen. Handelte es sich um etwas, das der Person in ihrer Kindheit geschah, oder vielleicht etwas, das in der nahen Zukunft geschehen könnte? Wenn das nicht funktioniert, können Sie gerne die Aussage viel abstrakter gestalten: wenn Sie z.B. einen »Feiertag« sehen, dass Sie tatsächlich irgendeine größere Veränderung meinen, oder wenn Sie von einem »Krankenhaus« sprechen, Sie in Wirklichkeit über jemanden sprechen, der in das Leben der betreffenden Person eintritt, um für sie zu sorgen. Wenn die Person sich wirklich sehr anstrengt, um einer Aussage einen Sinn abzugewinnen, lassen Sie es so aussehen, als ob sie selbst diejenige ist, die versagt hat, indem Sie bemerken »Das überlasse ich Ihnen«.

Wenn alles andere nicht klappt, versuchen Sie schließlich die folgenden verräterischen Zeichen zu Ihrem Vorteil zu nutzen …

- Sind die Kleider der Person etwas zu klein oder zu groß oder die angrenzenden Löcher für die Schnalle in ihrem Gürtel verschlissen? Wenn ja, sagen Sie, dass Sie den Eindruck haben, dass sie kürzlich zu- oder abgenommen hat.
- Deutet ihre Körperhaltung auf eine Zeit beim Militär, einen Tanzhintergrund oder vielleicht auf jemanden hin, der viel Zeit zusammengekauert an seinem Computer verbringt?
- Schauen Sie sich ihre Haut und Augen an. Trocken aussehende Haut und matt aussehende Augen gehören zu den zuverlässigsten Zeichen eines langfristigen oder vor kurzem aufgetauchten Gesundheitsproblems.
- Blicken Sie auf ihre Finger und Hände. Schwielige Hände verraten jemanden, der Handarbeit leistet, während lange Nägel an einer einzigen Hand ein starker Hinweis darauf sind, dass die Person Gitarre spielt. Gelblich verfärbte Finger deuten auf einen Raucher hin, während ein hellerer Hautstreifen auf ihrem Ringfinger gewöhnlich den Abbruch einer Beziehung vor kurzer Zeit anzeigt.
- Schütteln Sie ihr die Hand. Menschen mit besonders schwachem und schlaffem Händedruck neigen dazu, ängst-

licher als andere zu sein.[19] Außerdem könnte eine ungewöhnlich kalte Hand ein Zeichen dafür sein, dass die Person an einem schlechten Blutkreislauf leidet oder irgendwelche Medikamente nimmt.

- Sind ihre Schuhe praktisch oder modisch? Deutet das
darauf hin, dass sie Sport treibt oder eitel ist? Besonders
große Schuhe könnten außerdem darauf hinweisen, dass
sie in einem Zirkus arbeitet.

Da haben wir's also. Herr D. hatte den Schleier des parapsychologischen Gewerbes gelüftet. Zu lernen, wie man eine parapsychologische Wahrsagesitzung abhält, hat nichts damit zu tun, parapsychologische Ausbildungskurse oder eine Schule für begabte
Medien zu besuchen. Stattdessen geht es um Schmeichelei, janusköpfige Aussagen, mehrdeutige Bemerkungen, Angeln und Aufspießen, die Vorhersage des Wahrscheinlichen und die Verwand-
lung von Misserfolgen in Erfolge. Es wäre schön, wenn man
dächte, dass Herr D. der Einzige sei, der mit Täuschungen ope-
rierte. Schön, aber falsch. Tatsächlich gibt es eine ganze Unter-
grundindustrie, die dem kalten Wahrsagen gewidmet ist. Bücher
mit Titeln wie z. B. *Cashing in on the Psychic* (Aus dem Parapsychologischen Kapital schlagen), *Money-making Cold Reading* (Wie
man aus kaltem Wahrsagen Geld macht) und *Red Hot Cold
Readings* (Glühend heißes kaltes Wahrsagen) sind weit verbreitet;
sowie interaktive DVDs, Ausbildungskurse und Tagungen, die
alle das Ziel haben, jeden zu jeder Zeit zu täuschen.

Heißt das, dass alle parapsychologisch begabten Personen und
Medien Schwindler sind? Nein. Tatsächlich verwenden viel mehr
Medien und parapsychologisch begabte Personen die oben ge-
schilderten Techniken, ohne sich dessen bewusst zu sein. Lamar

Keene bezeichnete sie als »Leute mit geschlossenen Augen« – Menschen, die zwar keinerlei paranormale Fähigkeit besitzen, aber andere und sich selbst täuschen, ohne sich dessen bewusst zu sein.

Das kalte Wahrsagen erklärt auch, warum parapsychologische Medien immer wieder bei wissenschaftlichen Tests ihrer Kräfte scheitern. Dadurch, dass man sie von ihren Kunden abschirmt, sind die Medien nicht in der Lage, Informationen anhand der Art der Kleidung und des Verhaltens dieser Kunden aufzunehmen. Dadurch, dass man allen am Test teilnehmenden Versuchspersonen alle Wahrsagesitzungen vorführt, werden sie daran gehindert, dass sie ihrer eigenen Sitzung eine bestimmte Bedeutung zuweisen, und deshalb können sie diese nicht von den Sitzungen für die anderen unterscheiden. Als Folge davon zerfällt die äußerst erfolgreiche Trefferquote, die parapsychologische Medien täglich erreichen, und die Wahrheit kommt zum Vorschein – ihr Erfolg hängt von einer faszinierenden Nutzanwendung von Psychologie ab, und nicht von der Existenz paranormaler Fähigkeiten. Jetzt, da Sie die Techniken kennen, sollte der Besuch eines Mediums oder das Anschauen eines solchen im Fernsehen eine ganz andere Erfahrung sein. Ebenso wie ein Musikliebhaber die Feinheiten von Mozart oder Beethoven schätzt, werden Sie ein aufmerksames Ohr dafür haben, wie die Medien angeln, Aussagen erweitern und ihre Kunden zwingen, die Arbeit für sie zu leisten.

Genießen Sie das Konzert.

2. Kapitel:
Außerkörperliche Erfahrungen

In welchem wir von Wissenschaftlern hören, die versuchten,
die Seele zu fotografieren, entdecken, wie eine Gummihand die Wahrheit
über astrales Fliegen offenbart, erfahren, wie wir unseren Körper
verlassen können, und herausfinden, wie unser Gehirn entscheidet,
wo wir uns momentan befinden.

Ich erinnere mich noch, als wenn es erst gestern gewesen wäre. Ich war wegen einer kleineren Operation ins Krankenhaus eingewiesen worden, und es war die Nacht vor der Operation. Als ich einschlummerte, geschah etwas sehr Merkwürdiges. Ich fühlte, wie ich mich langsam aus meinem Bett erhob, zur Decke schwebte, mich umdrehte und meinen Körper tief schlafend im Bett sah. Wenige Sekunden später flog ich aus der Tür hinaus, sauste mit voller Geschwindigkeit die Krankenhausflure entlang und landete schließlich in einem Operationssaal. Das Operationsteam arbeitete angestrengt und versuchte, eine Ketchupflasche aus …

… eigentlich kann ich die Geschichte nicht weitererzählen. Nicht, dass es eine besonders schmerzhafte Erinnerung wäre, es ist nur, dass ich mich unwohl fühle, weil ich die ganze Sache erfunden habe. Ich habe nie eine außerkörperliche Erfahrung gehabt. Tut mir leid, dass ich Ihre Zeit verschwendet habe – es ist nur so, dass ich jahrelang Leuten geduldig zuhören musste, wenn sie ihre Phantasieflüge schilderten, und daher war es ein erlösendes Gefühl, meinen eigenen zu erfinden.

Obwohl sie fiktiv ist, enthält mein Erlebnis alle Bestandteile, die mit einer »echten« außerkörperlichen Erfahrung (oder »AKE«) verbunden sind. Während dieser Episoden haben die Leute das Gefühl, als ob sie ihren Körper verlassen hätten und in der Lage wären, ohne ihn herumzufliegen, wobei viele davon überzeugt sind, dass sie bestimmte Dinge herausgefunden haben, die sie unmöglich auf andere Weise in Erfahrung bringen konnten. Viele Menschen berichten, dass sie ihren wirklichen Körper während einer solchen Erfahrung sehen, wobei einige von einer seltsamen Art von »Astralband« sprechen, das ihr schwebendes Selbst mit ihrem wirklichen Selbst verbindet. Umfragen deuten darauf hin, dass zwischen zehn und zwanzig Prozent der Bevölkerung eine AKE hatten, und zwar häufig dann, wenn sie äußerst entspannt oder anästhetisiert sind, eine bestimmte Art von sensorischer Deprivation erleben, wie z. B. in einem Schwebebehälter, oder unter dem Einfluss von Marihuana stehen (was dem Ausdruck »high werden« eine neue Bedeutung verleiht).[1] Falls das Erlebnis eintritt, wenn eine Person sich in einer lebensbedrohlichen Situation befindet, kann auch die Empfindung beteiligt sein, dass man einen Tunnel entlanggleitet, ein helles Licht sieht und eine unermessliche Heiterkeit empfindet (diese Erlebnisse werden gewöhnlich als Nahtoderfahrungen oder »NTE« bezeichnet). Solche Erlebnisse scheinen überraschend wohltuend zu sein, wobei die überwältigende Mehrheit der Leute mit AKEs und NTEs berichtet, dass das Ereignis einen positiven Einfluss auf ihr Leben hatte.[2]

Worin besteht die Erklärung für diese seltsamen Empfindungen? Schweben die Seelen der Menschen wirklich von ihren erdgebundenen Körpern weg? Oder sind diese wirren Augenblicke das Ergebnis davon, dass unser Gehirn uns einen Streich spielt? Und wenn das der Fall ist, was sagt uns das darüber, wo wir die übrige Zeit sind?

Frühe Versuche, diese Fragen zu beantworten, wurden von einer kleinen Gruppe sonderbarer Wissenschaftler unternommen, die sich mit Gevatter Tod in einer skurrilen Suche nach der Seele zusammenschlossen.

Das Gewicht des Todes

1861 machte der Bostoner Juwelier und leidenschaftliche Amateurfotograf William Mumler eine bemerkenswerte Entdeckung.[3] Als eines seiner Selbstporträts aus einer Entwicklerwanne zum Vorschein kam, war er verblüfft, die gespenstische Gestalt einer jungen Frau zu sehen, die unheimlich neben ihm schwebte. Da er sich sicher war, dass die Gestalt nicht anwesend war, als er das Foto machte, nahm Mumler an, dass es sich um nichts weiter als eine Doppelbelichtung handelte. Als er das Bild jedoch seinen Freunden zeigte, wiesen sie darauf hin, dass die Gestalt eine bestürzende Ähnlichkeit mit Mumlers verstorbener Kusine hatte, und gelangten zu der Überzeugung, dass er über eine Möglichkeit gestolpert war, die Toten zu fotografieren. Mumlers Foto machte rasch Schlagzeilen, wobei viele Journalisten eine nicht gerade skeptische Haltung einnahmen und es als das allererste Bild eines Geistes anpriesen.

Da er ein erfolgversprechendes Geschäft witterte, schloss Mumler sogleich seinen Juwelierladen und begann als der erste Geisterfotograf der Welt zu arbeiten. In einer Sitzung nach der anderen bemühte er sich sicherzustellen, dass die Geister auf Abruf erschienen, und schon bald wurde das Geräusch seines Magnesiumblitzlichts nur noch von dem Klingeln seiner Kasse überboten. Aber nach einigen äußerst erfolgreichen Jahren begann der Ärger. Mehreren aufmerksamen Kunden fiel auf, dass einige der angeblichen »Geister« auf ihren Fotos bemerkenswerterweise Leuten ähnlich sahen, die an Mumlers vorherigen Sitzungen teilgenommen hatten. Andere Kritiker gingen noch weiter und bezichtigten Mumler, in Häuser einzubrechen, Fotos der Toten zu stehlen und sie dann für seine Geisterbilder zu verwenden. Die Belege häuften sich, und schließlich wurde Mumler wegen Betrug vor Gericht gestellt. Der Prozess erwies sich als eine Angelegenheit, die große Beachtung in den Medien fand, wobei mehrere bekannte Zeugen erschienen, darunter der berühmte Schausteller Phineas Taylor Barnum (»Jede Minute wird ein Trottel geboren«), der Mumler vorwarf, die Gutgläubigen auszunutzen (man denke an »Glashaus« und »Stein«). Obwohl er vom Betrug freigesprochen wurde, war Mumlers Ruf ruiniert. Da er sich nie mehr von den gewaltigen Gerichtskosten erholte, die er zu seiner Verteidigung bezahlen musste, starb er 1884 in Armut.

Ironischerweise überlebte die Vorstellung der Geisterfotografie jedoch Mumlers Tod. Ein eifriger Verfechter der neuen Modewelle war der französische Forscher Dr. Hyppolite Baraduc, der eine ziemlich ungewöhnliche Ansicht zu diesem Thema vertrat.[4] Da er sich dessen völlig bewusst war, dass viele der vermeintlichen Geister eine bemerkenswerte Ähnlichkeit mit den Lebenden aufwiesen, und sich bemühte, das ganze Unternehmen nicht als Unsinn abzutun, glaubte Baraduc, dass die Fotografierten die Bilder durch ihre parapsychologischen Kräfte produzierten. Begeistert von diesem Gedanken, führte er eine Reihe von Untersuchungen durch, in denen er Versuchspersonen unentwickelte fotografische Platten halten und sich auf ein Bild konzentrieren ließ. Als mehrere dieser Platten seltsame Kleckse und Formen offenbarten, eilte Baraduc zur Pariser Académie de Médecine und verkündete seine Ergebnisse.

Baraduc ignorierte diejenigen, die meinten, dass seine Ergebnisse bloß fotografische Artefakte waren, arbeitete verbissen weiter und begann mit anderen Arten übernatürlicher Fotografie zu experimentieren. Obwohl er immer noch an der gewöhnlichen Geisterfotografie zweifelte, fragte er sich, ob es wohl möglich sei, die gerade erst Verstorbenen zu fotografieren und die Seele beim Verlassen des Körpers festzuhalten. Die erste Gelegenheit, einen Toten zu fotografieren, bot sich ihm, als sein 19-jähriger Sohn André 1907 an Schwindsucht starb. Nur wenige Stunden nach Andrés Tod tat Baraduc, was jeder liebende Vater und engagierte Wissenschaftler getan hätte – er schoss ein Foto von dem leblosen Körper seines Sohnes im Sarg und untersuchte das so entstandene Bild nach Belegen für die Seele. Er war verblüfft, als er entdeckte, dass das Foto eine »formlose, neblige, wellenartige Masse [zeigte], die nach allen Richtungen hin mit beträchtlicher Kraft ausströmte«. Da er die Möglichkeit ignorierte, dass es sich dabei um eine bestimmte Art von fotografischem Artefakt handeln könnte oder das Ergebnis davon war, dass er seine eigenen Gedanken auf parapsychologische Weise auf das Bild projizierte, wartete Baraduc begierig auf eine weitere Gelegenheit, um seine Hypothese zu überprüfen. Lange brauchte er nicht zu warten.

Nur sechs Monate nach dem Tod seines Sohnes erkrankte Baraducs Frau ernsthaft und hatte eindeutig nicht mehr lange zu leben. Voller Eifer, aus dieser Gelegenheit so viel wie möglich herauszuschlagen, installierte Baraduc seine fotografische Ausrüstung am Bett seiner Frau und wartete geduldig darauf, dass sie ihre sterbliche Hülle ablegte. Seine Frau seufzte dreimal, als sie verschied, und Baraduc schaffte es, ein Foto während eines ihrer letzten Atemzüge aufzunehmen. Das Bild zeigte drei leuchtende, weiße »Kugeln«, die über Madame Baraduc schwebten. Freudig erregt machte Baraduc 15 Minuten später ein weiteres Foto vom Leichnam seiner Frau und ein drittes etwa eine Stunde danach. Die drei geheimnisvollen Kugeln erscheinen noch einmal auf dem ersten dieser Bilder und schlossen sich zu einer einzigen großen Kugel auf dem zweiten zusammen.

Baraduc war sich sicher, dass er die Seele fotografiert hatte. Andere waren dagegen nicht so überzeugt. Als er die Bilder in seinem jüngsten Buch *Ghosts Caught On Film* (dt.: Geister: Unglaub-

liche Bilder auf dem Prüfstand, Fotografien des Übersinnlichen)
beurteilte, vermerkte Mel Willin, dass ein Berufsfotograf darauf
hinwies, dass der Effekt sehr wohl durch ganz kleine Löcher im
Balg hinter der Kameralinse verursacht worden sein könnte.[5]

Baraduc war nicht der einzige seelenforschende Wissenschaftler, der mit den Sterbenden und Toten arbeitete. Unmittelbar
nach der letzten Jahrhundertwende unternahm der amerikanische
Arzt Duncan MacDougall eine Reihe von gleichfalls makabren
und inzwischen berüchtigten Untersuchungen bei dem Versuch,
das Gewicht der menschlichen Seele zu bestimmen.[6] Er besuchte
seine an Schwindsucht erkrankten Patienten zu Hause und erkannte bei sechs Patienten, dass sie dem Tod offensichtlich sehr
nahe waren (vier aufgrund von Tuberkulose, einer aufgrund von
Diabetes und einer wegen einer nicht genannten Ursache). Jeden
der Patienten, der so aussah, als würde er gleich seinen letzten
Atemzug tun, rollte MacDougall rasch in seinem Bett auf eine
große Industriewaage und wartete auf seinen Tod. MacDougalls
Laboraufzeichnungen von einer der Sitzungen liefern eine lebhafte Schilderung der Schwierigkeiten, die mit dieser Aufgabe
verbunden waren:

Der Patient … verlor mit einer Geschwindigkeit von einer
Unze pro Stunde langsam an Gewicht aufgrund der Verdunstung von Feuchtigkeit bei der Atmung und der Verdunstung
von Schweiß. Die ganzen drei Stunden und vierzig Minuten
hielt ich das Balkenende etwas über dem Gleichgewicht in der
Nähe des oberen Begrenzungsbalkens, um den Test aussage-
kräftiger zu machen, falls es dazu kommen sollte. Am Ende von
drei Stunden und vierzig Minuten gab er seinen Geist auf, und
plötzlich, im Augenblick des Todes, fiel das Balkenende mit
einem hörbaren Schlag herunter, schlug gegen den unteren

Begrenzungsbalken und verblieb dort, ohne wieder in die Höhe zu steigen. Der Verlustbetrag wurde auf drei Viertel einer Unze bestimmt.

Nachdem weitere fünf Patienten ihrem Schöpfer begegnet waren, berechnete MacDougall den durchschnittlichen Gewichtsverlust im Augenblick des Todes und verkündete stolz, dass die menschliche Seele 21 Gramm wiege. Seine Ergebnisse sicherten ihm einen Platz in der Geschichte und, was vielleicht noch wichtiger ist, lieferten den Titel für einen Hollywood-Kassenschlager von 2003, in dem Sean Penn und Naomi Watts die Hauptrollen spielen.*

In einer späteren Untersuchung tötete er nacheinander 15 Hunde auf der Waage und stellte keinen Gewichtsverlust fest, wodurch seine religiöse Überzeugung bestätigt wurde, dass Tiere keine Seele haben.

Als MacDougalls Ergebnisse 1907 in der *New York Times* veröffentlicht wurden, hatte sein Arztkollege Augustus P. Clarke seinen großen Tag.[7] Clarke stellte fest, dass beim Eintritt des Todes die Körpertemperatur plötzlich ansteigt, da die Lungen das Blut nicht mehr kühlen, und das darauffolgende stärkere Schwitzen könnte MacDougalls fehlende 21 Gramm leicht erklären. Clarke wies ebenfalls darauf hin, dass Hunde keine Schweißdrüsen haben (weshalb sie ohne Unterlass hecheln), und daher ist es nicht überraschend, dass sich bei ihrem Tod ihr Gewicht nicht plötzlich veränderte. Als Folge davon wurden MacDougalls Ergebnisse dem großen Haufen wissenschaftlicher Kuriositäten überantwortet, der die Aufschrift trägt »mit größter Wahrscheinlichkeit nicht wahr«.

---

* Es handelt sich um den Film »21 Gramm« (A. d. Ü.).

Einige Jahre später führte der amerikanische Forscher Dr. R. A. Watters mehrere bemerkenswerte Experimente mit fünf Heuschrecken, drei Fröschen und zwei Mäusen durch.[8] 1894 arbeitete der schottische Physiker Charles Wilson auf dem Gipfel von Ben Nevis, als er ein »Brocken-Gespenst« sah. Dieser frappierende optische Effekt kommt zustande, wenn die Sonne hinter einem Bergsteiger steht und auf einen nebligen Gebirgskamm scheint. Außer dass ein langer Schatten des Bergsteigers erzeugt wird, bricht sich das Sonnenlicht in vielen Fällen in den Wassertröpfchen des Nebels, was die Erscheinung einer Riesengestalt hervorruft, die von farbigen Lichtringen umgeben ist. Diese Erfahrung setzte bei Wilson eine Gedankenkette in Gang, die schließlich das Ergebnis hatte, dass er eine Vorrichtung zur Detektion von Ionenstrahlung entwickelte, die als Nebelkammer bekannt ist. Wilsons Kammer bestand aus einem versiegelten Glasbehälter, der mit Wasserdampf gefüllt war. Wenn ein Alpha- oder Betateilchen mit dem Dampf interagiert, wird dieser ionisiert, und es entstehen sichtbare Streifen, die den Forschern gestatten, den Pfad der Teilchen zu verfolgen.

Es war das Potential der Nebelkammer, das Watters fesselte. In den frühen 1930er Jahren spekulierte er, dass die Seele eine »inneratomare Qualität« haben könnte, die sichtbar werden könnte, wenn ein lebender Organismus in Wilsons Gerät getötet wurde. Watters befolgte nicht Baraducs »Beschränke dich auf die Familie«-Forschungsansatz, teilte auch nicht MacDougalls Skepsis, ob Tiere Seelen hätten, und verabreichte deshalb verschiedenen kleinen Tieren (darunter Heuschrecken, Fröschen und Mäusen) tödliche Dosen eines Anästhetikums. Dann setzte er sie rasch in eine modifizierte Nebelkammer. Die resultierenden Fotos der sterbenden Tiere zeigten wolkenartige Formen, die über den Körpern der Opfer schwebten. Mehr noch war Watters jedoch von der Tatsache beeindruckt, dass die Formen häufig den Tieren selbst ähnlich zu sein schienen. Er hatte nicht nur die Existenz einer Geistform bewiesen, sondern auch gezeigt, dass die Seelen von Fröschen bemerkenswerterweise eine Froschform haben. Seine noch existierenden Fotos, die jetzt in den Archiven der Society for Psychical Research in Cambridge aufbewahrt werden, sind jedoch nicht ganz überzeugend. Obwohl die Bilder große Flecken von weißem Nebel zeigen, würden die Formen der Flecken nur für Leute mit der lebhaftesten Einbildungskraft Tieren ähnlich sehen. Auch hier haben wir wieder einen Fall, wo der menschliche Geist sieht, was er sehen will.

Die Mehrdeutigkeit der Flecken erwies sich als das kleinste von Watters' Problemen. Mehrere Kritiker beklagten, dass es unmöglich sei, seine spektakulären Behauptungen zu beurteilen, weil er seinen Apparat nicht hinreichend genau beschrieben habe. Andere machten geltend, dass die Bilder dadurch entstanden sein könnten, dass er es unterließ, Staubpartikel aus der Kammer zu beseitigen. Der letzte Nagel wurde in Watters' Sarg geschlagen, als ein Schullehrer für Physik namens B. J. Hopper mehrere Tiere in seiner eigenen, speziell konstruierten Nebelkammer tötete und keinerlei geistartige Doppelgänger beobachten konnte.

Die Suche nach physikalischen Belegen für die Seele erwies sich als wenig beeindruckend. Baraducs geheimnisvolle weiße Kugeln könnten gut auf winzige Löcher im Balg der Kamera zurückgehen, MacDougalls Verlust von 21 Gramm im Augenblick des Todes war wahrscheinlich das Ergebnis von Besonderheiten der Blutkühlung, und Watters' Fotos von Tiergeistern können als Kombination aus Staub und Wunschdenken wegerklärt werden. Aufgrund dieser spektakulären Reihe von Misserfolgen überrascht es nicht, dass Wissenschaftler schnell Abstand nahmen vom Fotografieren und Wiegen sterbender Menschen und Tiere. Da sie jedoch die Suche nach der Seele nicht einfach aufgeben wollten, versuchten sie sich dem Problem auf ganz andere Weise zu nähern.

Eine Partie Tennis gefällig?

Der sonderbare Fall der Geisterturnschuhe

Schlagen Sie irgendein New-Age-Buch über außerkörperliche und Nahtoderfahrungen auf, und Sie werden bald etwas über Maria und den abgetragenen Tennisschuh lesen.

Im April 1977 erlitt eine Wanderarbeiterin namens Maria aus dem Bundesstaat Washington eine heftige Herzattacke und wurde eiligst zum Harborview Medical Centre gebracht. Nach drei Tagen im Krankenhaus hatte sie einen Herzstillstand, wurde jedoch rasch wiederbelebt. Später am selben Tag traf sie sich mit ihrer Sozialarbeiterin, Kimberly Clark, und erklärte, dass bei der zweiten Herzattacke etwas zutiefst Sonderbares geschehen war.[9]

Maria hatte eine klassische außerkörperliche Erfahrung durchlebt. Als das medizinische Personal um die Rettung ihres Lebens rang, merkte sie, wie sie aus ihrem Körper herausschwebte und auf die Szene herabblickte, wobei sie ein Papierdiagramm aus einer Maschine herauskommen sah, die ihre Lebenszeichen überwachte. Wenige Augenblicke danach befand sie sich außerhalb des Krankenhauses und schaute auf die umgebenden Straßen, Parkplätze und das Äußere des Gebäudes.

Maria sagte Clark, dass sie Dinge gesehen hatte, von denen sie aus ihrer Position im Bett nichts hätte wissen können, und gab Beschreibungen vom Eingang zur Notaufnahme und von der Straße, die um das Krankenhausgebäude führte. Obwohl diese Informationen stimmten, war Clark anfangs skeptisch und nahm an, dass Maria diese Informationen unbewusst wahrgenommen hatte, als sie ins Krankenhaus eingeliefert wurde. Marias nächste Eröffnung ließ Clark ihre eigenen Zweifel jedoch in Frage stellen.

Maria sagte, dass sie zu einem bestimmten Zeitpunkt ihrer ätherischen Reise zum nördlichen Teil des Gebäudes hinübergeschwebt war und dass ein ungewöhnlicher Gegenstand auf der Außenseite einer Fensterbank im dritten Stock ihre Aufmerksamkeit gefesselt hatte. Nachdem sie ihre Geisteskraft zum Heranzoomen eingesetzt hatte, sah Maria, dass der Gegenstand in Wirklichkeit ein Tennisschuh war, und ein bisschen mehr Zoomen offenbarte, dass der Schuh ganz abgetragen war und die Schnürsenkel unter dem Absatz verstaut waren. Maria fragte Clark, ob sie etwas dagegen hätte nachzusehen, ob der Tennisschuh tatsächlich existierte.

Clark verließ das Gebäude und sah sich um, konnte aber nichts Ungewöhnliches entdecken. Dann ging sie zu den Zimmern im Nordflügel des Gebäudes hinauf und sah aus den Fenstern hinaus. Anscheinend war das leichter gesagt als getan, da die schmalen Fenster es erforderten, dass sie ihr Gesicht gegen das Glas drücken musste, um auf die Fensterbänke zu sehen. Nachdem sie ihr Gesicht viele Male auf diese Weise ans Fensterglas gedrückt hatte, war Clark überrascht, als sie sah, dass dort tatsächlich ein alter Tennisschuh auf einer der Fensterbänke lag.

»Fünfzehn – null« für die Gläubigen

Als Clark ihre Hand nach der Fensterbank ausstreckte und den Schuh hereinholte, bemerkte sie, dass er tatsächlich sehr abgetragen war und dass die Schnürsenkel unter dem Absatz verstaut waren.

»Dreißig – null«

Außerdem bemerkte Clark, dass die Lage der Schnürsenkel nur für jemanden sichtbar gewesen wäre, der den Tennisschuh von außerhalb des Gebäudes sah.

»Vierzig – null«

Clark veröffentlichte Marias bemerkenswerte Geschichte 1985, und seitdem wurde der Fall in unzähligen Büchern, Zeitschriftenartikeln und auf Websites als hieb- und stichfester Beleg dafür zitiert, dass der Geist den Körper verlassen kann.

1996 beschlossen die skeptischen Wissenschaftler Hayden Ebbern, Sean Mulligan und Barry Beyerstein von der Simon Fraser University in Kanada, die Geschichte zu untersuchen.[10] Zwei von den dreien besuchten das Harborview Medical Centre, interviewten Clark und machten die Fensterbank ausfindig, die Maria anscheinend vor all diesen Jahren gesehen hatte. Sie legten einen ihrer eigenen Laufschuhe auf die Fensterbank, schlossen das Fenster und traten einen Schritt zurück. Im Gegensatz zu Clarks Aussagen mussten sie ihre Gesichter nicht gegen die Scheibe drücken, um den Schuh zu sehen. Tatsächlich konnte man den Schuh leicht vom Raumesinnern aus sehen. Er konnte sogar von einem Patienten ausgemacht werden, der im Bett lag.

»Vierzig – fünfzehn«

Anschließend gingen die Skeptiker aus dem Gebäude hinaus und bemerkten, dass ihr Versuchslaufschuh überraschend leicht von den Außenanlagen des Krankenhauses aus gesehen werden konnte. Tatsächlich war der Schuh entfernt worden, als sie eine Woche später zum Krankenhaus zurückkehrten, was die Vorstellung weiter untergrub, dass er nur schwer zu sehen gewesen sei.

»Vierzig – dreißig«

Ebbern, Mulligan und Beyerstein sind der Ansicht, dass Maria eine Bemerkung über den Schuh mitgehört haben könnte, als sie während ihres dreitägigen Krankenhausaufenthalts unter dem Einfluss von Beruhigungsmitteln stand oder im Halbschlaf war, und diese Information dann in ihre außerkörperliche Erfahrung einbaute. Außerdem weisen sie darauf hin, dass Clark ihre Schilderung des Vorgangs erst sieben Jahre später veröffentlichte und dass es daher genügend Zeit gab, den Vorgang durch häufiges Erzählen zu übertreiben. Unter der Voraussetzung, dass bestimmte Schlüsselaspekte der Geschichte äußerst fragwürdig waren, meinte das Trio, dass es nur wenig Grund gebe, andere Aspekte des Falles zu glauben, wie z. B. dass Maria vor seiner Entdeckung sagte, dass der Schuh sehr abgetragen war und die Schnürsenkel unter seinem Absatz steckten.

»Einstand«

Ein Aufenthalt von nur wenigen Stunden im Krankenhaus offenbarte, dass der Bericht über Marias berühmte Erfahrung die

Erwartungen nicht erfüllte. Dennoch wurde die Geschichte unzählige Male von Autoren wiederholt, die sich entweder nicht die Mühe machten, die Tatsachen zu überprüfen, oder denen es widerstrebte, ihren Lesern die eher zweifelhafte Seite der Geschichte darzubieten. Diejenigen, die an die Existenz der Seele glaubten, mussten schon mit zwingenderen und hieb- und stichfesteren Belegen aufwarten.

»Neue Bälle bitte«

Eine kurze Visualisierungsübung

Es ist Zeit für eine einfache, aus zwei Teilen bestehende Übung. Beide Teile erfordern, dass Sie in dieses Buch hineinschreiben. Sie mögen das vielleicht nur widerwillig tun, aber es ist wichtig aus drei Gründen. Erstens werden sie die Zahlen später in diesem Kapitel wieder brauchen, und daher ist es hilfreich, eine bleibende Aufzeichnung dieser Zahlen zu haben. Zweitens, wenn Sie sich in einem Buchladen aufhalten, werden Sie moralisch zum Kauf des Buches verpflichtet sein. Drittens, wenn Sie das Buch schon gekauft haben, sind die Chancen, einen vernünftigen Wiederverkaufspreis auf Ebay zu erzielen, stark reduziert. Fangen wir also an.

Teil eins

Sehen Sie sich Ihre Umgebung an. Vielleicht sind Sie zu Hause, liegen gerade im Park oder sitzen im Bus. Wo auch immer Sie sich befinden, blicken Sie einfach nur um sich. Stellen Sie sich nun vor, wie Ihre Umgebung aussehen würde, wenn Sie aus Ihrem Körper herausschwebten, etwa zwei Meter über der Stelle, an der Sie sich tatsächlich befinden, und auf sich selbst herabblicken würden. Halten Sie dieses Bild vor Ihrem geistigen Auge fest. Wie klar ist das Bild? Wenn Sie ihm eine Zahl von eins (in welchem Fall es fast überhaupt kein Bild gibt) bis sieben (ein sehr deutliches und detailliertes Bild) zuweisen müssten, welche Zahl würden Sie ihm geben? Schreiben Sie jetzt diese Zahl mit wischfester blauer oder schwarzer Tinte hier auf die Linie:

Ihre Einschätzung: _____

Blicken Sie sich jetzt um und sehen Sie, wo Sie gerade sind, und dann stellen Sie sich wieder vor, dass Sie hoch über Ihrem Körper schweben. Anschließend wechseln Sie zu Ihrem tatsächlichen Aufenthaltsort zurück und dann wieder zu der Position, von der aus Sie die Welt von oberhalb ihres Kopfes betrachten. Schätzen Sie jetzt die Leichtigkeit ein, mit der Sie zwischen diesen beiden Orten hin- und herschalten konnten, indem Sie wieder eine Zahl zwischen eins (»Mann, war das schwierig«) und sieben (»Gaaaanz leicht«) auswählen. Schreiben Sie die Zahl wieder hier auf:

Ihre Einschätzung: _____

Teil zwei

Schätzen Sie bitte ein, in welchem Grad die folgenden Aussagen auf Sie zutreffen, indem Sie jeder eine Zahl zwischen eins (»Überhaupt nicht«) und fünf (»Wow, als würden Sie mich schon jahrelang kennen«) zuweisen.[11]
Weisen Sie jeder Aussage eine Zahl zwischen 1 (»stimmt überhaupt nicht«) und 5 (»stimmt genau«) zu.

1. Wenn ich einen Film anschaue, habe ich das Gefühl, als ob ich selbst mitspiele. ☐

2. Ich kann mich an vergangene Ereignisse in meinem Leben mit einer solchen Deutlichkeit erinnern, dass es sich anfühlt, als würde ich sie noch einmal erleben. ☐

3. Ich kann mich dem Hören von Musik so hingeben, dass ich nichts anderes mehr bemerke. ☐

4. Ich glaube, dass Wiesel sich zu sehr anstrengen. ☐

5. Ich schaue gerne in die Wolken und versuche, Formen und Gesichter darin zu sehen. ☐

6. Ich werde oft von einem guten Buch so gefesselt, dass ich das Gefühl für die Zeit verliere. ☐

Vielen Dank dafür, dass Sie diese Übungen gemacht haben. Später mehr dazu.

Wie man es anstellt, wie ein Schreibtisch zu empfinden

Der berüchtigte Fall des Tennisschuhs auf der Fensterbank liefert weniger als zwingende Belege für die Vorstellung, dass Menschen in der Lage sind, aus ihrem Körper herauszuschweben. Schlimmer noch, mehrere Forscher haben eine beträchtliche Menge an Zeit und Mühe für die Durchführung strengerer Tests dieser Vorstellung aufgewandt und ebenfalls eine Niete gezogen. Beispielsweise hat der Parapsychologe Karlis Osis über hundert Personen getestet, die behaupteten, dass sie nach Belieben eine AKE induzieren könnten. Er bat jede davon, ihren Körper zu verlassen, zu einem entfernten Zimmer zu wandern und das zufällig ausgewählte Bild zu identifizieren, das dort aufgehängt worden war.[12] Die überwältigende Mehrheit seiner Versuchspersonen war zuversichtlich, dass sie die Reise gemacht hätten, aber als Gruppe lagen ihre Ergebnisse nicht über dem Zufallsniveau. Auf ähnliche Weise wandten der Forscher John Palmer und seine Kollegen von der University of Virginia in Charlottesville eine Vielzahl von Entspannungstechniken an, um Menschen zu trainieren, damit sie AKE erleben. Dann bat er sie, mit ihrer neu entdeckten Fähigkeit die Identität eines entfernten Ziels festzustellen.[13] In einer Reihe von Studien, die über 150 Teilnehmer umfasste, konnten die Versuchsleiter keinerlei zuverlässige Belege für außersinnliche Wahrnehmung nachweisen.

Kurz, die über hundert Jahre anhaltende wissenschaftliche Suche nach der Seele ist schließlich gescheitert. Trotz Baraducs Versuchen, die Geister seines verstorbenen Sohnes und seiner Frau zu fotografieren, McDougalls Bestimmung des Gewichts von Sterbenden und Watters' Abschlachtung mehrerer Heuschrecken hielten die Belege nicht stand. Infolgedessen machten die Forscher eine Kehrtwendung und konzentrierten ihre Aufmerksamkeit auf die Angaben derjenigen, die behaupteten, ihren Körper verlassen zu haben. Die besten Einzelfallstudien stellten sich als etwas unzuverlässig heraus, und Experimente, an denen Hunderte von Leuten mit AKE teilnahmen, die versuchten, Tausende verborgener Ziele zu identifizieren, konnten keine überzeugenden Ergebnisse vorweisen.

Nach all dem könnte es scheinen, dass außerkörperliche Erfahrungen einem neugierigen Geist nichts zu bieten haben. Nachfolgende Arbeiten haben jedoch einen ganz anderen Zugang zu dem Problem verfolgt und dabei sowohl das Rätsel gelöst als auch einen wichtigen Einblick in die innersten Prozesse Ihres Gehirns geliefert.

Es gibt einen alten Witz über einen Mann, der versucht, ein bestimmtes Zimmer im philosophischen Institut einer Universität zu finden. Er verirrt sich und stößt schließlich auf einen Lageplan des Gebäudes. Auf dem Plan sieht er einen großen roten Pfeil, der einen der Flure markiert, und über dem Pfeil steht »Sind Sie hier?«. Das ist kein schlechter Witz. Wichtiger ist jedoch, dass er eine wichtige Frage aufwirft – woher wissen Sie, wo Sie sind? Oder, um es in einer eher philosophischen Sprache auszudrücken – warum glauben Sie, dass Sie in Ihrem eigenen Körper sind?

In vielen Hinsichten scheint das eine merkwürdige Frage zu sein. Schließlich scheinen wir uns einfach in unserem Körper zu befinden, und damit basta. Die Frage weist jedoch verborgene Tiefen auf. Den größten Aufschluss brachte vielleicht ein bahnbrechendes Experiment, das Sie bei sich zu Hause durchführen können, wozu Sie einfach nur einen Tisch, einen großen Bildband, ein Handtuch, eine Gummihand und einen aufgeschlossenen Freund benötigen.[14]

Sitzen Sie zunächst am Tisch und legen Sie Ihre beiden Arme auf die Tischplatte. Dann bewegen Sie Ihren rechten Arm etwa 15 cm nach rechts und legen die Gummihand an die Stelle, wo zuvor ihre rechte Hand war (das setzt voraus, dass die Handattrappe eine rechte Hand ist – wenn nicht, nehmen Sie Ihre linke Hand für die Demonstration).

Die Anordnung für den ersten Teil des Experiments mit der Handattrappe.

Stellen Sie jetzt das Buch senkrecht auf die Tischplatte zwischen Ihren rechten Arm und die Gummihand, und stellen Sie sicher, dass es Ihnen keine Sicht auf Ihren rechten Arm erlaubt. Dann nehmen Sie das Handtuch, um den Zwischenraum zwischen ihrer rechten Hand und der Gummihand zu verdecken (siehe das Foto unten).

Das Experiment mit der Handattrappe. Man kann ein Gefühl für die psychologische Wirkung des Erlebnisses bekommen, wenn man sich den Gesichtsausdruck der Person auf dem Foto ansieht.

Bitten Sie schließlich Ihren Freund, Ihnen gegenüber Platz zu nehmen, seine Zeigefinger auszustrecken und mit ihnen sowohl Ihre rechte Hand als auch die Gummihand gleichzeitig an derselben Stelle zu streicheln. Nach ungefähr einer Minute des Streichelns werden Sie anfangen, das Gefühl zu haben, dass die Gummihand tatsächlich ein Teil von Ihnen ist. Dieses Gefühl hat interessante Konsequenzen für Ihre wirkliche, aber verborgene Hand. Forscher haben die Hauttemperatur der Hände von Versuchspersonen während der Untersuchung beobachtet und entdeckt, dass ihre verborgene Hand etwa ein halbes Grad kälter wird, sobald sie zu glauben beginnen, dass die Gummihand ein Teil von ihnen ist – es sieht so aus, als ob das Gehirn die Blutzufuhr zur unsichtbaren Hand einschränkt, sobald es meint, dass sie nicht mehr zum Körper gehört.[15]

Es handelt sich um eine starke Illusion. In einer ähnlichen Reihe von Untersuchungen, die von Vilayanur Ramachandran durchgeführt und in seinem Buch *Phantoms in the Brain* (dt.: Die blinde Frau, die sehen kann: rätselhafte Phänomene unseres Bewusstseins) beschrieben wurde, wurden Versuchspersonen gebeten, ihre linke Hand unter einem Tisch zu platzieren, und ein Versuchsleiter streichelte dann gleichzeitig die verborgene Hand und die Tischplatte.[16] Abermals veränderte sich ihr Selbstgefühl, wobei etwa 50 Prozent der Versuchspersonen das Gefühl bekamen, als ob die hölzerne Tischplatte zu einem Teil von ihnen geworden sei.

Um zu erklären, was hier geschieht, verwenden wir eine einfache Analogie. Stellen Sie sich vor, dass Sie in einer neuen Stadt umhergehen, und plötzlich bemerken Sie, dass Sie sich verirrt haben. Der einzige Ausweg aus dieser Lage besteht darin, einen Wegweiser zu suchen. Auf ähnliche Weise muss Ihr Gehirn, wenn es versucht zu entscheiden, wo »Sie« sind, sich auf das Pendant von Wegweisern verlassen, nämlich auf Informationen von Ihren Sinnen.

Die meiste Zeit funktioniert das ganz gut. Ihr Gehirn könnte z. B. Ihre Hand sehen und einen Druck von Ihrer Fingerspitze wahrnehmen und deshalb richtigerweise vermuten, dass »Sie« in Ihrem Arm sind. Aber genauso wie Menschen manchmal mit Wegweisern durcheinanderkommen und sie in die falsche Richtung einstellen, kommt gelegentlich auch Ihr Gehirn durcheinander. Das Experiment mit der Gummihand stellt eine solche Situation dar. Während der Untersuchung »fühlt« Ihr Gehirn, dass Ihre rechte Hand gestreichelt wird, »sieht« eine Handattrappe oder einen hölzernen Tisch, die gleichzeitig gestreichelt werden, schließt, dass »Sie« daher in der Handattrappe oder dem Tisch sein müssen und konstruiert ein Selbstgefühl, das mit dieser Vorstellung übereinstimmt. Kurz, das Gefühl, wo Sie sich befinden, ist in Ihrem Gehirn nicht fest verdrahtet. Stattdessen ist es das Ergebnis davon, dass Ihr Gehirn ständig Informationen von Ihren Sinnen nutzt, um eine vernünftige Vermutung zu konstruieren. Aufgrund dessen kann sich Ihr Gefühl, dass »Sie« sich in Ihrem Körper befinden, von einem Augenblick zum nächsten ändern.

Ramachandrans Arbeiten haben wichtige praktische sowie theoretische Implikationen. Die Mehrheit der Menschen, denen ein Arm oder ein Bein amputiert wurde, spüren oft weiterhin qualvolle Schmerzen in ihren Phantomgliedern. Ramachandran fragte sich, ob dieser Schmerz teilweise daher rührte, dass ihr Gehirn desorientiert wurde, weil es weiterhin Bewegungssignale an das fehlende Körperglied schickte, aber dann die erwartete Bewegung nicht sah. Um diese Theorie zu testen, führten Ramachandran und seine Kollegen ein ungewöhnliches Experiment mit einer Gruppe von Amputierten durch, die einen Arm verloren hatten.[17] Das Forscherteam setzte eine Kartonschachtel mit quadratischem Grundriss und 60 cm Kantenlänge zusammen, die oben und vorne offen war. Dann stellten sie einen senkrechten Spiegel in die Mitte der

Schachtel und teilten sie dadurch in zwei Hälften. Jede Versuchsperson wurde gebeten, ihren Arm in eine der Hälften zu legen und sich dann so hinzusetzen, dass sie das Spiegelbild ihres Armes sehen konnten. Aus der Perspektive des Amputierten sah es so aus, als ob er sowohl seinen wirklichen als auch seinen fehlenden Arm sehen würde. Der Amputierte wurde dann gebeten, gleichzeitig mit beiden Händen eine einfache Bewegung zu machen, wie z. B. eine Faust zu ballen oder mit den Fingern zu zappeln. Kurz, Ramachandrans Schachtel erzeugte die Illusion der Bewegung in den fehlenden Gliedmaßen der Versuchspersonen. Erstaunlicherweise berichtete die Mehrheit der Teilnehmer über einen Rückgang der Schmerzen in ihrem Phantomglied, so dass einige sogar fragten, ob sie die Schachtel mit nach Hause nehmen dürften.

Es ist eine Sache, Menschen davon zu überzeugen, dass ein Teil von ihnen sich in einer Handattrappe oder in einer Tischplatte befindet, aber ist es auch möglich, dieselbe Idee zu nutzen, um eine Person aus ihrem ganzen Körper heraustreten zu lassen? Die Neurowissenschaftlerin Bigna Lenggenhager von der École Polytechnique Fédérale de Lausanne in der Schweiz beschloss, diese Frage zu erforschen.[18]

Wenn Sie an einer von Lenggenhagers Untersuchungen teilnähmen, würden Sie in ihr Labor geführt werden, man würde Sie bitten, sich in die Mitte des Raumes zu stellen, und Ihnen eine Virtual-Reality-Brille aufsetzen. Ein Forscher würde dann ein paar Meter hinter Ihnen eine Kamera positionieren und deren Aufnahmen in Ihre Brille einspeisen, wodurch Sie ein Bild Ihres eigenen Körpers sehen würden, der ein paar Meter vor Ihnen steht. Dann würde ein animierter Stab auf dem Bild vor Ihnen erscheinen und langsam Ihren virtuellen Rücken streicheln. Gleichzeitig würden sich die Forscher hinter Ihrer wirklichen Person heranschleichen und Ihren Rücken langsam mit einem Leuchtmarkerstift streicheln, wobei sie sorgsam darauf achten, dass das wirkliche Streicheln dem virtuellen Streicheln entspricht. Die experimentelle Anordnung ist identisch mit der Handattrappenstudie, wobei jedoch Ihr »virtuelles Selbst« den Platz der Handattrappe einnimmt und der Leuchtmarkerstift den Zeigefinger ersetzt. Genauso wie das Streicheln der Handattrappe die merkwürdige Empfindung hervorbrachte, dass ein Teil von Ihnen sich in der Hand befand, hatte Lenggenhagers Anordnung zum Ergebnis, dass die Versuchspersonen das Gefühl hatten, als ob ihr ganzer Körper tatsächlich ein paar Meter vor ihnen stünde.

Die Experimente mit der Handattrappe und der virtuellen Realität demonstrieren, dass das Alltagsgefühl, dass Sie sich in Ihrem Körper befinden, vom Gehirn aufgrund von sensorischen Informationen konstruiert wird. Ändern Sie diese Informationen, und es ist relativ leicht, Menschen dazu zu bringen, dass sie das Gefühl haben, als ob sie sich außerhalb ihres Körpers befänden. Natürlich haben die Leute keinen Zugang zu Gummihänden und sind auch nicht mit Virtual-Reality-Systemen verbunden, wenn sie ihre außerkörperlichen Erfahrungen machen. Viele Forscher meinen jetzt jedoch, dass diese merkwürdig kontraintuitive Vorstellung entscheidend für das Verständnis des Wesens dieser Episoden sei.

Spieglein, Spieglein an der Wand

Der Neurowissenschaftler Vilayanur Ramachandran und seine Kollegen haben eine einfache Methode zur Replikation von Lenggenhagers Experiment entwickelt, die ohne ein kompliziertes und teures Virtual-Reality-System auskommt.[19] Tatsächlich brauchen Sie nur zwei große Spiegel und Ihren Finger.

Stellen Sie zwei Spiegel so auf, dass sie einander gegenüberstehen und einen bis zwei Meter voneinander entfernt sind. Drehen Sie dann einen der Spiegel so, dass Sie das Spiegelbild Ihres Hinterkopfs sehen, wenn Sie in einen der beiden Spiegel schauen (siehe Foto). Streicheln Sie schließlich sanft Ihre Wange mit Ihrem Finger und schauen Sie auf das Spiegelbild.

Diese ziemlich ungewöhnliche Anordnung reproduziert die Illusion, die von Lenggenhagers Virtual-Reality-System erzeugt wurde. Ihr Gehirn »fühlt«, dass Ihre Wange gestreichelt wird, »sieht« eine Person, die vor Ihnen steht und gleichzeitig gestreichelt wird, schließt, dass »Sie« daher dort stehen müssen und konstruiert ein Selbstgefühl, das mit dieser Vorstellung übereinstimmt.

Als er an der Vorführung teilnahm, hatte Ramachandran das Gefühl, dass er einen fremden oder androiden Körper berühre, der sich außerhalb seines eigenen Körpers befand. Viele seiner Kollegen hatten ähnliche Gefühle, wobei manche von ihnen berichteten, dass sie »Hallo« zu der Person im Spiegel sagen wollten.

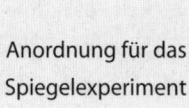

Anordnung für das
Spiegelexperiment

Zu Beginn dieses Buches schilderte ich, wie eine Fernsehsendung mit Sue Blackmore mich darauf brachte, dass die Untersuchung des Übernatürlichen wichtige Einblicke in unser Gehirn, unser Verhalten und unsere Überzeugungen offenbaren könnte. Blackmore hat über die Jahre hinweg viele Aspekte des Paranormalen erforscht, aber ein Großteil ihrer Arbeit hat sich auf die Geheimwissenschaft hinter den außerkörperlichen Erfahrungen konzentriert.

Hexerei, LSD und Tarotkarten

Sue Blackmores Interesse an paranormalen Phänomenen geht auf das Jahr 1970 zurück, als sie an der Oxford University studierte und eine dramatische außerkörperliche Erfahrung hatte. Nach einigen Stunden des Experimentierens mit einem Ouija-Brett und der anschließenden Entspannung mit etwas Marihuana spürte Sue, wie sie sich aus ihrem Körper entfernte, zur Decke schwebte, über England hinwegflog, den Atlantik überquerte und um New York herumschwebte. Schließlich flog sie nach Oxford zurück, gelangte durch den Nacken in ihren Körper und dehnte sich, bis sie das ganze Universum ausfüllte. Ansonsten war es eine ruhige Nacht.

Nach ihrer Rückkehr in die Wirklichkeit war sie fasziniert von sonderbaren Erfahrungen, ließ sich zu einer weißen Hexe ausbilden und entschloss sich schließlich, sich der Parapsychologie zu widmen. Ihr wurde ein Doktortitel für eine Arbeit verliehen, die untersuchte, ob Kinder über telepathische Kräfte verfügen (was nicht der Fall war), sie machte mehrere LSD-Trips, um zu sehen, ob diese ihre parapsychologischen Fähigkeiten verbessern würden (was nicht der Fall war), und lernte Tarot, um festzustellen, ob die

Karten die Zukunft vorhersagen konnten (was nicht der Fall war). Nach 25 Jahren solch enttäuschender Ergebnisse gab Sue schließlich den Geist auf und wurde zur Skeptikerin. Viele Jahre lang untersuchte sie die Psychologie paranormaler Erfahrungen und Überzeugungen und versuchte herauszufinden, warum Menschen anscheinend übernatürliche Empfindungen erlebten und solchen merkwürdigen Dingen Glauben schenken. In jüngster Vergangenheit hat sie ihre Aufmerksamkeit dem Rätsel des Bewusstseins zugewendet und sich auf die verschiedenen Methoden konzentriert, mit denen das Gehirn ein Selbstgefühl erzeugt (obwohl der »Wer bin ich«-Tab auf ihrer Website enttäuschenderweise zu einer astreinen Biographie führt).

Interview mit Sue Blackmore
www.richardwiseman.com/paranormality/SueBlackmore.html

Eine von Blackmores frühen Untersuchungen beschäftigte sich mit einer Frage, die häufig aufkommt, wenn ich über paranormale Phänomene spreche – warum scheinen eineiige Zwillinge häufig eine merkwürdige parapsychologische Bindung zueinander zu haben? Viele Befürworter parapsychologischer Fähigkeiten glauben, dass diese seltsame Bindung auf Telepathie beruht. Dagegen machen die Skeptiker geltend, dass Zwillinge oft sehr ähnliche Gedanken haben, weil sie in derselben Umgebung aufgewachsen sind und dieselbe genetische Anlage besitzen, und dass eine solche Ähnlichkeit dafür verantwortlich ist, dass sie dieselben Entscheidungen treffen und daher den Anschein erwecken, als könnten sie jeweils die Gedanken des anderen lesen.

Um diese Frage klären zu helfen, brachte Blackmore sechs Zwillingspaare und sechs Geschwisterpaare zusammen und führte ein zweiteiliges Experiment durch.[20] Der erste Teil bestand in einem direkten Telepathietest. Ein Mitglied jedes Paares spielte die Rolle des »Senders«, während das andere der »Empfänger« war. Dem Sender wurden verschiedene, zufällig ausgewählte Reize dargeboten (wie z. B. eine Zahl zwischen eins und zehn, ein Gegenstand oder ein Foto), und dann wurde er gebeten, die entsprechende Information an den Empfänger zu übertragen. Weder aus den Untersuchungen der Zwillinge noch aus denen der Geschwister ergaben sich Belege für Telepathie.

Im zweiten Teil des Experiments bat Blackmore die Sender, die erstbeste Zahl zu übertragen, die ihnen in den Sinn kam, eine beliebige Zeichnung zu machen, die ihnen gefiel, und eines von vier zu übertragenden Fotos auszuwählen. Plötzlich änderten sich die Ergebnisse. Wie von der Hypothese, dass »Telepathie bei Zwillingen auf Ähnlichkeit zurückgeht«, vorhergesagt wurde, gab es einen plötzlichen Anstieg der Leistung bei den Zwillingen. Als sie beispielsweise gebeten wurden, an eine Zahl zwischen eins und zehn zu denken, ergab sich bei 20 Prozent der Durchgänge mit Zwillingen dieselbe Zahl im Vergleich zu gerade mal 5 Prozent der Durchgänge mit den Geschwistern. Bei den Zeichnungen erreichten die Zwillinge mit einer 21-prozentigen Erfolgsrate ebenfalls gute Ergebnisse im Vergleich zu den 8 Prozent der Geschwister.

Kurz, die Belege deuten darauf hin, dass die Telepathie bei Zwillingen auf die äußerst ähnliche Art ihres Denkens und Verhaltens zurückgeht, und nicht auf außersinnliche Wahrnehmung.

Blackmore ist in skeptischen Kreisen aber vielleicht am besten für ihre Arbeit zur Erklärung außerkörperlicher Erfahrungen be-

kannt. Als Ausgangspunkt wählte sie die Vorstellung, dass das Gefühl, sich im eigenen Körper zu befinden, eine Illusion ist, die vom
Gehirn auf der Grundlage eingehender sensorischer Informationen erzeugt wird. Ebenso wie ziemlich eigenartige Umstände, wie
bei dem Experiment mit der Handattrappe oder dem Virtual-Reality-System, Personen zu der Überzeugung führen, dass sie sich
anderswo befinden, stellte sich Blackmore dann die Frage, ob ver-
gleichbar eigenartige Umstände bei Menschen die Überzeugung
wachrufen könnten, dass sie aus ihrem Körper entschwebt seien.
Sue konzentrierte ihre Aufmerksamkeit auf zwei Elemente, die für
die meisten AKE zentral sind.

Das erste Prinzip lässt sich mit Hilfe des Bildes unten illustrieren.

Fixieren Sie den schwarzen Punkt im Zentrum des Bildes, und
starren Sie ihn an. Vorausgesetzt, dass Sie in der Lage sind, Ihre
Augen und Ihren Kopf relativ unbewegt zu halten, werden Sie
feststellen, dass nach ungefähr 30 Sekunden das graue Gebiet um
den Punkt herum langsam verschwindet. Bewegen Sie Ihren Kopf
oder Ihre Augen, und es wird plötzlich wieder auftauchen. Was
geht hier vor? Es hat alles mit einem Phänomen zu tun, das als
»sensorische Habituation« bezeichnet wird. Bieten Sie jemandem

einen gleichbleibenden Ton, ein Bild oder einen Geruch dar, und es geschieht etwas sehr Merkwürdiges. Allmählich gewöhnt sich die Person immer mehr daran, bis der Reiz aus ihrem Bewusstsein schwindet. Wenn Sie z. B. ein Zimmer betreten, das nach frisch gemahlenem Kaffee riecht, nehmen Sie das angenehme Aroma sofort wahr. Bleiben Sie jedoch einige Minuten lang in dem Zimmer, dann scheint der Geruch zu verschwinden. Tatsächlich besteht die einzige Möglichkeit, ihn wieder wachzurufen, darin, dass man das Zimmer verlässt und es wieder betritt. Bei der Illustration oben wurden Ihre Augen langsam blind für den grauen Bereich, weil er sich nicht veränderte. Genau dasselbe kann zur sogenannten »hedonistischen Tretmühle« führen, wenn Menschen sich schnell an ihr neues Haus oder Auto gewöhnen und das Bedürfnis verspüren, ein noch größeres Haus oder ein besseres Auto zu kaufen.

Blackmore vermutete, dass dieser Prozess auch bei AKE eine zentrale Rolle spielte. Menschen neigen zu Erlebnissen von AKE, wenn sie sich in Situationen befinden, in denen ihr Gehirn nur eine geringe Menge von gleichbleibenden Informationen von ihren Sinnen erhält. Häufig steht ihnen keinerlei visuelle Information zur Verfügung, weil sie ihre Augen geschlossen haben oder sich im Dunkeln befinden. Darüber hinaus haben sie gewöhnlich auch keine taktilen Informationen, weil sie im Bett liegen, sich in der Badewanne entspannen oder unter bestimmten Drogen stehen. Unter diesen Umständen wird das Gehirn »blind« für die geringe Menge von einlaufenden Informationen und bemüht sich daher, ein kohärentes Bild davon zu entwerfen, wo »Sie« sich befinden.

Wie die Natur verabscheut das Gehirn die Leere und beginnt daher, Bilder seines Aufenthaltsorts und seines Handelns zu erzeugen. Das ist ein Teil des Grundes dafür, dass Menschen häufiger Bilder durch den Sinn gehen, wenn ihre Augen geschlossen sind, wenn sie sich im Dunkeln befinden oder Drogen nehmen. Blackmore vermutete, dass manche Menschen es aufgrund ihrer Natur leicht finden würden, sich vorzustellen, wie die Welt aussieht, wenn man sich aus dem eigenen Körper löst, und in ihren geistigen Bildern so aufgehen, dass sie die Einbildung mit der Wirklichkeit verwechseln, und dass es genau diese Personen sind, die besonders zum Erleben von AKE neigen.

Um ihre Theorie zu überprüfen, führte Blackmore mehrere Experimente durch.[21] Tatsächlich haben Sie schon an einer Variante davon teilgenommen. Ein paar Seiten weiter vorne bat ich Sie, sich vorzustellen, dass Sie sich etwa zwei Meter über Ihrem wirklichen Aufenthaltsort befinden, und die Deutlichkeit Ihrer visuellen Vorstellung und die Leichtigkeit einzuschätzen, mit der Sie von einer Perspektive zur anderen wechseln. Sue legte diese Aufgabe zwei Gruppen von Personen vor – denjenigen, die eine außerkörperliche Erfahrung erlebt hatten, und denjenigen, bei denen das nicht der Fall war – und erhielt sehr unterschiedliche Ergebnisse. Diejenigen, die zuvor erlebt hatten, dass sie sich von ihrem Körper gelöst hatten, neigten dazu, über viel lebhaftere Bilder zu berichten, und fanden es viel leichter, zwischen den beiden Perspektiven zu wechseln.

Blackmore vermutete auch, dass Menschen, die über AKE berichteten, dazu neigten, in ihren Erlebnissen aufzugehen, so dass sie es schwierig fänden, Tatsachen von Einbildungen zu unterscheiden. Ich bat Sie ebenfalls, den Grad einzuschätzen, mit dem sechs Aussagen auf Sie zutreffen. Fünf davon stellen diejenige Art von Aussagen dar, die man in Standardfragebögen findet, die entworfen wurden, um das Ausmaß herauszufinden, in dem Sie in Ihren Erlebnissen aufgehen (zum Scherz habe ich die Aussage über die Wiesel hinzugefügt). Personen, die hohe Werte bei solchen Absorbierungsfragebögen erzielen, neigen dazu, die Zeit zu vergessen, wenn sie Filme und Fernsehsendungen anschauen, sind sich unsicher, ob sie wirklich eine Handlung ausgeführt oder sie sich nur vorgestellt haben, und sind leichter zu hypnotisieren (bei den fünf Fragen, die zu Beginn dieses Kapitels präsentiert wurden, würde ein Gesamtergebnis von 20 oder mehr einen hohen Wert darstellen). Im Gegensatz dazu sind Personen mit niedrigeren Werten bodenständiger, praktischer und verwechseln ihre Einbildung nur selten mit der Wirklichkeit (ein niedriger Wert wäre zehn oder weniger). Bei Blackmores Untersuchungen wurden Personen mit und ohne AKE gebeten, Absorbierungsfragebögen auszufüllen: Die Personen mit AKE erreichten durchweg höhere Werte.

Kurz, Blackmores Daten deuten darauf hin, dass Personen, die AKE erleben, viel leichter als andere die Art von geistigen Bildern erzeugen, die mit der außerkörperlichen Erfahrung zusammenhängen, und Mühe haben, zwischen Wirklichkeit und Einbildung zu unterscheiden. Versetzen Sie diese Personen in eine Lage, in der ihr Körper nur eine geringe Menge gleichbleibender Informationen über ihren wirklichen Aufenthaltsort erhält, so können sie schließlich zu der Überzeugung gelangen, dass sie sich nicht mehr in ihrem Körper befinden, genau wie die Versuchspersonen, die an den Experimenten mit der Handattrappe und der virtuellen Realität teilnehmen.

Wie Sie Ihren Körper verlassen können

Das Verständnis der wirklichen Ursachen von außerkörperlichen Erfahrungen kann Ihnen dabei behilflich sein, zu einem Vielflieger zu werden. Der erste Teil des Prozesses umfasst die

Entwicklung von drei psychologischen Schlüsselfertigkeiten: Entspannung, Visualisierung und Konzentration. Betrachten wir diese der Reihe nach.

Entspannung

Unter »progressiver Muskelentspannung« versteht man das absichtliche Anspannen verschiedener Muskelgruppen und das anschließende Nachlassen der Spannung. Um diese Technik auszuprobieren, ziehen Sie Ihre Schuhe aus, lockern jegliche enge Kleidung und setzen sich auf einen bequemen Stuhl in einem ruhigen Zimmer. Konzentrieren Sie Ihre Aufmerksamkeit auf Ihren rechten Fuß. Atmen Sie sanft ein, und spannen Sie die Muskeln in Ihrem Fuß fünf Sekunden lang so stark wie möglich an. Atmen Sie dann aus, und lösen Sie die ganze Spannung auf, so dass Ihre Muskeln locker und schlaff werden. Tun Sie dasselbe mit Ihrem ganzen Körper, indem Sie das Verfahren in folgender Reihenfolge durchführen:

1. Rechter Fuß
2. Rechter Unterschenkel
3. Ganzes rechtes Bein
4. Linker Fuß
5. Linker Unterschenkel
6. Ganzes linkes Bein
7. Rechte Hand
8. Rechter Unterarm
9. Ganzer rechter Arm
10. Linke Hand
11. Linker Unterarm
12. Ganzer linker Arm
13. Unterleib
14. Brust
15. Nacken und Schultern
16. Gesicht

Spannen Sie jedes Mal den entsprechenden Körperteil etwa fünf Sekunden lang an, und lösen Sie dann die Spannung auf.

Visualisierung

Die Induktion einer außerkörperlichen Erfahrung erfordert eine gute Visualisierungsfähigkeit. Wenn Sie sich von Natur aus gut Szenen und Bilder vorstellen können, dann ist das großartig. Wenn nicht, versuchen Sie es mit folgender Übung:

Stellen Sie sich vor, wie Sie in Ihre Küche gehen, eine Orange aus dem Schrank holen und sie auf einen grünen Teller legen. Stellen Sie sich dann vor, wie Sie Ihre Fingernägel in die weiche Schale der Orange drücken und anfangen, sie zu schälen. Denken Sie daran, wie die Orange sich anfühlen und riechen würde. Visualisieren Sie, wie der Saft aus der Orange rinnt und auf Ihre Finger läuft. Stellen Sie sich vor, dass Sie die Orange ganz abschälen und die Schale auf den Teller legen. Trennen Sie vor Ihrem geistigen Auge jedes der Segmente und legen sie diese ebenfalls auf den Teller. Blicken Sie jetzt auf die saftigen Segmente. Läuft Ihnen das Wasser im Mund zusammen? Sind die Farben hell und deutlich? War jede Phase des Prozesses lebhaft und sprach alle Ihre Sinne an?

Wiederholen Sie die Übung alle paar Tage einmal, und versuchen Sie, das Ganze jedes Mal realistischer erscheinen zu lassen.

Konzentration

Die Fähigkeit, Ihre Gedanken zu konzentrieren, ist ebenfalls entscheidend für die Erzeugung einer außerkörperlichen Erfahrung. Diese einfache Übung wird Ihnen dabei helfen, Ihre Konzentrationsfähigkeit zu beurteilen und, wenn nötig, zu verbessern.

Versuchen Sie, im Geiste von 1 bis 20 zu zählen, wobei Sie aber erst nach einigen Sekunden zur nächsten Zahl übergehen. Beginnen Sie jedoch mit dem Zählen erneut, sobald Ihnen irgendein anderer Gedanke in den Sinn kommt. Am Anfang werden Sie diese einfache Aufgabe wahrscheinlich überraschend schwierig finden, aber mit der Zeit werden Sie lernen, Ihre Gedanken zu konzentrieren, und werden bald feststellen, das Sie ohne Ablenkung bis 20 zählen können.

Kombination der vorangehenden Übungen

Nun gut, es ist Zeit, den Versuch einer außerkörperlichen Erfahrung zu starten. Setzen Sie sich auf den bequemsten Stuhl in Ihrer Wohnung. Stehen Sie dann auf, und blicken Sie sich um. Wie sieht das Zimmer aus dieser Perspektive aus? Merken Sie sich so viele Einzelheiten wie möglich, unter anderem die Lage jedes Möbelstücks, die Szenerie draußen vor dem Fenster und die Bilder an der Wand. Gehen Sie anschließend langsam in ein anderes Zimmer. Merken Sie sich wieder so viel wie möglich auf diesem Weg, auch die Farben der Wände, die Möbel und Gegenstände, die Ihnen begegnen, und die Art des Fußbodens, auf dem Sie gehen. Um Ihnen das zu erleichtern, wählen Sie vier Schlüsselstationen auf dem Weg, und behalten Sie diese in so vielen Einzelheiten wie möglich.

Kehren Sie jetzt in das ursprüngliche Zimmer zurück, und setzen Sie sich auf den Stuhl. Führen Sie die Übung zur »progressiven Entspannung« durch. Sobald Sie sich völlig entspannt fühlen, stellen Sie sich einen Doppelgänger Ihrer selbst vor, der vor ihnen steht. Um die schwierige (und für viele auch unangenehme) Aufgabe zu vermeiden, Ihr Gesicht zu visualisieren, stellen Sie sich vor, dass Ihr Doppelgänger Ihnen den Rücken zukehrt. Versuchen Sie, ein Bild seiner Kleider und seiner Körperstellung zu formen. Denken Sie jetzt an das zurück, was Sie sahen, als Sie tatsächlich in dieser Position standen, und stellen Sie sich vor, dass Sie sich von Ihrem Körper in den des Doppelgängers bewegen. Seien Sie unbesorgt, wenn es nicht gleich klappt. Das sind knifflige Dinge, die gewöhnlich etwas Übung erfordern.

Sobald Sie das Gefühl haben, Sie hätten Ihren eigenen Körper verlassen und seien in den Geist Ihres imaginären Doppelgängers eingedrungen, versuchen Sie, einige Schritte auf dem Weg zu gehen, den Sie festgelegt haben, und halten Sie an jeder der vier Stationen an, um die Ansicht zu bewundern. Wenn Sie Schwierigkeiten mit der Bewegung haben, empfehlen manche Forscher, Ihre Motivation dadurch zu steigern, dass Sie einige Stunden vor dem Erlebnis keinerlei Flüssigkeit zu sich nehmen und ein Glas Wasser in das Zimmer stellen, das Sie zu besuchen beabsichtigen. Sie sollten vor dieser Erfahrung auch keine Angst haben – denken Sie daran, dass Sie jederzeit in Ihren eigenen Körper zurückspringen können. Wenn Sie den Dreh mit der Induktion einer außerkörperlichen Erfahrung herausgefunden haben, sollten Sie in der Lage sein, nach Belieben um die Welt zu fliegen, wobei Ihnen nur durch Ihre Einbildungskraft Grenzen gesetzt sind, und zwar ohne dass Sie ein Schuldgefühl wegen Ihrer CO_2-Bilanz haben müssen.

Jahrzehntelang versuchte eine geringe Anzahl hingebungsvoller Wissenschaftler zu beweisen, dass die Seele imstande ist, den Körper zu verlassen. Sie fotografierten kürzlich verstorbene Familienangehörige, wogen die Sterbenden und baten jene, die außerkörperliche Erfahrungen hatten, Bilder wahrzunehmen, die an entfernten Orten verborgen waren. Das Unternehmen scheiterte, weil Sie ein Produkt Ihres Gehirns sind und daher nicht außerhalb Ihres Schädels existieren können. Spätere Untersuchungen von außerkörperlichen Erfahrungen konzentrierten sich darauf, eine psychologische Erklärung für diese seltsamen Empfindungen zu finden. Diese Arbeiten zeigten, dass Ihr Gehirn sich ständig auf Informationen von Ihren Sinnen verlässt, um das Gefühl hervorzubringen, dass Sie sich in Ihrem Körper befinden. Täuschen Sie Ihre Sinne durch Gummihände und Virtual-Reality-Systeme, und plötzlich können Sie das Gefühl haben, als ob Sie Teil eines Tisches seien oder einen Meter vor Ihrem Körper stünden. Berauben Sie Ihr Gehirn dieser Signale, und es hat keinen blassen Schimmer, wo Sie sich befinden. Verknüpfen Sie dieses Gefühl, desorientiert zu sein, mit der lebhaften Einbildung umherzufliegen, und Ihr Gehirn überzeugt sich davon, dass Sie Ihrem Körper entschweben.

Ihr Gehirn führt automatisch und unbewusst die lebensnotwendige »Wo bin ich?«-Aufgabe zu jedem Zeitpunkt Ihres Wachlebens durch. Ohne diesen Prozess hätten Sie den Eindruck, dass Sie in einem Moment ein Teil des Stuhls sind und dass Sie sich im nächsten Augenblick im Fußboden befinden. Mit diesem Prozess haben Sie das stabile Gefühl, dauernd in Ihrem Körper zu sein. Außerkörperliche Erfahrungen sind nicht paranormal und stellen keine Belege für die Seele dar. Stattdessen offenbaren Sie etwas weit Bemerkenswerteres über die alltägliche Funktionsweise Ihres Gehirns und Ihres Körpers.

3. Kapitel:
Der Geist ist stärker als Materie

In welchem wir entdecken, wie ein Mann die ganze Welt zum Narren hielt, erfahren, wie wir mit der Kraft unseres Geistes Metall verbiegen können, Gurus in Indien untersuchen und herausfinden, warum wir manchmal nicht sehen können, was sich direkt vor unseren Augen abspielt.

James Alan Hydrick, der 1959 in New Jersey geboren wurde, hatte eine schwierige Kindheit.[1] Als er drei Jahre alt war, verließ seine Mutter, eine Alkoholikerin, die Familie und überließ es ihrem Mann, der ebenfalls Alkoholiker war, Hydrick alleine großzuziehen. Als Hydrick sechs Jahre alt war, verschlimmerte sich die ohnehin schlechte Situation noch mehr, als sein Vater wegen bewaffneten Raubüberfalls schuldig gesprochen und zu einer zweijährigen Haftstrafe verurteilt wurde. Dieser Umstand in Kombination mit Gerüchten, dass Hydrick das Opfer körperlichen Missbrauchs war, veranlasste die Sozialdienste, ihn in Pflege zu geben. Unglücklicherweise erwies sich Hydricks Verhalten als problematisch, so dass er von einer Pflegefamilie zur anderen geschickt wurde.

Als Achtzehnjähriger wurde er wegen Kindesentführung und Raubüberfall verurteilt und verbrachte eine gewisse Zeit im Los Angeles County Gefängnis. Hinter Gittern entwickelte er ein eifriges Interesse am Kampfsport und gab sich große Mühe, verschiedene Kampftechniken zu beherrschen. Um dieselbe Zeit schien er auch psychokinetische Kräfte an den Tag zu legen. In einer Darbietung bewegte er »durch seinen Willen« einen über der Tischkante ausbalancierten Bleistift entlang dem Tischplattenrand um eine Ecke herum. Mit abgewandtem Kopf und ohne den Tisch mit seinen Händen zu berühren, rollte der Bleistift langsam, hielt dann inne und änderte an der Ecke die Richtung. Bei anderen

115

Gelegenheiten schlug er die Gefängnisbibel auf und bat Jesus, seine Gegenwart kundzutun. Die Seiten des guten Buches blätterten sich eine nach der anderen um, als ob sie von Geisterhand bewegt würden.

Als er aus dem Gefängnis entlassen wurde, zog Hydrick nach Salt Lake City und gründete das »Shaolin-Kung-Fu-Institut«, wo er das Erlernen von Kampfsport und die Entwicklung psychokinetischer Fähigkeiten anbot. Zusätzlich zum Bewegen von Bleistiften und Umblättern von Bibelseiten fügte Hydrick seinem parapsychologischen Repertoire noch andere Kunststücke hinzu, unter anderem ließ er schwere Boxsäcke in der Turnhalle seines Instituts hin- und herschwingen, ohne sie zu berühren.

Im Dezember des Jahres 1980 wurde er eingeladen, seine Kräfte in der Fernsehsendung *That's Incredible!* von ABC vorzuführen. Jede Woche bot die Show eine seltsame Mischung von Kunststücken und Artisten, darunter ein rekordverdächtiger Schwertschlucker, eine Gruppe von Ratten, die auf einem eigens entworfenen Minispielfeld Basketball spielten, und ein Mann, der bereit war, auf einem Metalltablett mit über 160 Stundenkilometern über den Boden geschleift zu werden. Das Programm zog ein gewaltiges Publikum an und stellte eine ausgezeichnete Gelegenheit für Hydrick dar, zu den ganz Großen zu gehören.

Hydrick (der inzwischen den geheimnisvoll klingenden Bühnennamen »Song Chai« angenommen hatte) eröffnete die Reihe mit der Vorführung seines psychokinetischen Bibeltricks. Alles ging gut, wobei die Zuschauer im Studio auf Abruf »That's Incredible!« riefen und dieser Satz in großen Blockbuchstaben für die Begriffsstutzigen eingeblendet wurde. Anschließend plauderte er mit den Gastgebern über seine Fähigkeiten und führte den Bleistifttrick vor. Die Zuschauer waren beeindruckt.

Doch dann geschah es. Der Gastgeber John Davidson, der

während der Bleistiftvorführung am nächsten bei Hydrick saß, sagte, er habe gehört, dass Hydrick auf den Bleistift geblasen hatte. Hydrick machte eine gekränkte Miene und leugnete die Anschuldigung. Dramatische Stille breitete sich bei den Zuschauern aus, vermutlich als sie sich darauf vorbereiteten zu rufen: »Nun, wenn das der Fall ist, dann ist das nicht ganz so unglaublich!« In die Enge getrieben, wandte sich Hydrick an Davidson und fragte: »Wollen Sie Ihre Hand vor meinen Mund halten?« Davidson war einverstanden, und die Zuschauer im Studio hielten ihren Atem an, als Hydrick sich darauf konzentrierte, den Bleistift zu bewegen. Wenige Sekunden später rollte der Bleistift langsam herum. Davidson blickte verblüfft drein, und die Zuschauer waren aus dem Häuschen.

Hydricks bemerkenswerte Fähigkeiten sprachen sich schnell herum, wobei eine nationale Boulevardzeitung so weit ging, ihn als »das beste parapsychologische Medium der Welt« zu bezeichnen. Er schien für einen Platz in der parapsychologischen Ruhmeshalle bestimmt zu sein. Und wahrscheinlich hätte er das auch erreicht, wenn da nicht James Randi, »Der Unglaubliche«, gewesen wäre.

Das ist mein Gebiet

Im ersten Kapitel erfuhren wir, wie der Magier und Erzskeptiker James Randi sein Leben dem Zertrümmern paranormaler Mythen widmete und jedem eine Million Dollar anbot, der die Existenz paranormaler Fähigkeiten unter wissenschaftlich kontrollierten Bedingungen zu demonstrieren in der Lage wäre (sein Geld ist bis heute nicht beansprucht worden).

Hydricks atemberaubende Vorführungen bei *That's Incredible* erregten Randis Aufmerksamkeit, und er forderte das junge parapsychologische Medium heraus, seine Kunststücke unter stärker kontrollierten Bedingungen zu zeigen. Im Februar 1981 kreuzten die beiden ihre Klingen in einer anderen Unterhaltungssendung mit dem Titel *That's My Line* (Das ist mein Gebiet). Zu Beginn der Sendung stellte der Gastgeber Bob Barker Hydrick vor und fragte ihn, wie er seine parapsychologischen Kräfte entwickelt habe. Hydrick schien seine Zeit hinter Gittern vergessen zu haben und erklärte, dass ein weiser alter Chinese namens Meister Wu ihn gelehrt hatte, die vierte Bewusstseinsstufe zu erreichen (die anscheinend auch die Fähigkeit umfasste, mit der Wahrheit über seine vermeintlichen parapsychologischen Kräfte äußerst sparsam umzugehen). Hydrick stellte dann seine erstaunlichen Fähigkeiten zur Bewegung von Bleistiften unter Beweis, und die Zuschauer applaudierten. Dann legte Barker ein aufgeschlagenes Telefonbuch auf den Tisch, und Hydrick rief den großen Vermittler im Himmel an, um ihm beim Umblättern der Seiten zu helfen. Nach mehreren abgebrochenen Versuchen und 25 Minuten wenig fesselndem Fernsehgeschehen brachte er eine Seite des Buchs dazu, sich umzublättern.

Im zweiten Teil der Sendung stellte Barker Randi vor, der im hinteren Bühnenbezirk einen großen Koffer aufschloss und seine Geheimwaffe daraus entnahm – eine Röhre mit Styroporflocken. Randi verteilte die Flocken um das Telefonbuch herum und forderte Hydrick auf, noch einmal eine der Seiten durch die Kraft seines Geistes umzublättern. Randi erklärte, er vermute, dass Hydrick die Seiten umgeblättert habe, indem er insgeheim auf sie blies, und dass, wenn er das noch einmal versuche, die Styroporflocken auffliegen würden.

Unter den wachsamen Augen dreier wissenschaftlicher Experten versuchte Hydrick, eine Seite zu bewegen. Nach 40 Minuten Händeringen und Stirnrunzeln, in deren Verlauf die Zuschauer immer hungriger und unruhiger wurden, gestand er seine Niederlage ein. Hydrick zufolge erzeugten die Styroporteilchen und die Studiobeleuchtung eine statische Elektrizität, wodurch die Seite nach unten gezogen und seine parapsychologische Leistung zum Erliegen gebracht wurde. Randi und der Expertenausschuss stimmten darin überein, dass das nach völligem Quatsch klang. Hydrick beharrte felsenfest darauf, dass seine Kunststücke nichts mit Betrügerei zu tun hatten, und versuchte noch einmal, die Seite mit seinen psychokinetischen Kräften zu bewegen. Abermals ließ ihn seine Fähigkeit im Stich. Barker, Randi und der unabhängige Ausschuss wiesen Hydrick gegenüber mit dem Daumen nach unten, und die Zuschauer kamen schließlich zu ihrem Essen.

Hydricks Auftritt in *That's My Line* war kein guter Schritt in seiner Karriere. Obwohl seine ergebensten Anhänger sich vielleicht dazu überreden konnten, dass ihr Held durch die plötzliche Einführung von skeptischen Beobachtern und Styroporteilchen einfach aus der Fassung gebracht wurde, gingen die meisten Zuschauer mit dem bestimmten Eindruck weg, dass Hydricks Gebiet die Betrügerei war. Er wusste, dass er einen Retter brauchte. Ein Mann, der sowohl seine Fähigkeiten anpreisen als auch seine Seele vor dem Publikum vom angeblichen Betrug reinwaschen konnte. Hier betritt die dritte und letzte Figur der Geschichte die Bühne – Danny Korem, ehemaliger Magier, Erforscher parapsychologischer Phänomene und erklärter messianischer Jude.

Parapsychologische Marktschreierei

Heutzutage ist Danny Korem Vorsitzender von Korem & Associates, einer Firma, die auf »schnelle und sofortige Verhaltensprofilierung« spezialisiert ist. Der Firmenwebsite zufolge kann deren einzigartiges Trainingsprogramm Menschen dabei helfen, die Motivation, die Persönlichkeit und den Kommunikationsstil anderer in Sekunden präzise zu beurteilen. In den 1980er Jahren führte Korem jedoch ein etwas anderes Leben.

Korem hatte einen beträchtlichen Ruf als begabter Magier erworben und seinem aktuellen Online-Lebenslauf zufolge »über 10 000 Bücher, Manuskripte und Zeitschriften über Täuschung gelesen«. Außerdem hatte er ein lebhaftes Interesse an paranormalen Phänomenen entwickelt und ebenso wie Randi ausführlich über die Tricks der parapsychologischen Branche geschrieben. Im Unterschied zu Randi glaubte Korem jedoch fest an Gott und verfolgte als Koautor eines Buchs mit dem Titel *Fakers* (Schwindler) das Ziel, die Menschen dabei zu unterstützen, unechte übernatürliche Phänomene von echten zu unterscheiden. (In einem Abschnitt schreibt Korem: »Wie in Kapitel 10 festgestellt wurde, können die Geister der Toten aufgrund der geistigen Gesetze, die der Herr aufgestellt hat, nicht zurückkehren.«[2])

Im ersten Teil dieses durchaus informativen, aber zutiefst sonderbaren Buchs erklärt Korem die psychologische Grundlage vieler anscheinend paranormaler Phänomene, unter anderem Tischrücken, Ouijabrett und Gehen über Feuer. Im zweiten Teil bespricht er »echte« übernatürliche Phänomene und erklärt z. B., dass Dämonen über das Antlitz der Erde verstreut sind und deshalb in der Lage zu sein scheinen, die Zukunft vorherzusagen, indem sie aus vielerlei Quellen Informationen beziehen (»Den Engeln wurde diese Macht nie verliehen«). Auf einer bodenständigeren Ebene bietet Korem auch praktische Ratschläge für jene an, die versuchen, Fälle echter Besessenheit von solchen zu unterscheiden, in denen jemand psychiatrische Betreuung braucht (wie Korem bemerkt: »Das Schlüsselwort ist *Gleichgewicht*«).

Korem begeisterte sich für Hydrick und verabredete ein Treffen mit ihm. Er beschloss, Hydrick nichts über seine Vergangenheit als Magier zu sagen (»Du sollst kein falsches Zeugnis ablegen«), und gab sich stattdessen als Dokumentarfilmer aus, der daran interessiert sei, einen Film über Hydricks Leben und Kräfte zu drehen. Da er zweifellos darauf brannte, sich von dem Schaden zu erholen, den sein Auftritt in *That's My Line* verursacht hatte, war Hydrick damit einverstanden. Nachdem er Hydricks Demonstrationen des Seitenumblätterns und Bewegens von Bleistiften sorgfältig beobachtet hatte, gelangte Korem zu der Überzeugung, dass Randi recht hatte: Hydrick setzte keinerlei psychokinetische Fähigkeit ein, sondern blies äußerst täuschend und geschickt auf die Gegenstände. Anstatt ihn jedoch direkt darauf anzusprechen, kehrte Korem nach Hause zurück und gab sich große Mühe, alle Methoden Hydricks nachzuahmen (»Du sollst nicht stehlen«). Nach vielem Schnaufen und Keuchen fühlte sich Korem bereit, zur zweiten Phase seines gerissenen Plans überzugehen.

Korem fragte, ob er Hydrick filmen könne, während dieser seine Kräfte zur Schau stellte. Hydrick war einverstanden und kam gerne zu einer Aufnahmesitzung, in der er seine Fähigkeiten zum Bewegen von Bleistiften und Umblättern von Seiten unter Beweis stellte. Dann wurde Hydrick gefragt, ob er etwas dagegen hätte, seine bemerkenswerten Kräfte auf Korem zu übertragen. Diese Bitte war für Hydrick nicht neu. Tatsächlich sagte er den Leuten oft, dass er ihre latenten parapsychologischen Kräfte ans Tageslicht bringen könnte, und wenn die betreffende Person dann ihre Hände um den Gegenstand bewegte, blies er, wodurch er den Eindruck vermittelte, dass sie solche Fähigkeiten besitze. Hydrick hielt seine Hände über die von Korem und konzentrierte sich ein paar Augenblicke. Dann lehnte sich Korem nach vorn und bewegte einen Bleistift mit der Kraft seines Atems. Hydrick wirkte verwirrt und verblüfft.

Anschließend machte Korem ein Interview mit Hydrick. Alles auf eine Karte setzend, erzählte Korem dem Kampfsportexperten, dass er hinter seine Methoden gekommen war und dass das Spiel aus sei. Hydrick gab alles seelenruhig zu. Er erklärte, dass er als Neunjähriger einen amerikanischen Magier namens Harry Blackstone junior gesehen hatte und sich für die Psychologie der Täuschung begeisterte. Um dieselbe Zeit schloss ihn sein Vater wiederholt als Strafe für schlechtes Verhalten in einen Schrank ein, und so schuf er den imaginären Meister Wu, der ihm Gesellschaft leistete. Hydrick gab dann zu, dass Korem und Randi recht hatten – alle seine vermeintlichen psychokinetischen Demonstrationen wurden durch Luftströmungen erreicht. (Die einzige Ausnahme war die Bewegung der Boxsäcke – diese ging darauf zurück, dass die Säcke von einem Metalldach herunterhingen, das sich unter der Sonnenhitze ausdehnte.) Gegen Ende des Interviews fragte Korem Hydrick, warum er das Bedürfnis verspürt habe, parapsychologische Kräfte vorzutäuschen. Hydrick erklärte, dass er sich nach der Aufmerksamkeit sehnte, die er als Kind nicht empfangen hatte, und nachdem ihm sein ganzes Leben lang gesagt wurde, dass er dumm sei, wollte er zeigen, dass er in der Lage war, die Welt zum Narren zu halten.

Bald nachdem dieses Eingeständnis aufgenommen wurde, wurde Hydrick wegen Einbruchdiebstahls verhaftet. Er entkam dann aus dem Gefängnis, wurde erneut verhaftet, entkam noch einmal und wurde zum dritten Mal verhaftet. Nach seiner Entlassung aus dem Gefängnis im Spätjahr 1988 ging er nach Kalifornien und zog bald schon die Aufmerksamkeit der Polizei auf sich, als er begann, seine parapsychologischen Kunststücke zu nutzen, um sich mit einer Gruppe von kleinen Jungs anzufreunden. Als Nachweise sexueller Belästigung auftauchten, handelte die Polizei und erließ einen Haftbefehl.[3] Hydrick floh, akzeptierte dann aber eine Einladung, bei einer nationalen Fernsehshow aufzutreten, und wurde dort von einem kalifornischen Polizeibeamten außer Dienst erkannt. Abermals wurde Hydrick verhaftet. Er konnte seinen Ruf als parapsychologisches Medium immer noch nicht abschütteln; den Sicherheitskräften, die Hydrick nach Kalifornien zurückfuhren, wurde bange, als sie daran dachten, dass er seine übernatürlichen Kräfte einsetzen könnte, um den Transporter zum Schaukeln zu bringen. Sie warnten später das Gefängnispersonal davor, ihm direkt in die Augen zu sehen, weil er sie verhexen könnte. Wenige Monate nach seiner Verhaftung wurde Hydrick wegen mehrerer Fälle von sexueller Belästigung von Kindern für schuldig befunden und zu 17 Jahren Gefängnis verurteilt.

Im Jahre 2002 führte ein britisches Fernsehprogramm die 50 größten magischen Tricks der Welt auf. Hydricks Demonstrationen mit dem Bewegen von Bleistiften und dem Umblättern von Seiten kamen an 34. Stelle und schlugen Uri Gellers angebliches Metallbiegen um fünf Plätze.

Der Pinocchio-Test

Falsche parapsychologische Medien besitzen eine angeborene Fähigkeit, andere zu täuschen. Machen Sie den folgenden einfachen Test, um herauszufinden, ob auch Sie ein geborener Lügner sind.[4]

Stellen Sie sich vor, dass Sie einem Freund an einem Tisch gegenübersitzen. Die folgenden vier Karten liegen mit der Vorderseite nach oben vor Ihnen beiden auf dem Tisch, aber vor einer der Karten steht eine Sichtbegrenzung (in diesem Fall vor der Karte mit dem Dreieck), so dass Ihr Freund sie nicht sehen kann, sondern nur Sie.

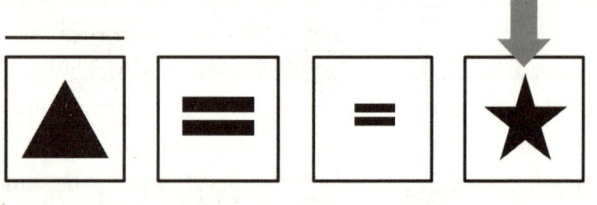

Die Aufgabe ist, dass Sie mit Ihrem Freund sprechen und ihn dazu bringen, dass er die Karte mit dem Stern aufnimmt (durch den Pfeil angezeigt), aber ohne jegliche Information über das verborgene Symbol zu verraten. Sie dürfen die Position der Karte nicht erwähnen, daher könnten Sie etwa sagen: »Bitte nimm die Karte mit dem Stern auf«, und Ihr Freund würde sich nach vorne beugen und die richtige Karte aufnehmen. Alles klar? OK, dann blättern Sie um und versuchen es mit den folgenden fünf Kartensätzen.

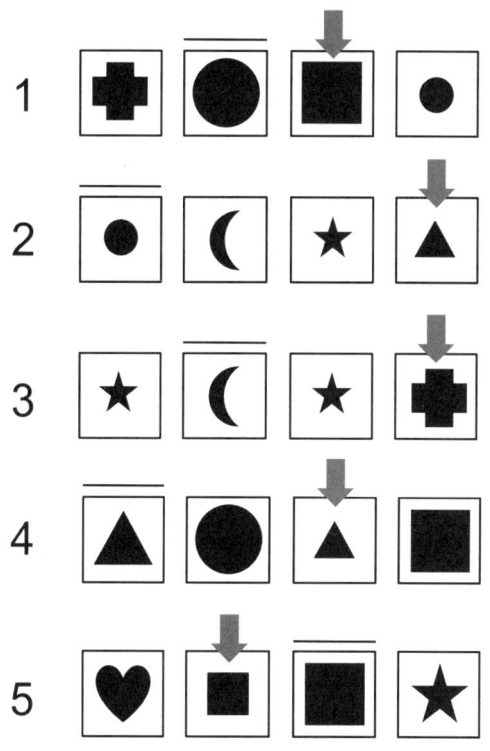

Fertig? Der Test prüft Ihr Verhalten beim vierten und fünften Kartensatz. Gute Betrüger stellen sich normalerweise vor, wie eine bestimmte Situation vom Standpunkt einer anderen Person aussieht. Beim vierten Durchgang wurde Ihnen ein kleines Dreieck gezeigt, und Sie wurden gebeten, das große Dreieck zu verschweigen. Aus der Perspektive Ihres Freundes gab es jedoch nur ein Dreieck – das kleine. Wenn Sie daher sagten: »Bitte nimm die Karte mit dem kleinen Dreieck auf«, würde das Ihrem Freund einen Hinweis darauf gegeben haben, dass auf der verdeckten Karte ein großes Dreieck ist. Wie haben Sie abgeschnitten? Dasselbe gilt für den letzten Kartensatz. Haben Sie Ihren Freund gebeten, die Karte mit dem »Quadrat« oder mit dem »kleinen Quadrat« aufzunehmen?

Probieren Sie den Test an Ihren Freunden, Kollegen und Ihrer Familie aus, um diejenigen herauszufinden, die von Natur aus betrügerische Tendenzen haben!

Wie man alle ständig an der Nase herumführt

Magier und falsche parapsychologische Medien täuschen systematisch eine der raffiniertesten, komplexesten und beeindruckendsten evolutionären Errungenschaften auf der Welt – das menschliche Gehirn. Sie haben es mit einem gewaltigen Gegner zu tun. Gehirne haben Menschen zum Mond gebracht, trugen dazu bei, die Welt von wichtigen Krankheiten zu befreien und entwirrten die Ursprünge des Universums. Auf welche Weise täuschen also Menschen wie Hydrick diese fein eingestellten Denkmaschinen?

Die meisten Magier glauben, dass die Antwort in ihrem Geheimwissen über die Kunst, das Unmögliche vorzutäuschen, verborgen liegt, und sind daher im Hinblick auf ihre Methoden äußerst verschwiegen. Wie es jedoch der Illusionist Jim Steinmeyer so wortgewandt in seinem Buch *Art & Artifice: And Other Essays on Illusion* ausdrückte, bewachen sie einen leeren Tresor.[5] Ebenso wie Hydrick auf die vor ihm liegenden Gegenstände blies, laufen die von Magiern verwendeten Methoden oft auf nicht viel mehr als

Taschenspielertricks, ein Gummiband oder eine verborgene Falltür hinaus. Die wahren Geheimnisse der Magie sind psychologischer und nicht physikalischer Natur. Wie die meisten falschen parapsychologischen Medien nutzte Hydrick fünf verschiedene psychologische Prinzipien, um die Handlung des Pustens in ein vermeintliches Wunder zu verwandeln. Jedes Prinzip hat den Zweck, wie eine Wand zu fungieren, die die anderen daran hindert, in das Allerheiligste des Zauberkünstlers einzutreten und herauszufinden, was wirklich geschieht. Wenn Sie diese Prinzipien verstehen, werden Sie einsehen, wie Hydrick und andere die Welt täuschten.

Der erste ganz wichtige Punkt besteht darin, die Ente zu verkaufen.

Wie man die Ente verkauft

Stellen Sie sich vor, dass Sie wirklich Enten mögen. Tatsächlich mögen Sie sie nicht nur, Sie vergöttern sie. Sie lieben die Form ihrer Schnäbel, das alberne Quaken, das sie von sich geben. Sie würden eine Hausente lieben, und Sie finden es niedlich, wie Ihre Freunde rasch ihren Kopf neigen, wenn Sie von ihr sprechen. Stellen Sie sich jetzt vor, dass jemand Ihnen folgendes Bild zeigt.

Es wäre überhaupt nicht verwunderlich, wenn Sie den Kopf einer Ente sehen, die nach links schaut. Tatsächlich können Sie von dem Bild der Ente so eingenommen sein, dass Sie völlig außerstande sind, den niedlichen Hasen zu entdecken, der nach rechts schaut. Falsche parapsychologische Medien operieren auf ähnliche Weise. Menschen wollen häufig an die Wirklichkeit parapsychologischer Kräfte glauben, vielleicht weil diese ein Gefühl des Geheimnisvollen in eine ansonsten glanzlose Welt hineinbringen und zeigen, dass die Wissenschaft nicht alle Antworten kennt; weil sie darauf hinweisen, dass das menschliche Bewusstsein eine Kraft ist, mit der man rechnen muss, oder die Möglichkeit bieten, dass ernsthafte Probleme durch das Schwingen eines Zauberstabs gelöst werden könnten.

In den frühen 1980er Jahren führten Barry Singer und Victor Benassi von der California State University ein inzwischen klassisches Experiment durch, das die Macht dieses Prinzips demonstrierte.[6] Singer und Benassi baten einen jungen Magier namens Craig, ein purpurrotes Gewand, Sandalen und ein »farbenprächtiges« Medaillon anzulegen und dann vor einer Gruppe von Studenten Zaubertricks vorzuführen. Manchmal stellten die Psychologen Craig als einen Magier vor, und manchmal sagten sie, dass er behaupte, echte parapsychologische Fähigkeiten zu besitzen. So oder so führte Craig einfach eine Reihe von Standard-Zaubertricks vor, bei denen er anscheinend die Gedanken der Zuschauer las und Metall verbog. Nach seiner Vorführung wurden alle Studenten gefragt, ob sie glaubten, dass Craig parapsychologische Fähigkeiten besitze. Erstaunliche 77 Prozent derjenigen, die sich in der Gruppe mit der Information befanden, dass Craig ein parapsychologisches Medium sei, meinten, dass sie eine Darbietung echter paranormaler Phänomene gesehen hätten. Noch verblüffender war jedoch die Tatsache, dass 65 Prozent derjenigen, die die Information erhielten, dass Craig ein Magier sei, ebenfalls glaubten, er sei ein parapsychologisches Medium. Es scheint, dass ein purpurrotes Gewand, Sandalen und ein Medaillon viel ausmachen, wenn sich Menschen dazu entschließen, das Unmögliche wahrzunehmen.

Ebenso wie eine tiefe Liebe zu Enten Menschen dazu bringen kann, den Hasen völlig außer Acht zu lassen, kann ein starkes Bedürfnis, an parapsychologische Kräfte zu glauben, manche Menschen dazu veranlassen, Leuten wie Hydrick zuzusehen und völlig blind für die Möglichkeit des Betrugs zu sein.

Hydrick tat alles Mögliche, um der Welt eine Ente zu verkaufen. Er rief Bilder des geheimnisvollen Ostens wach, indem er eine Kampfsportmontur trug, sich gelegentlich »Song Chai« nannte und Geschichten über seine Begegnungen mit Meister Wu erfand. Hätte er einen Zylinderhut aufgehabt, sich als »der magische Jimbo« ausgegeben und darüber gesprochen, wie er mit David Copperfield zusammengetroffen war, wäre alles ganz anders gewesen.

Es ging auch um die Art von Fähigkeiten, die er anscheinend besaß. Zu Beginn seiner Laufbahn experimentierte Hydrick mit verschiedenen Arten von Vorführungen. Einmal schnitt er anscheinend ein Stück Schnur entzwei, steckte die Enden in seinen Mund, behauptete, die Atome neu anzuordnen, und zeigte dann, dass sich die beiden Stücke auf magische Weise wieder zusammengefügt hatten. Bei der Vorführung glaubten die Zuschauer (ganz zu Recht), dass es wie ein Zaubertrick aussah, und deshalb verschwand es rasch wieder aus Hydricks Repertoire. Das Zerschneiden und Wiederzusammenfügen eines Stücks Schnur ließ geistige »Das ist ein Zaubertrick«-Sirenen ertönen und ermunterte die Zuschauer, nach dem Hasen zu suchen. Im Gegensatz dazu entspricht das Bewegen von Bleistiften durch die Kraft des Geistes den Vorurteilen der Menschen über paranormale Phänomene und ermuntert sie daher, die Ente zu sehen.

Hydrick gebärdete sich auch so, als ob seine Kräfte echt gewesen wären. Die meisten Menschen, die an die Wirklichkeit der Psychokinese glauben, sind der Ansicht, dass solche Fähigkeiten sowohl viel Energie verbrauchen als auch nur schwer fassbar sind. Hydrick nutzte diese Vorstellungen, indem er sich häufig so verhielt, als ob die Vorführungen seine geistigen Ressourcen völlig in Anspruch nähmen, indem er sich lange Zeit ließ, bevor er eine Seite umblätterte oder einen Bleistift bewegte und manchmal gänzlich versagte. Er hätte die Gegenstände ohne die geringste Anstrengung nach Belieben bewegen können, aber das hätte wie ein Zaubertrick ausgesehen.

Schließlich schien er häufig die latente parapsychologische Fähigkeit der Zuschauer zutage zu fördern, indem er sie glauben ließ, dass ihre geistigen Kräfte für die Bewegung des Bleistifts verantwortlich waren. Das ist ein gewöhnlicher Trick, der von falschen parapsychologischen Medien eingesetzt wird, weil er emotional enorm ansprechend ist. Viele Menschen wollen glauben, dass sie tatsächlich unglaubliche Kräfte besitzen. Wenn sie daher einem Beweis für diese selbstdienliche Vorstellung zu begegnen scheinen, schauen sie besonders ungern hinter den Vorhang, um herauszufinden, was wirklich vor sich geht.

Hydrick ging wie eine Ente und klang wie eine Ente. Daher glaubten viele Menschen, dass er ein völlig echtes parapsychologisches Medium war, und zogen die Möglichkeit eines Schwindels gar nicht in Betracht.

Obwohl manche, die ihn sahen, nicht einmal an Vortäuschung dachten, waren viele andere doch weitaus skeptischer. Vielleicht glaubten sie nicht an parapsychologische Fähigkeiten, oder sie glaubten daran, hegten aber Zweifel an Hydricks besonderen Behauptungen. Was auch immer deren Standpunkt war, Hydrick täuschte einige dieser Menschen durch die Anwendung eines zweiten Prinzips.

Nehmen Sie den unkonventionelleren Weg

Zeit für zwei kurze Rätselaufgaben. Hier ist die erste. Können Sie der folgenden Aussage genau einen Strich hinzufügen, um sie wahr zu machen?

$$I0 \ I0 \ II = I0.50$$

Nun zur zweiten Aufgabe. Die Abbildung unten zeigt die Zahl Neun als römisches Zahlzeichen dargestellt. Können Sie diese in die Zahl Sechs umwandeln, indem Sie nur eine einzige Linie hinzufügen?

$$IX$$

Wahrscheinlich haben Sie angenommen, dass die Lösung des ersten Rätsels scharfsinniges mathematisches Denken erfordere und dass die Lösung des zweiten mit römischen Zahlzeichen zu tun habe. Die Rätsel sind eigens so konstruiert, dass Sie genau das denken. Tatsächlich hat die Lösung des ersten Rätsels mit Zeit, und nicht mit Mathematik zu tun. Um die Aussage wahr zu machen, müssen Sie nur einen kleinen Strich über dem zweiten »I« hinzufügen und dadurch die Zahl »I0« in das Wort »TO« (vor) verwandeln:

$$I0 \ TO \ II \ (\text{zehn vor elf}) = I0.50$$

Jetzt lautet die Gleichung »Zehn vor elf ist dasselbe wie zehn Uhr fünfzig«. Um das zweite Rätsel zu lösen, zeichnen Sie ein »S« vor das IX, um es in das Wort »SIX« zu verwandeln.

Viele Menschen haben mit solchen Aufgaben große Mühe,

weil sie laterales Denken erfordern. Dasselbe Prinzip hindert sie daran herauszufinden, wie Hydrick seine Wunder vollführte. Fragen Sie verschiedene Leute, wie sie einen Bleistift auf geheimnisvolle Weise in Bewegung versetzen würden, und sie werden mit verschiedenen Ideen aufwarten. Sie könnten beispielsweise vorschlagen, einen dünnen Faden an ihn zu binden. Oder sie könnten daran denken, einen Metallstift in ihn hineinzustecken und einen Magneten unter dem Tisch zu bewegen. Oder sie könnten gar vorschlagen, mit statischer Elektrizität zu experimentieren. Aber die Leute kommen einfach nicht auf den Gedanken, heimlich auf den Bleistift zu pusten. Genauso haben die meisten Menschen große Mühe mit den oben erwähnten Rätselaufgaben, weil es ihnen nicht einfällt, dass die Gleichung sich auf die Uhrzeit bezieht oder dass eine Linie mit der Form des Buchstabens »S« das Wort SIX ergeben würde. Daher täuschte Hydrick einige Skeptiker dadurch, dass er eine Methode verwendete, die ihrem nichtlateral denkenden Geist nicht in den Sinn kam.

Natürlich wird dieses Prinzip nicht jeden täuschen. Schließlich sind manche Menschen Naturtalente, wenn es um unkonventionelles Denken geht, während andere ein paar Dinge über Betrügerei wissen und deshalb die Möglichkeit des Pustens in Betracht gezogen hätten. Um diese härteren Nüsse zu knacken, musste Hydrick das nächste Prinzip anwenden.

Verwischen Sie Ihre Spuren

Einen Film anzusehen, der Hydrick in Aktion zeigt, ist eine faszinierende Sache und offenbart, wie geschickt er tatsächlich war. Er setzt zwei Haupttechniken ein, um die Gruppe derer zu entmutigen, die sich die Frage stellen, ob er nicht einfach auf den Bleistift bläst. Erstens lernte Hydrick monatelang, seinen Atem sorgsam zu kontrollieren, was ihm gestattete, zeitlich perfekt gesteuerte Luftstöße hervorzubringen, die nur ein paar Augenblicke brauchten, um die Gegenstände zu erreichen. Die geringe zeitliche Verzögerung zwischen dem Luftstoß und seiner Wirkung gab ihm Zeit, seinen Kopf abzuwenden, um auf diese Weise sicherzustellen, dass er von dem Gegenstand wegschaute, als er sich bewegte. Zweitens blies er nicht direkt auf die Gegenstände, sondern vielmehr auf die Tischoberfläche. Die Luftströme wanderten dann die Tischplatte entlang, trafen auf die Gegenstände und versetzten sie in Bewegung. Diese Technik sorgte dafür, dass es nie eine direkte Linie zwischen Hydricks Mund und dem Gegenstand gab. Zusammengenommen waren diese Techniken äußerst täuschend und gestatteten ihm, seine Spuren zu verwischen und diejenigen, die die »Blas«-Hypothese erwogen, dazu zu veranlassen, diese Idee aufzugeben.

Als er in der Sendung *That's Incredible!* erschien, begegnete Hydrick der schwierigsten Art von Zuschauer – dem sachkundigen Skeptiker. Der Gastgeber John Davidson hatte den Verdacht, dass Hydrick schummeln könnte, war darauf gekommen, dass er die Gegenstände anblies und ließ sich von Hydricks Kopfwenden und Blasen auf die Tischplatte nicht hinters Licht führen. Um Davidson zu täuschen, setzte Hydrick die vierte und besonders raffinierte Technik ein.

Ändern Sie den Kurs

Unser Gehirn kann ganz schlecht mit Problemen umgehen, bei denen sich die richtige Antwort von einem Augenblick zum nächsten ändert, und meint stattdessen gerne, dass es eine »Patentlösung«

gibt. Falsche parapsychologische Medien wie Hydrick nutzen diese Annahme aus, indem sie ihre Methoden ändern, wenn sie eine Darbietung wiederholen. Wenn eine Darbietung eine Methode ausschließt und eine zweite Darbietung eine zweite Methode ausschließt, nehmen die Zuschauer an, dass keine von beiden Methoden hinter einer der beiden Darbietungen steckt, und gelangen so zu dem Schluss, dass ein Wunder geschehen ist.

Hydricks Darbietung in der Sendung *That's Incredible!* ist ein klassisches Beispiel für die Änderung des Kurses. Als Davidson seine Zweifel äußerte, forderte Hydrick den Gastgeber auf, seine Hand vor Hydricks Mund zu halten, aber der Bleistift drehte sich immer noch. Warum? Weil Hydrick einen schnellen Karatehieb durch die Luft machte und die sich daraus ergebenden Luftströmungen den Bleistift in Bewegung versetzten. Er änderte den Kurs, und sowohl Davidson als auch die Zuschauer wurden völlig getäuscht.

Hydrick täuschte verschiedene Personen aus verschiedenen Gründen. Einige glaubten, dass er ein paranormales Medium war, und deshalb kam ihnen der Gedanke an Betrügerei nie in ihren Entenliebhabersinn. Andere zogen die Möglichkeit in Betracht, dass sie einem Trick zusahen, dachten aber nicht an die richtige Methode. Einige dachten zwar an die richtige Methode, aber Hydricks Kopfwenden und indirektes Blasen ließ sie denken, dass sie sich geirrt hatten. Eine Minderheit dachte zwar an die richtige Lösung und ließ sich von seiner geschickten Darbietung nicht täuschen, war jedoch verblüfft, als er bei wiederholten Darbietungen seine Methoden änderte. Obwohl sie äußerst effektiv sind, bestünde doch bei allen diesen Prinzipien eine hohe Misserfolgswahrscheinlichkeit, wenn es den fünften und wichtigsten Faktor nicht gäbe.

Die Psychologie des Löffelbiegens

Es ist Zeit, einige der bisher besprochenen Täuschungsprinzipien anzuwenden, um Ihre Freunde und Familienmitglieder an der Nase herumzuführen. Wollen Sie den Anschein erwecken, einen Löffel mit der Kraft Ihres Geistes zu biegen? Versuchen Sie Folgendes …

1. Wenn Sie in ein Restaurant gehen oder im Haus eines Freundes zum Abendessen eingeladen sind, entfernen Sie heimlich einen der Löffel vom Tisch, stecken ihn in Ihre Tasche und gehen Sie auf die Toilette.

2. Sobald Sie vor fremden Blicken geschützt sind, biegen Sie vorsichtig den Kopf des Löffels in Richtung Schaft und dann wieder zurück. Wiederholen Sie diesen Vorgang einige Male. Zwei Dinge werden dabei geschehen. Erstens wird das Metall um die gebogene Stelle herum anfangen, sehr heiß zu werden – seien Sie vorsichtig, dass Sie sich nicht die Finger verbrennen. Zweitens wird der Löffel schließlich eine sehr dünne Bruchlinie an der Stelle der Biegung entwickeln. Sobald Sie diese Linie sehen, hören Sie mit dem Biegen auf, weil selbst die kleinste Bewegung den Löffel entzweibrechen lässt. Jetzt haben Sie etwas geschaffen, was falsche parapsychologische Medien als »vorgespannten« Löffel bezeichnen.

3. Stecken Sie den vorgespannten Löffel wieder in Ihre Tasche und kehren Sie an den Tisch zurück.

4. Wenn die Tischgesellschaft sich lebhaft unterhält, nehmen Sie heimlich den Löffel aus Ihrer Tasche und legen ihn auf Ihren Schoß. Wenn sich dann die Gruppe noch lebhafter unterhält, nehmen Sie den Löffel von Ihrem Schoß und legen ihn heimlich wieder auf den Tisch zurück.

5. Sobald die Unterhaltung etwas abgeflaut ist, bringen Sie das Thema der Psychokinese zur Sprache und behaupten, dass Sie als Kind mit der Kraft Ihres Geistes Metall verbiegen konnten. Erklären Sie, dass Sie es jahrelang nicht mehr versucht haben, aber bereit sind, es auszuprobieren. Wenn niemand Interesse daran hat, holen Sie Ihren Mantel und verbringen den Abend mit einer interessanteren Gruppe von Leuten.

6. Vorausgesetzt, dass es ein gewisses Interesse an Ihren Lügen gibt, ergreifen Sie den vorgespannten Löffel und legen den Zeigefinger und Daumen Ihrer rechten Hand auf beide Seiten der Bruchlinie. Wenn Sie an dem Löffel mit Ihrer linken Hand etwas wackeln, werden Sie feststellen, dass er leicht entzweibricht. Halten Sie die beiden Hälften zwischen Ihrem Daumen und Zeigefinger so, als ob der Löffel immer noch ganz wäre. Verringern Sie dann langsam den Druck Ihrer Finger, so dass der Löffel sich zu verbiegen scheint, bevor er schließlich entzweibricht.

7. Lassen Sie die beiden Hälften des Löffels mit einem dramatischen Klirren auf den Tisch fallen. Wenn Sie im Hause eines Freundes sind, wäre es nun eine gute Gelegenheit, ihn zu fragen, ob das Besteck besonders teuer ist oder einen Gefühls-

wert hat. Wie auch immer, Sie haben jetzt zwei Optionen. Sie können erklären, wie Sie den Trick gemacht haben, und Ihre Freunde dazu bringen, es mit dem übrigen Besteck zu versuchen. Oder Sie können behaupten, dass es ein Wunder war, sagen, dass Sie sich mit dem Gedanken tragen, einen Kult ins Leben zu rufen, und die Anwesenden fragen, ob sie Interesse hätten mitzumachen.

Dieser Trick ist deshalb besonders wirkungsvoll, weil die Zuschauer annehmen, dass die Darbietung in dem Augenblick beginnt, da Sie verkünden, dass Sie im Begriff sind, einen Löffel durch die Kraft Ihres Geistes zu verbiegen. In Wirklichkeit begann sie, als Sie heimlich den Löffel nahmen und die Bruchlinie darauf verursachten. Diese Technik, die von Magiern »zeitliche Irreführung« genannt wird, ist für den Erfolg vieler Illusionen und Demonstrationen vermeintlicher Psychokinese verantwortlich.

Man unterschätzt oft die Anstrengung, die manche Magier und falsche parapsychologische Medien vor dem Beginn einer Darbietung aufwenden. Beispielsweise wurde der britische Magier David Berglas einmal eingeladen, um eine Privatvorführung in der Wohnung eines reichen Londoner Bankiers im dritten Stock zu geben. Während der Darbietung lieh sich Berglas eine leere Milchflasche von dem Banker aus, band sie an eine lange Schnur und ließ sie vorsichtig aus dem Wohnungsfenster hinab. Dann nahm Berglas eine Birne aus der Obstschale und ließ sie anscheinend in der Luft verschwinden. Der Bankier wurde dann gebeten, die Flasche vorsichtig an der Schnur wieder heraufzuziehen, indem er an der Schnur zog, und war verblüfft zu sehen, dass die Birne jetzt in der Flasche war, obwohl sie zu groß war, um durch den Glashals der Flasche zu passen. Dieses anscheinend spontane Kunststück erforderte eine gewaltige Vorausplanung. Monate zuvor hatte Berglas einen Birnbaum mit Fruchtknospen gefunden und steckte einen der Zweige in eine leere Milchflasche. Mit der Zeit wuchs die Birne in der Flasche und wurde so zu Berglas' unmöglich erscheinendem Gegenstand. Während des Tricks ließ er einfach einen Assistenten auf der Straße stehen und die aus der Wohnung herabgelassene Flasche gegen das Duplikat mit der Birne austauschen. Damit täuschte er seine Gäste, die annahmen, dass der Trick gerade vor einigen Augenblicken begonnen hatte.

Im Land der Blinden

Bevor wir uns dem fünften und letzten Prinzip parapsychologischer Täuschung zuwenden, ist es zunächst notwendig, die Zeiger der Zeit zurückzudrehen und uns eines der umstrittensten Experimente in der Geschichte der Wissenschaft des Übernatürlichen anzusehen.

Im Jahre 1890 verkündete Herr S. J. Davey, dass er die Gabe der Medialität erworben hätte und veranstaltete kleinere Treffen in seiner Londoner Wohnung mit Leuten, die Zeugen seiner bemerkenswerten Fähigkeiten sein sollten. Jede der Gruppen versammelte sich in Daveys Speisezimmer und wurde gebeten, um einen Tisch herum Platz zu nehmen. Dann drehte er das Gaslicht herunter und schloss sich der Gruppe an.

Einige der Gäste waren gebeten worden, ein paar Schiefertafeln mitzubringen, und zu Beginn der Séance legte Davey ein Stück Kreide auf eine davon und positionierte die Schiefertafel unter einer Ecke des Tisches, so dass die Kanten hervorschauten. Er hielt eine der Kanten fest und forderte ein Mitglied der Gruppe auf, die gegenüberliegende Seite zu ergreifen. Während er die Tafel fest gegen die Unterseite des Tisches drückte, fragte Davey die Geister »Werdet ihr irgendetwas für uns tun?«. Nach wenigen Augenblicken waren geheimnisvolle Kratzgeräusche zu hören, und als die Tafel weggezogen wurde, stand das Wort »Ja« deutlich lesbar auf ihrer Oberfläche.

Durch diesen Erfolg ermutigt, ging Davey zum zweiten Teil der Séance über. Nachdem die Gruppe das Zimmer nach irgendwelchen Anzeichen für Tricks abgesucht hatte, löschte er die Gaslichter und bat alle, sich an den Händen zu halten und sich ihm bei der Beschwörung der Geister anzuschließen. Allmählich erschien ein blasses blaues Licht über Daveys Kopf. Das Licht verwandelte sich dann in eine vollständige Erscheinung, die einer der Gäste später als »schrecklich in ihrer Hässlichkeit« beschrieb. Nachdem dieser Geist in die Dunkelheit entschwunden war, erschien ein zweiter Lichtstreifen und verwandelte sich langsam in einen »bärtigen Mann von orientalischem Aussehen«. Dieser neue Geist verbeugte sich und bewegte sich in geringer Distanz von den Anwesenden, sein Aussehen war »nicht düster, sondern ganz weiß; der Ausdruck war leer und teilnahmslos«. Der Geist schwebte dann hoch in die Luft und entschwand durch die Decke.

Eine Nacht nach der anderen verließen Menschen Daveys Wohnung in der Überzeugung, dass sie mit der Geisterwelt in Berührung gekommen waren. In Wirklichkeit besaß Davey nicht die Fähigkeit, Geister zu beschwören. Stattdessen war er ein Zauberer, der seine Fachkenntnisse verwendete, um all diese Phänomene vorzutäuschen. Im Unterschied zu allen anderen falschen Medien seiner Zeit war Davey jedoch nicht an Ruhm oder Reichtum interessiert. Stattdessen waren seine Gäste arglose Teilnehmer an einem kunstvollen und scharfsinnig ausgeklügelten Experiment.

Zu Daveys Zeit behaupteten viele Medien, dass sie in der Lage seien, die Verstorbenen zu veranlassen, auf Schiefertafeln zu schreiben und vor den Augen der Anwesenden zu erscheinen. Diejenigen, die diese Vorführungen besuchten, fanden sie häufig bestechend und gingen mit der festen Überzeugung weg, dass die Seele den Tod des Körpers überlebte. Davey war zutiefst skeptisch und glaubte, dass die Zuschauer getäuscht und von skrupellosen Trickbetrügern geprellt wurden. Es gab jedoch ein kleines Problem. Viele Menschen, die an den Séancen teilnahmen, schilderten, dass sie Zeugen von unglaublichen Phänomenen waren, die nicht auf Tricks zurückgehen konnten. Davey beschloss, seine eigenen vorgetäuschten Séancen zu veranstalten, um herauszufinden, was da vor sich ging.

Ebenso wie Korem gelernt hatte, Hydricks Tricks nachzuahmen, bildete sich Davey in den hinterlistigen Methoden falscher Medialität. Nacht um Nacht machte Davey Vorführungen für seine arglosen Versuchskaninchen und bat dann jedes von ihnen, ihm eine schriftliche Beurteilung des Abends zu schicken. Er bat sie, ihr Zeugnis so vollständig wie nur möglich abzugeben und alles zu schildern, woran sie sich erinnern konnten. Er war verblüfft, als er herausfand, dass die Leute häufig bestimmte Informationen, die für seine Tricks entscheidend waren, vergaßen oder sich nicht richtig an sie erinnerten.

Die Demonstration mit der Schrift auf der Schiefertafel ist ein gutes Beispiel. Vor der Séance befestigte Davey ein kleines Stück Kreide an einem Fingerhut und steckte beides in seine Tasche. Wenn einer seiner Gäste eine Schiefertafel hervorzog, steckte Davey den Fingerhut auf seinen Finger. Als die Tafel dann unter den Tisch gehalten wurde, schrieb Davey das Wort »Ja« auf die Unterseite. Dann holte er die Tafel nochmals hervor und bestätigte, indem er nur die Oberseite vorzeigte, dass keine Botschaft darauf stand. Während die Tafel wieder unter den Tisch geschoben wurde, drehte Davey die Tafel um, wobei er sicherstellte, dass die Schrift jetzt gegen die Unterseite des Tisches gedrückt wurde. Als sie ein zweites Mal hervorgeholt wurde, war auf geheimnisvolle Weise das Wort »Ja« erschienen. Als die Teilnehmer die Demonstration später schilderten, waren das entscheidende Hervorholen und das erneute Positionieren der Tafel aus ihrem Gedächtnis verschwunden, wobei die Gäste felsenfest glaubten, dass die Tafel unter den Tisch geschoben wurde und dort geblieben war, bis die Geisterschrift erschien.

Dann waren da noch die vermeintlichen Materialisierungen. Bevor die Gäste eintrafen, versteckte Davey einen Großteil der Maschinerie für vorgetäuschte Geistererscheinungen in einem seiner Schränke im Speisezimmer. Bevor er das Gaslicht löschte, forderte er die Gruppe auf, das Séance-Zimmer gründlich zu durchsuchen. Wenn er jemanden sah, der gerade in den Schrank schauen wollte, der sein Geisterversteck enthielt, lenkte er dessen Aufmerksamkeit schnell ab, indem er die Person aufforderte, ihn selbst nach irgendwelchen verborgenen Utensilien zu durchsuchen. Wenn das Zimmer dann in Dunkelheit versank, schlich sich Daveys zuverlässiger Freund, Herr Munro, stillschweigend in das Zimmer, entnahm die Gegenstände, die im Schrank versteckt waren, und täuschte mit ihnen verschiedene Geisterformen vor. Die »Erscheinung von schrecklicher Hässlichkeit« war eine Maske, die mit Baumwollstoff überzogen und mit Leuchtfarbe behandelt worden war, während der »bärtige Orientale« das Ergebnis von Munros Verkleidung war (»ein Turban wurde auf meinem Kopf befestigt, ein Bart aus dem Theater bedeckte mein Kinn. Baumwollstoff hing um meine Schultern«) und davon, dass sein Gesicht durch ein schwaches phosphoreszierendes Licht beleuchtet wurde. Munro bemerkte später, dass, obwohl »die Blässe meines Gesichts durch Mehl zustande kam, der ›leere und teilnahmslose Ausdruck‹ mir eigentümlich ist«. Um die Illusion zu erzeugen, dass der Geist frei schwebte und dann entschwand, stellte sich Munro hinten auf Daveys Stuhl, hob das Licht hoch über seinen Kopf und löschte es, als er die Decke erreichte. Genauso wie die Anwesenden sich nicht richtig an die Beschriftung der Tafel erinnerten, waren sie auch davon überzeugt, dass sie Daveys Speisezimmer gründlich durchsucht hatten, und vergaßen völlig, dass sie in einen der Schränke nicht hineingeschaut hatten.

1887 veröffentlichte Davey eine 110 Seiten umfassende Akte, die eine enorm große Anzahl dieser Fehler aufführte, und kam zu dem Schluss, dass man den Erinnerungen der Menschen an anscheinend unmögliche Ereignisse nicht trauen dürfe. Der Bericht machte Furore.[7] Viele führende Spiritisten, darunter der Mitbegründer der Evolutionstheorie, Alfred Russel Wallace, lehnten es ab, Davey's Befunden zu glauben.[8] In Verzweiflung darüber, dass er nicht herausfinden konnte, wie dessen Tricks durchgeführt wurden, erklärte Wallace, dass, wenn nicht der ganze Betrug erklärt werden würde, er zu dem Schluss gezwungen sei, dass Davey echte mediale Kräfte besäße und die Zuschauer stattdessen durch die Behauptung täusche, dass er ein Magier sei. Davey steckte sich mit Typhus an und starb im Dezember 1890 im Alter von nur 27 Jahren. Bald schon nach seinem Tod erklärten Munro und andere, wie sie die ganzen Phänomene vorgetäuscht hatten, aber Wallace akzeptierte es immer noch nicht.[9] In einem langen Aufsatz führte er detaillierte Schilderungen anderer Séancen auf, an denen er teilgenommen hatte und bei denen ein solcher Betrug unmöglich gewesen wäre. Daveys Anhänger bemerkten, dass es keinen Grund für die Annahme gab, dass Wallaces Zeugnis korrekter sei als diejenigen, die von Leuten stammten, die an Daveys vorgetäuschten Séancen teilgenommen hatten.

Die Vergangenheit retuschieren

Daveys Ergebnisse sind ein erstaunliches Beispiel für das fünfte und letzte Prinzip, das Hydrick und andere falsche parapsychologische Medien benutzen, um die Welt zu täuschen. Viele Menschen denken, dass menschliche Beobachtung und Erinnerung wie ein Videorecorder oder eine Filmkamera funktionieren. Nichts könnte weiter von der Wahrheit entfernt sein. Schauen Sie sich das folgende Bild mit den zwei Personen an, die an einem Tisch sitzen.[10]

Gleich sollen Sie die Seite umblättern und sich ein zweites Bild ansehen. Obwohl das neue Bild dem vorhergehenden sehr ähnlich sehen wird, wurde ein großer Teil des Bildes verändert. Versuchen Sie, die Veränderungen zu entdecken. Um die Sache so fair wie möglich zu gestalten, können Sie gerne zwischen den beiden Bildern hin- und herwechseln. OK, los geht's.

Die meisten Menschen haben große Mühe damit, den Unterschied zu identifizieren, obwohl er ihnen ins Gesicht springt. Wenn Sie ihn nicht entdeckt haben, lassen Sie mich Ihrer Not ein Ende bereiten. Im zweiten Bild ist das Geländer im Hintergrund des Fotos viel tiefer. Ärgern Sie sich nicht, wenn Sie die Veränderung nicht entdeckt haben. Tatsächlich hat die überwältigende Mehrheit der Menschen Mühe, sie zu sehen. Psychologen bezeichnen dieses recht merkwürdige Phänomen mit »Veränderungsblindheit«, und der Effekt ist ein direktes Ergebnis davon, wie Ihr visuelles Verarbeitungssystem funktioniert.

Als Sie das Bild zum ersten Mal sahen, hatten Sie wahrscheinlich das Gefühl, dass Sie alles auf einmal sahen. Das ist eine unwiderstehliche Illusion, die von Ihrem Gehirn erzeugt wird. In Wirklichkeit würde die Fähigkeit, eine solche augenblickliche Wahrnehmung herzustellen, eine gewaltige Menge an Gehirnkapazität erfordern. Anstatt einen Kopf zu entwickeln, der so groß wie ein Planet wäre, wendet Ihr Gehirn ein einfaches Abkürzungsverfahren an, um das Gefühl augenblicklicher Wahrnehmung zu erzeugen. Zu jedem Zeitpunkt haben Ihre Augen und Ihr Gehirn nur die Verarbeitungskapazität, um einen sehr kleinen Teil Ihrer Umgebung anzusehen. Um diese etwas kurzsichtige Ansicht der Welt auszugleichen, springen Ihre Augen unbewusst von einem Ort zum anderen und bauen schnell ein vollständigeres Bild von dem auf, was sich vor Ihnen befindet. Um sicherzustellen, dass wertvolle Zeit und Energie nicht für bedeutungslose Details verschwendet werden, identifiziert Ihr Gehirn rasch dasjenige, von dem es meint, dass es sich um die bedeutsamsten Aspekte Ihrer Umgebung handelt, und konzentriert nahezu seine gesamte Aufmerksamkeit auf diese Bestandteile.

Im Prinzip ist es so, als ob Sie in einem abgedunkelten Süßwarenladen mit einer Fackel stehen und sich eine grobe Vorstellung davon verschaffen, welche Süßigkeiten auf den Regalen stehen, indem Sie rasch den Lichtschein von einer Stelle zur anderen bewegen und sich dann auf diejenigen Gläser konzentrieren, die Ihre Lieblingssüßwaren enthalten. Anstatt Sie jedoch in Kenntnis davon zu versetzen, dass Sie nicht auf einmal die Gesamtheit Ihrer Umgebung sehen, setzt Ihr Gehirn ein Bild zusammen, das auf seiner ursprünglichen Abtastung des Raumes beruht, und gibt Ihnen das behagliche Gefühl, dass Sie sich ständig dessen bewusst sind, was um Sie herum vorgeht.

Am Beispiel des Bildes zeigen Untersuchungen der Augenbewegungen, dass das Geländer kaum Aufmerksamkeit erhält, wobei sich die meisten Menschen auf die Gesichter der beiden Personen konzentrieren (55 Prozent der Leute fragen sich, was in aller Welt die Frau wohl in dem Mann sieht). Trotz dieses selektiven Schauens liefert Ihr visuelles System Ihnen jedoch den Eindruck, dass Sie ständig das gesamte Bild sehen, wodurch erklärt wird, dass Sie den Unterschied nicht entdecken konnten.

Dieser Prozess läuft zu jedem Zeitpunkt Ihres Wachlebens ab. Ihr Gehirn wählt ständig aus, was es für die bedeutsamsten Aspekte Ihrer Umgebung hält und schenkt allem anderen nur sehr wenig Aufmerksamkeit. Indem sie wichtige Handlungen unbedeutend erscheinen lassen, sind falsche parapsychologische Medien in der Lage, dieses Prinzip anzuwenden, um Schlüsselaspekte ihrer Darbietung aus dem Geist der Zuschauer verschwinden zu lassen. Als Davey z. B. die Schiefertafel zum ersten Mal unter dem Tisch hervorzog, schien er sie auf eine Geisterbotschaft zu überprüfen. Aufgrund dessen schien die Bewegung der Tafel unwichtig zu sein und wurde daher von seinen Gästen schnell vergessen. Als Hydrick seine Kunststücke vorführte, blickte auch er kurz auf die Gegenstände, blies heimlich und schaute dann weg. Da dieser Blick so bedeutungslos zu sein schien, vergaßen ihn die Leute und waren später davon überzeugt, dass Hydrick während seiner ganzen Vorführung von den Gegenständen wegschaute.

Die ersten vier Prinzipien parapsychologischer Täuschung – das Verkaufen der Ente, das Einschlagen des unkonventionelleren Weges, das Verwischen Ihrer Spuren und das Ändern des Kurses – stellen sicher, dass die Zuschauer nicht auf die Lösung der Tricks kommen, die unmittelbar vor ihren Augen stattfinden. Das fünfte Prinzip – die Retuschierung der Vergangenheit – garantiert, dass sie nicht in der Lage sind, sich an das Geschehene genau zu erinnern. Ohne dass es die Zuschauer bemerken, verschwinden wichtige Einzelheiten aus ihrem Geist, und dann bleibt ihnen keine rationale Möglichkeit mehr zur Erklärung dessen übrig, wovon sie gerade Zeuge waren.

Der Guru und der Kühlschrank

Vor ein paar Jahren reisten ein Kollege und ich nach Indien, um den sagenhaften Gottmenschen Swami Premananda zu untersuchen.[11] 1951 geboren, behauptet Premananda, dass seine religiöse Berufung sichtbar wurde, als er ein Teenager war und sich plötzlich ein safranfarbiges Gewand auf seinem Körper materialisierte. Seither hat Premananda seine angeblichen Wunder fast täglich vorgeführt, indem er in seinen bloßen Händen Gegenstände materialisierte und regelmäßig eiförmige Steine hervorwürgte. In den frühen 1980er Jahren gründete Premananda ein religiöses Zentrum in einem entlegenen Teil Südindiens, und bei unserem Besuch war dieses selbständige Dorf die Heimat des Gurus und von etwa 50 seiner Anhänger. Diese fröhliche Gruppe ergebener Schüler kam aus der ganzen Welt, war überzeugt, dass die Wunder ihres Anführers echt waren, und hatte ihr Leben seiner Lehre geweiht.

Mein erster flüchtiger Eindruck von Premananda war etwas merkwürdig. Am ersten Tag unseres Besuchs ging ich zum Laden des Zentrums, um ein kaltes Getränk zu kaufen. Der Besitzer sagte, dass sein Kühlschrank leider nicht funktioniere und dass er auf Premananda warte, der das Problem lösen sollte. Augenblicklich schoss mir ein geistiges Bild durch den Kopf, wie Premanandas Anhänger sich in einem Veranstaltungsraum drängten und ihr Guru die Gruppe mit einem kühlschrankgestützten Gebet leitete. Ein paar Augenblicke später ging die Ladentür auf und herein kam Premananda mit einer Werkzeugtasche in der Hand. Der Swami rückte den Kühlschrank von der Wand weg, nahm einen Schraubenschlüssel aus seiner Tasche und begann, an der Rückseite des Geräts herumzubasteln. Innerhalb von Minuten erwachte der Kühlschrank wieder zum Leben. Da er den Eindruck hatte, dass seine Arbeit hier abgeschlossen sei, packte Premananda schnell sein Werkzeug wieder ein, kaufte einen Schokoriegel und ging weg.

An jenem Nachmittag sagte man uns, dass Premananda uns am nächsten Morgen um sechs Uhr treffen würde, um seine paranormalen Kräfte zu demonstrieren. Früh am nächsten Morgen erhob ich mich von dem Holzbrett, das mein Bett war, und ging zum Veranstaltungsraum. Es wurde sechs Uhr, und die Zeit verging. So wurde es sieben und danach acht Uhr. Es schien, dass Premananda das »Guruspiel« spielte; er prüfte die Stärke unserer Ergebenheit, indem er mehrere Stunden nach einer vereinbarten Zeit eintraf. (Wenn ich dasselbe Spiel mit meinen Studenten spiele, heißt es »unprofessionelles Verhalten«.) Nachdem ich vier Stunden in einem zunehmend heißen und schwülen Raum gewartet hatte, entschied ich, dass es reichte, und ging zum Ausgang. Wie durch Magie ging die Tür auf und herein kam Premananda, umringt von einer kleinen Gruppe seiner Anhänger.

Der Gottmensch lächelte und machte schnell eine weitläufige Handbewegung. Ein kleiner Strahl von »vibhuti« – eine feine Asche, die bei Hindu-Gottesdiensten verwendet wird – begann aus seinen Fingerspitzen zu rinnen. Nach einigen Augenblicken hörte die Bewegung der Asche auf und Premananda schien zwei kleine goldene Schmuckstücke aus der bloßen Luft zu greifen. Nachdem die Wunder vorbei waren, gab ich meine Polaroidkamera einem der Anhänger und schlug vor, dass wir alle nach draußen gingen, um ein Gruppenfoto zu machen. Das entwickelte Bild zeigte deutlich einen sonderbaren, purpurfarbenen Schleier, der die Gruppe umgab, und zwei zusätzliche Purpurflecken direkt über Premananda und mir. Premananda schaute sich das Foto an und wies bescheiden darauf hin, dass viele Religionen den Farbton Purpur mit Heiligkeit verbänden.

Sorgfältige Beobachtungen des Gurus bei der Arbeit legten nahe, dass er die Gegenstände, die er auf wunderbare Weise fand, in den Falten seines Gewandes versteckt hatte und sie heimlich herausnahm, als niemand zuschaute. Als wir diese Möglichkeit dadurch ausschlossen, dass wir eine durchsichtige Plastiktüte um seine Hand befestigten, blieben die Materialisierungen plötzlich aus.

Und was hatte es mit dem purpurfarbenen Schleier auf Premanandas Foto auf sich? Als ich nach England zurückkehrte, nahm ich das Foto mit zu den Polaroidlabors. Der Techniker erklärte, dass kleine Beutel mit Entwicklerchemikalien aufgerissen und die Chemikalien über das Bild gezogen werden, wenn ein Polaroidfoto aus der Kamera herauskommt. Der Techniker schaute sich dann die Codenummer auf der Rückseite meines Fotos an, nahm ein großes Buch mit Zahlen zu Hilfe und verriet, dass die Chemikalien ihr Haltbarkeitsdatum überschritten hätten und daher zu einer purpurartigen Verfärbung neigten. Infolgedessen war die wissenschaftliche Gemeinschaft abgeneigt, das Bild als zwingenden Beweis von Heiligkeit anzusehen. Persönlich bin ich davon jedoch eher überzeugt.

Dokumentarfilmmaterial des Premanandatests
www.richardwiseman.com/paranormality/Premananda.html

Daveys bahnbrechende Arbeit stellt das allererste Experiment zur Zuverlässigkeit von Augenzeugenberichten dar. Seitdem haben Psychologen Hunderte solcher Studien durchgeführt, die gezeigt haben, dass dieselbe Art von selektivem Gedächtnis unsere Fähigkeit trübt, uns an Alltagsereignisse zu erinnern.

Um die letzte Jahrhundertwende führte der deutsche Kriminologe Professor von Liszt einige dramatische Untersuchungen zu diesem Thema durch.[12] Eine solche Untersuchung wurde während einer von Liszts Vorlesungen veranstaltet und fing damit an, dass er ein Buch über Kriminologie besprach. Einer der Studenten (der in Wirklichkeit ein Strohmann war) brüllte plötzlich los und bestand darauf, dass von Liszt das Buch vom »Standpunkt der christlichen Moral« untersuchen sollte. Ein zweiter Student (ein weiterer Strohmann) machte Einwände, und ein heftiger Streit entwickelte sich. Die Situation wurde immer schlimmer: Die beiden Strohmänner begannen, handgreiflich zu werden, und schließlich zog einer von ihnen einen Revolver hervor. Professor von Liszt versuchte, die Waffe zu ergreifen, und ein Schuss löste sich. Einer der Studenten fiel daraufhin zu Boden und lag bewegungslos auf der Erde.

Professor von Liszt beendete die Sitzung, erklärte, dass das Ganze vorgespielt war, ließ seine beiden Strohmänner sich verbeugen und befragte jeden über das Ereignis. Von Liszt war verblüfft, als er feststellte, dass viele seiner Studenten sich auf die Pistole fixiert hatten (ein Phänomen, das Psychologen jetzt als »Waffen-Fokus« bezeichnen), und daher, ohne es zu bemerken, vieles von dem vergessen hatten, was nur wenige Minuten zuvor geschehen war, unter anderem wer mit dem Streit angefangen hatte und die Kleidung, die die Protagonisten trugen.

In den 1970er Jahren führte der Psychologe Rob Buckhout ein ähnliches Experiment durch, indem er vorgespiegelte Angriffe vor über 150 Zeugen veranstaltete.[13] Abermals neigten die Augenzeugen dazu, sich darauf zu konzentrieren, was sie für wichtig hielten – die Eigenart des Angriffs –, und konnten auf diese Weise viele Informationen über den Vorfall nicht erinnern. Als ihnen später sechs Fotos gezeigt und sie gebeten wurden, den Täter zu identifizieren, scheiterten fast zwei Drittel an dieser Aufgabe. Bei einer anderen Gelegenheit sendete ein amerikanisches Fernsehprogramm Filmmaterial über den inszenierten Raub einer Brieftasche und bat dann die Zuschauer, den Dieb bei einer aus sechs Personen bestehenden Gegenüberstellung zu identifizieren. Über 2000 Menschen riefen bei dem Programm an und nannten ihre Entscheidung. Obwohl das Filmmaterial das Gesicht des Angreifers deutlich zeigte, identifizierten etwas über 1800 Zuschauer die falsche Person.[14]

Eine große Anzahl von Forschungsarbeiten hat immer wieder denselben Befund geliefert. Wir glauben alle gern, dass wir zuverlässige Augenzeugen sind. Die Wahrheit ist jedoch, dass wir, ohne es zu bemerken, dazu neigen, uns falsch an das zu erinnern, was unmittelbar vor unseren Augen geschah, und häufig die wichtigsten Einzelheiten auslassen.

Ihr Gehirn macht ständig Annahmen darüber, welche Teile Ihrer Umgebung am meisten Aufmerksamkeit verdienen und wie man das Vorhandene am besten wahrnimmt. Meistens sind diese

Annahmen richtig, und daher sind Sie in der Lage, die Welt äußerst effizient und wirksam korrekt wahrzunehmen. Manchmal begegnen Sie aber doch etwas, das dieses fein eingestellte System aus dem Konzept bringt. Ebenso wie eine gute optische Illusion Ihre Augen völlig täuscht, führen diejenigen, die psychokinetische Fähigkeiten für sich beanspruchen, die einfachsten Zaubertricks vor, lassen Sie aber zu der falschen Überzeugung gelangen, dass Sie Zeuge eines Wunders gewesen seien. Auf subtile Weise bringen sie Sie davon ab, die Möglichkeit einer Täuschung zu erwägen, wenden heimtückische Methoden an, die Sie niemals in Betracht ziehen würden, und stellen sicher, dass jeder mögliche Beleg für Betrügerei schnell aus Ihrem Gedächtnis retuschiert wird. So betrachtet, sind rollende Bleistifte und sich verbiegende Löffel keine Beweise für das Unmögliche, sondern gemahnen stattdessen lebhaft daran, wie raffiniert Ihre Augen und Ihr Gehirn wirklich sind. Die Menschen, die diese Vorführungen machen, haben in der Tat bemerkenswerte Kräfte, aber ihr Geschick ist ein psychologisches und kein übernatürliches.

4. Kapitel:
Mit den Toten sprechen

In welchem wir zwei jungen Mädchen begegnen, die eine neue Religion schufen, entdecken, was geschah, als der größte Wissenschaftler der Welt es mit dem Teufel aufnahm, erfahren, wie wir mit nichtexistierenden Geistern verkehren und die Kraft unseres Unbewussten freisetzen.

Es ist zehn Uhr abends, und wir sind gerade am Anfang der Sitzung. Zehn arglose Vertreter der Öffentlichkeit und ich sitzen um einen Holztisch in der guten Stube eines Hauses im Londoner East End. Das Zimmer ist fast dunkel und wird nur von ein paar Kerzen auf dem Kaminsims erleuchtet. Ich bitte alle, sich vorzubeugen und ihre Fingerspitzen leicht auf die Tischplatte zu setzen, hole tief Atem und beschwöre die Geister, zu uns zu kommen. Nichts geschieht. Ich ermuntere jeden, den Mut nicht sinken zu lassen und jegliche Zweifel, die aufkommen mögen, vorübergehend außer Kraft zu setzen. Abermals spreche ich in die Dunkelheit hinein und bitte die Geister, ihre Anwesenheit durch eine Bewegung des Tisches kundzutun. Nach kurzer Zeit erzittert der Tisch, zwar nur leicht, aber wirklich. Das ist ein gutes Zeichen, und ich ahne, dass wir alle einen interessanten Abend vor uns haben.

Im Laufe der nächsten halben Stunde erzittert der Tisch noch ein paarmal mehr. Ein Mann aus der Gruppe sagt dann, dass er auf die Toilette gehen müsse. Als er aufsteht, gibt die Tischplatte ein furchtbares, knarrendes Geräusch von sich und kippt plötzlich an zwei Beinen hoch. Die Bewegung ist dramatisch, und es sieht so aus, als ob jemand dem Tisch von unten einen Stoß versetzt hätte. Mehrere Leute in der Gruppe schreien, und der Mann kommt zu dem Entschluss, dass sein Gang zur Toilette vielleicht doch nicht so wichtig ist. Alle vier Beine kehren auf den Boden zurück, und der Tisch beginnt, von einer Seite des Zimmers zur anderen zu rutschen, wobei er manchmal Mitglieder der Gruppe an die Wand drückt. Nach etwa einer Stunde hören die Bewegungen plötzlich auf, und wir danken den Geistern feierlich dafür, ihre Anwesenheit bekundet zu haben. Die Kerzen werden ausgeblasen, die Lichter angeschaltet, alle sprechen über die sonderbaren Ereignisse, die sie gerade erlebt haben, und der Mann kann schließlich zur Toilette gehen.

Im Lauf der Jahre habe ich viele solcher Séancen veranstaltet, und die Ergebnisse sind immer dieselben. Unabhängig davon, ob die Gruppe aus überzeugten Anhängern oder Skeptikern besteht, immer bewegt sich der Tisch. Selbst, wenn alle abwechselnd ihre Finger von der Tischplatte nehmen, kippt und wackelt der Tisch auch weiterhin.

Tischrücken wurde erstmals in viktorianischen Salons in ganz Großbritannien praktiziert, und das Phänomen ist für einen modernen Geist genauso rätselhaft, wie es für diejenigen war, die damals lebten. Aber wenn es darum geht, mit den Toten zu sprechen, ist das Tischrücken nur die Spitze des Eisbergs. Bei anderen Arten von Séancen baten die Viktorianer die Verstorbenen, ihre Botschaften auszubuchstabieren, indem sie ein umgedrehtes Glas zu Buchstabenkarten hinschieben sollten oder sogar direkt Wörter auf Zettel zu kritzeln. Untersuchungen dieser merkwürdigen Phänomene führten zu überraschenden Einsichten in die Kraft des Unbewussten, in das grundlegende Wesen der Willensfreiheit und dazu, wie man ein besserer Golfspieler wird.

Diese bemerkenswerte Geschichte beginnt mit zwei Schwestern, die es geschafft hatten, die Welt zum Narren zu halten.

Schlau wie ein Fuchs

Um die letzte Jahrhundertwende schrieb Thomas Hardy ein Gedicht, worin er schilderte, wie er Zeuge von Gottes Begräbnis wurde. Hardys Verse bringen lebhaft die Traurigkeit zum Ausdruck, die religiöse Menschen befällt, wenn sie dahin gelangen, die Existenz eines göttlichen Schöpfers zu bezweifeln.

Das ganze 19. Jahrhundert hindurch erlebten immer mehr Menschen die von Hardy geschilderten schmerzlichen Gefühle, als die herrschende Religion Gegenstand eines ernsthaften und nachhaltigen Angriffs wurde. Der große schottische Denker David Hume brachte die Kugel ins Rollen, als er die damals unantastbare Vorstellung kritisierte, dass angebliche Belege für einen absichtsvollen Plan in der Natur einen zwingenden Beweis für Gott darstellten, wobei Hume seine Ideen schließlich in einem blasphemischen Buch mit dem Titel *Dialoge über natürliche Religion* veröffentlichte, welches ursprünglich als so kontrovers angesehen wurde, dass seine Veröffentlichung anonym geschah und nicht einmal den Namen des Verlegers trug. Dicht auf Hume folgte der englische Philosoph John Stuart Mill, der geltend machte, dass die Öffentlichkeit ziemlich vernünftig sei und man ihr deshalb zugestehen sollte, ihre religiösen Überzeugungen ohne jegliche Einmischung des Staats zu wählen oder auch nicht. Und dann kam Charles Darwin mit seiner gefährlichen Idee daher, dass Menschen und Tiere am Ende doch nicht so ganz verschieden voneinander sein mochten.

Die institutionalisierte Religion begann den Druck zu spüren. Jahrhunderte lang hatten Priester und Kleriker gegen den Teufel gekämpft, hatten es jetzt aber mit einem neuen und weitaus gewaltigeren Feind zu tun – Kirchengemeinden, die Belege für ihren Gott zu verlangen wagten. Sie erwiesen sich als zäher Haufen. Die Viktorianer erfreuten sich der Vorteile beispielloser wissenschaftlicher Fortschritte, von Dampf- bis zu Nähmaschinen, von der Fotografie bis zum Benzin, von Telefonen bis zum Asphalt, von Grammophonen bis zu Büroklammern und von Gummibärchen bis zu Eiskrem. Plötzlich konnten uralte Geschichten über einen Mann, der 5000 Menschen mit nur fünf Laiben Brot und zwei kleinen Fischen speisen konnte, einfach nicht mehr überzeugen. Vielen schien es, dass die Kirche wenig mehr als nur blinden Gehorsam und einen warmen Ort anzubieten hatte, an dem man sonntags sitzen konnte.

Als die Religion schnell Terrain an die Vernunft verlor, schien die Endphase unvermeidlich zu sein. Tatsächlich erklärten einige Autoren die Schlacht gerne schon für gewonnen, wobei die vielleicht eindeutigste Aussage von dem deutschen Philosophen Friedrich Nietzsche stammte: »Gott ist tot. Gott bleibt tot. Und wir haben ihn getötet.« Wie vorauszusehen, waren die Gläubigen etwas optimistischer. Obwohl sie sich wohl bewusst waren, dass ihr Schöpfer auf der roten Liste stand, hofften sie doch, um Mark Twain zu paraphrasieren, das die Berichte über seinen Tod stark übertrieben waren.

Da sie sich zunehmend Angriffen ausgesetzt fühlten, taten die religiösen Menschen das, was sie in schwierigen Zeiten immer getan hatten. Sie senkten ihre Häupter, falteten die Hände und beteten, dass ein Wunder geschehen möge. Am 31. März 1848 erschien Gott, um ihre Gebete zu erhören.

Hydesville ist eine bescheidene kleine Ortschaft etwa 30 Kilometer östlich von Rochester, im Bundesstaat New York.[1] Im Dezember 1847 bezogen John und Margaret Fox mit ihren beiden Töchtern, der elfjährigen Kate und der vierzehnjährigen Margaretta, ein kleines Haus am Rande der Ortschaft. Binnen weniger Monate wurde das Leben der Familie Fox durch eine Reihe sonderbarer Ereignisse gestört. Bettgestelle und Stühle begannen zu rücken, geisterhafte Schritte hörte man sich durch das Haus bewegen, und gelegentlich vibrierte der gesamte Fußboden des Anwesens wie eine riesige Trommelhaut. Nachdem die Untersuchungen von John und Margaret keine Erklärung für diese anscheinend übernatürlichen Geschehnisse erbrachten, fanden sie sich zu dem Schluss gezwungen, dass ihr neues Heim von einem »unglücklichen ruhelosen Geist« heimgesucht wurde.

Am 31. März 1848 war die Familie früh zu Bett gegangen, weil sie sich ordentlich ausschlafen wollte, und zwar ohne Geister-Mumpitz. Leider sollte das nicht geschehen. Innerhalb weniger Augenblicke, nachdem sie sich hingelegt hatten, begann die Unruhe. Anstatt einfach eine weitere Nacht endlosen Rüttelns und Klopfens zu ertragen, beschloss die kleine Kate, einen Kommunikationsversuch mit dem Geist zu wagen. Da sie die recht pessimistische Annahme machte, dass ihr unwillkommener Gast der Teufel persönlich sein könnte, sprach Kate in die Dunkelheit und bat »Herrn Spaltfuß«, wie sie ihn zu nennen beschlossen hatte, ihre Handlungen nachzumachen. Sie klatschte dreimal in die Hände. Ein paar Sekunden später erschollen auf geheimnisvolle Weise drei Klopfgeräusche von den Hauswänden. Der Kontakt war hergestellt. Fasziniert und verunsichert, bat dann Margaret Fox das Wesen, das Alter ihrer Kinder zu klopfen. Elf Klopftöne waren für Kate zu hören. Pause. Dann 14 Klopftöne für Margaretta. Pause. Dann drei Klopftöne. Drei Klopftöne? Das Wesen war gut informiert – Margaret hatte ein drittes Kind gehabt, das mehrere Jahre zuvor im Alter von drei Jahren gestorben war.

Das spiritistische Geplauder dauerte fort bis lange in die Nacht hinein, währenddessen die Familie schließlich den inzwischen berüchtigten »Einmal klopfen für Ja, zweimal klopfen für Nein«-Code entwickelte und mit diesem dann feststellte, dass das Wesen ein 31-jähriger Mann war, der wenige Jahre vor ihrer Ankunft in dem Haus ermordet worden war und dessen Überreste gegenwärtig in ihrem Keller vergraben lagen. In der folgenden Nacht versuchte John Fox, den Kellerboden auf der Suche nach Knochen aufzugraben, war jedoch gezwungen, mit der Arbeit aufzuhören, als er das Grundwasser erreichte.

Gerüchte über diese sonderbaren Ereignisse verbreiteten sich rasch in den umliegenden Ortschaften und hatten zur Folge, dass Hunderte von Menschen nach Hydesville kamen, um die Klopfgeräusche selbst zu erleben. Viele von ihnen konnten mit dem Geist kommunizieren, was nur dazu beitrug, den Geistertratsch nun schnell über ganz New York zu verbreiten. Binnen weniger Monate forderten der ständige Besucherstrom und das Klopfen ihren Tribut; das Haar von Margaret Fox wurde von den Sorgen weiß, und ihr Mann war nicht mehr in der Lage zu arbeiten. Schließlich beschlossen sie, dass es für alle am besten sei, ihre Kinder aus dem geisterbefallenen Haus wegzubringen. Kate wurde in das nahe gelegene Auburn und Margaretta nach Rochester geschickt. Aber der Same, der den Lauf der Geschichte ändern sollte, war schon gesät.

Die verschiedenen Geister, die von Kate und Margaretta beschworen worden waren, folgten den beiden jungen Mädchen, und das Klopfen trat nun auch an ihren neuen Wohnorten auf. In Rochester hatte ein langjähriger Freund der Familie und bekennender Quäker namens Isaac Post eine Idee. Der Klopfcode erwies sich als eine ziemlich zeitaufwendige und manchmal auch verwirrende Art und Weise, Informationen aus der Geisterwelt hervorzulocken. Wäre es vielleicht möglich, fragte sich Isaac, eine präzisere Art der Kommunikation zu schaffen? Eines Abends lud er Margaretta zu sich nach Hause ein und fragte sie, ob sie etwas dagegen hätte, mit einem neuen System zu experimentieren. Er malte die Buchstaben des Alphabets auf Zettel und erklärte den Geistern, dass er eine Frage stellen und anschließend auf jeden

Zettel zeigen würde. Um mitzuteilen, was ihnen durch ihren körperlosen Geist ging, brauchten die Geister nur zu klopfen, wenn er auf den entsprechenden Buchstaben zeigte. Isaacs Sofortnachrichtendienst mit den Toten entpuppte sich als voller Erfolg und führte schon bald zur ersten vollständigen Mitteilung von jenseits des Grabes. Da sie keinen Gefallen an Smalltalk fanden, gaben die Geister eine handfeste und freimütige Anweisung aus:

»Liebe Freunde, ihr müsst diese Wahrheit der Welt verkünden. Dies ist der Anbruch einer neuen Epoche. Ihr dürft nicht versuchen, sie noch länger zu verschweigen. Wenn ihr eure Pflicht tut, wird Gott euch beschützen, und gute Geister werden über euch wachen.«

Überzeugt von der Echtheit der Botschaften, nahm Isaac begeistert die neue Religion des »Spiritismus« an und machte sich daran, seine Mit-Quäker zu bekehren.

Aus einer psychologischen Perspektive war die Schöpfung des Spiritismus ein Geniestreich. Während die etablierten Kirchen versucht hatten, den Aufstieg der Vernunft dadurch zu bekämpfen, dass sie die Bedeutung des Glaubens hervorhoben, veränderte der Spiritismus das eigentliche Wesen der Religion. In einer Zeit, die von Wissenschaft und Technik besessen war, bot der Spiritismus nicht nur den Beweis für ein Leben nach dem Tod, sondern gestattete den Menschen, in einer geeigneten Nacht anscheinend mit ihren verstorbenen Angehörigen zu kommunizieren.[2] Andere Religionen versprachen die verlockende Möglichkeit eines Lebens nach dem Tod zwar auch. Aber der Spiritismus machte das Versprechen wahr. Diese Kombination aus rationalem und emotionalem Anreiz erwies sich als überwältigend, und innerhalb nur weniger Monate verbreitete sich die neue Religion über Amerika.

Die Fox-Schwestern erreichten rasch Berühmtheitsstatus und erhielten Einladungen, um ihre verblüffenden medialen Fähigkeiten in öffentlichen Shows und bei privaten Zusammenkünften zu demonstrieren. Sie unterhielten sich mit den Geistern über jedes Thema, das ihnen vorgelegt wurde, und Zeitungsberichte schilderten, wie die Geister einmal über die gewichtigsten philosophischen und religiösen Probleme befragt wurden und am Tag darauf Eisenbahnaktien und Liebesaffären diskutierten.

Von Anfang an teilte der Spiritismus viele der zentralen Grundsätze des Quäkertums, darunter die Unterstützung der Abschaffung der Sklaverei, die Abstinenzbewegung und Frauenrechte. Die neue Religion nahm auch die nichthierarchische Struktur der Quäker an. Die Idee von Hohepriestern und unberührbaren Klerikern wurde verabschiedet, und die Vorstellung einer spirituellen Demokratie wurde begrüßt, wobei die Anhänger ermuntert wurden, sich zu versammeln und mit verschiedenen Methoden der Kommunikation mit den Toten zu experimentieren. Und das taten sie auch. In Salons, die über ganz Amerika und Europa verstreut waren, pflegten sich kleine Gruppen von Spiritisten zu treffen, die versuchten, mit ihren verstorbenen Angehörigen (oder auch mit jedem anderen Geist, der freundlich genug war zu erscheinen) in Kontakt zu treten.

Als es sich als schwierig herausstellte, die Klopfgeräusche zu reproduzieren, die in Gegenwart der Fox-Schwestern auftraten, begannen die Gruppen, mit zuverlässigeren Kommunikationsformen zu experimentieren. Die weitaus beliebteste Technik, die daraus hervorgehen sollte, war die des Tischrückens. Bei einer typischen Sitzung saß man um einen kleinen Tisch herum, setzte seine Fingerspitzen leicht auf die Tischoberfläche, drehte das Gaslicht klein, sang ein paar Kirchenlieder und begann, die Geister herbeizurufen. Nach einer Weile begannen alle zu spüren, wie die höl-

zerne Tischplatte knarrte und unter ihren Händen zitterte. Nach
ein paar weiteren Kirchenliedern begann der Tisch plötzlich zu
kippen und sich zu bewegen, als ob er von Geistern hin und her geschoben würde. Zeitgenössischen Berichten zufolge schien in einer
gelungenen Nacht der Tisch besessen zu sein, im Zimmer umher-
zutanzen, zärtlich auf den Schoß der Teilnehmer zu steigen und
sie manchmal sogar aggressiv gegen die Wand zu drücken. Das
Tischrücken breitete sich wie eine Epidemie aus, und bald verbrachten Hunderttausende von Menschen ihre Abende damit, ein
gewöhnliches Möbelstück in einen Verbindungskanal zum Leben
nach dem Tod zu verwandeln.

»Ich war die Erste auf diesem Gebiet, und ich habe ein Recht, es zu entlarven«

Mit dem schnellen Anstieg der Anzahl von Medien hinterließ der
Druck, auf einem zunehmend übervölkerten Markt über die Run-
den zu kommen, schließlich seine Spuren bei Kate und Margaretta
Fox. Die beiden entwickelten allmählich eine etwas andere Art von
Verbindung mit der Geisterwelt und waren am Ende der 1880er
Jahre zu starken Trinkerinnen geworden. Im Oktober 1888 be-
schlossen sie, dass es genug sei, und reisten nach New York City,
um eine dramatische Ankündigung zu machen.

Nachdem sie ihre Geschichte für angeblich 1500 Dollar der
New York World verkauft hatte, packte Margaretta aus und gestand, dass die beiden die ganze Sache vorgetäuscht hatten.[3] Als
frischgebackene Konvertitin der katholischen Kirche konnte sie
die Schuld nicht länger ertragen. Nach ihren Aussagen gingen die

seltsamen Geräusche, die ursprünglich in Hydesville zu hören waren, auf nichts weiter als einen Apfel, ein Stück Schnur und den naiven Glauben an die Ehrlichkeit von Kindern zurück:

>Wenn wir abends zu Bett gingen, banden wir gewöhnlich einen Apfel an eine Schnur und bewegten die Schnur hoch und runter, so dass der Apfel auf den Fußboden prallte, oder wir ließen den Apfel auf den Boden fallen, was jedes Mal, wenn er wieder hochsprang, ein sonderbares Geräusch erzeugte. Mutter hörte diesen Geräuschen eine Zeitlang zu. Sie verstand sie nicht und hatte uns nicht im Verdacht, dass wir zu einem Betrug fähig wären, weil wir so jung waren.«

Margaretta erklärte weiter, dass die Technik des »Apfels an der Schnur« nur im Dunkeln funktionierte, und deshalb dachten sich die Schwestern schnell eine andere Methode aus, wie sie bei Tageslicht Klopfgeräusche erzeugen könnten.

>Die Klopfgeräusche sind einfach das Ergebnis einer vollkommenen Kontrolle der Beinmuskeln unterhalb des Knies, die die Fußsehnen steuern und die Bewegung der Zehenknochen und des Knöchels gestatten, die man im Allgemeinen nicht kennt ... Durch die Kontrolle der Fußmuskeln können die Zehen zum Boden hin bewegt werden, ohne dass das Auge irgendeine Bewegung wahrnimmt. Tatsächlich kann der ganze Fuß zu Klopfgeräuschen eingesetzt werden, indem man nur die Muskeln unterhalb des Knies einsetzt. Das ist also die einfache Erklärung der ganzen Methode der Klopfgeräusche.«

Nachdem sie über die Belastung nachgedacht hatte, die sie als Folge eines auf Täuschung beruhenden Lebens ertragen hatte, machte Margaretta eine unmissverständliche Aussage über das Wesen der neuen Religion, die sie zu schaffen geholfen hatte:

»Der Spiritismus ist ein Betrug der übelsten Sorte ... Ich möchte den Tag erleben, da er vollständig abgeschafft sein wird. Nachdem ihn meine Schwester Katie und ich entlarvt haben, hoffe ich, dass dem Spiritismus der Todesstoß versetzt wird.«

Noch in der gleichen Woche brachte Margaretta diejenigen Spiritisten zum Schweigen, die an ihrem Geständnis gezweifelt hatten, als sie vor einem brechend vollen Auditorium an der New York Academy of Music erschien und ihre bemerkenswerte Fähigkeit demonstrierte, nach Belieben Klopfgeräusche hervorzubringen. Hatte ihr dramatisches Geständnis die erwünschte Wirkung? Rissen die schätzungsweise acht Millionen Spiritisten, die es alleine in Amerika gab, ihre Hände vor Entsetzen in die Höhe und gaben ihren neu entdeckten Glauben auf? Leider bestand der einzige wirkliche Effekt des Geständnisses darin, dass sich ihre Anhänger von den Schwestern distanzierten. Die überwältigende Mehrheit der Spiritisten wollten unbedingt an dem tröstlichen Gedanken festhalten, dass sie den Tod des Körpers überleben könnten, und sie ließen ein paar schwafelnde Alkoholikerinnen der Unsterblichkeit nicht im Wege stehen. Aber obwohl Margaretta versuchte, ihre Aussagen kurz nachdem sie alles gestanden hatte, wieder zurückzuziehen, war der Schaden zumindest für die Fox-Schwestern schon angerichtet. Da sie von der Bewegung, die sie zu schaffen geholfen hatten, immer mehr distanziert wurden, starben beide Schwestern einige Jahre später in Armut und wurden in Armengräbern beerdigt. Keine von beiden nahm von der Geisterwelt aus Kontakt mit den Lebenden auf.

Inzwischen war der Geist aus der Flasche. In ganz Amerika und Großbritannien wurden Tische gerückt. Was noch beeindruckender ist, einige dieser Tische begannen, wirklich zu sprechen.

Interview mit dem Historiker Peter Lamont
www.richardwiseman.com/paranormality/PeterLamont.html

Das Sprachrohr des Teufels

Die Idee war recht einfach. Wenn ein Tisch durch geistige Energie bewegt werden konnte, könnte er dann nicht auch als ein Instrument benutzt werden, um tatsächlich Botschaften aus dem Jenseits zu empfangen? Anfänglich begann man während der Tischrücksitzungen Fragen zu stellen und verwendete eine Variante des Codes der Fox-Schwestern, um die Geister zu befragen – einmal Kippen für Ja und zweimal für Nein. Als sich das als etwas zeitraubend erwies, trat man in die Fußstapfen von Isaac Post, rief die Buchstaben des Alphabets aus und bat die Geister, ihre Botschaft zu buchstabieren, indem sie den Tisch an den entsprechenden Stellen kippten. Berichte deuten darauf hin, dass diese Sitzungen emotional hoch geladene Ereignisse sein konnten, wie die folgende Schilderung von 1871 aus Edinburgh zeigt:

»In einer bestimmten Phase der Sitzung fing der Tisch an, seltsame Wellenbewegungen zu machen, die von merkwürdigen knarrenden Geräuschen begleitet wurden. Sogleich bemerkte mein Freund, dass ihn die Bewegung und das zugehörige Ge-

166

räusch an ein Schiff in Seenot erinnerten, dessen Balken sich im aufgewühlten Meer biegen. Als man zu diesem Schluss gekommen war, ging der Tisch dazu über, »Es ist David« zu klopfen. Augenblicklich brach eine Dame in Tränen aus und schrie ganz wild: »Oh, das muss mein armer, lieber Bruder David sein, der vor einiger Zeit auf See verscholl.«[4]

Viele waren gar nicht glücklich über die Vorstellung sprechender Möbel. Die vielleicht kritischsten Stimmen kamen von Pfarrern, die zu der Überzeugung gelangten, dass im ganzen Land der Teufel lauerte. 1853 nahm es der Reverend N. S. Godfrey auf sich, dies zu beweisen, indem er Informationen direkt aus erster Hand bezog. Als er die Arbeit in seinem Buch *Table turning: the Devil's modern masterpiece* (Tischrücken: Des Teufels neuestes Meisterstück) präsentierte, schilderte Godfrey eine bemerkenswerte Episode, bei der er eine Gruppe von Tischrückern mit ihrem vierbeinigen Freund sprechen ließ und dann den Tisch fragte, ob er von einem bösen Geist besessen sei.[5] Der Tisch deutete an, dass das nicht der Fall sei. Da er sich dessen bewusst war, dass der Teufel mit seinen Antworten nicht ganz ehrlich sein würde, bat Godfrey, dass man ihm die Bibel bringe. Während der Tisch vibrierte, wurde die Bibel auf seine Oberfläche gelegt, und in dem Augenblick, als der Kontakt mit der Tischoberfläche hergestellt wurde, hörte das Rütteln plötzlich auf. Godfrey wertete das als Zeichen, dass der Tisch besessen sein könnte. Es wäre ein schöner Gedanke, wenn nach etwa einer Stunde intensiven Kreuzverhörs der Tisch schließlich zusammenbrechen und alles zugeben würde. Da er jedoch nie zu voreiligen Schlussfolgerungen neigte, bat Godfrey zwei seiner kirchlichen Brüder, den Reverend Gillson und den Reverend Dibdin, sein Experiment mit anderen Tischen zu replizieren. Als sie zu demselben Ergebnis kamen, trat Godfrey an die Öffentlichkeit, brandmarkte das Phänomen als des Teufels Sprachrohr und warnte die Öffentlichkeit, dass sie sich von der potentiellen hölzernen Bedrohung distanzieren solle, die in ihren Salons und Speisezimmern lauerte.

Die ziemlich ermüdende Prozedur der Auflistung des Alphabets und des Wartens auf eine Antwort besiegelte schließlich das Todesurteil über die sprechenden Tische. Anstatt im sprichwörtlichen Äther zu verschwinden, tat der Spiritismus, was er immer getan hatte. Er beugte sich den Kräften des Marktes und entwickelte rasch ein neues und besseres Verfahren, um mit den Toten zu sprechen. Um die Sache zu beschleunigen, schrieb man die Buchstaben des Alphabets auf kleine Zettel und ordnete sie in einem Kreis auf einem Tisch an. Dann legte man seine Fingerspitzen auf ein umgedrehtes Glas und befragte die Geister. Eine unsichtbare Kraft stieß dann das Glas von einem Buchstaben zum anderen, solange die Geister ihre Antworten ausbuchstabierten. Diese neue Methode der Kommunikation breitete sich wie ein Lauffeuer aus und führte rasch dazu, dass mehrere Hersteller kommerzielle Versionen des Systems produzierten, die man als Ouija-Bretter bezeichnete (höchstwahrscheinlich abgeleitet von den französischen und deutschen Wörtern für »ja«). Für eine relativ bescheidene Geldsumme konnte man die Zettel und das umgedrehte Glas gegen ein professionell bedrucktes Brett und eine kleine hölzerne Platte auf Rollen (»Planchette« genannt) eintauschen. Seit seiner Einführung im Jahre 1891 erwies sich das Ouija-Brett als augenblicklicher Erfolg und diente bald als Hauptstütze der Salonunterhaltung in ganz Amerika und Europa.

Aber als die Öffentlichkeit nach besseren Möglichkeiten Ausschau zu halten begann, um mit den Toten zu sprechen, bezwang das Bedürfnis nach Schnelligkeit auch das Ouija-Brett. Das vordere Bein der Planchette wurde schließlich durch einen Bleistift ersetzt, und ein Zettel trat an die Stelle des Ouija-Bretts. Man setzte zwar wieder seine Hände auf die Planchette, aber dieses Mal hatte jede Bewegung zur Folge, dass der Bleistift direkt auf das Papier schrieb. Plötzlich konnten die Geister Botschaften im Hier und Jetzt diktieren. Nach weiteren Versuchen fand man heraus, dass selbst dieses System eine unnötige Last war und dass eine kleine Anzahl von Menschen einfach einen Füller oder einen Bleistift in der Hand halten, ihr Herz der Geisterwelt öffnen und Botschaften direkt von den Verstorbenen empfangen konnten. Diese kleine Gruppe von Vermittlern behauptete, dass sie ihre Hände nicht bewusst steuerten, wobei mehrere Schreiber dieses neue System zum sogenannten »automatischen Schreiben« nutzten, um auf diese Weise angeblich religiöse Texte, Gedichte und Prosa aus der Geisterwelt zu empfangen.

Um 1920 hatte sich die Welt weiterbewegt, und der Glaube an den Spiritismus war im Niedergang begriffen. Das Aufkommen von Radio und Kino bedeutete, dass die Menschen nicht mehr das Bedürfnis verspürten, ihre Abende mit dem Warten auf eine Botschaft der verstorbenen Angehörigen zu verbringen. Dieser Niedergang hielt während des ganzen 20. Jahrhunderts an, und heute wird die kleine Zahl spiritistischer Kirchen, die noch in Betrieb sind, von einer Handvoll älterer Menschen geleitet, die nur Stunden von der Entdeckung entfernt sind, ob es wirklich ein Leben nach dem Tod gibt.

Während der Blütezeit des Spiritismus behaupteten Tausende von Menschen, mit den Toten durch Tischrücken, Ouija-Brett und automatisches Schreiben in Kontakt getreten zu sein. Repräsentiert ihr Zeugnis einen zwingenden Beweis für ein Leben nach dem Tod, oder gibt es eine wissenschaftliche Erklärung für diese anscheinend geisterhaften Einmischungen? Eine kleine Gruppe viktorianischer Wissenschaftler wollte die merkwürdigen Phänomene unbedingt untersuchen und herausfinden, was hier wirklich vor sich ging. Die vielleicht aufschlussreichste Untersuchung wurde von einem Mann durchgeführt, der heute weithin als einer der größten Wissenschaftler der Welt anerkannt ist. Hier betritt Michael Faraday die Bühne, der Meister des Unsichtbaren.

Eines Tages können Sie Steuern darauf erheben, Sir

Michael Faraday wurde 1791 in Süd-London in eine Familie in bescheidenen Verhältnissen geboren und war schon in jungen Jahren von allen Dingen fasziniert, die mit Wissenschaft zu tun hatten. Seine Sorgfalt und Neugier weckten das Interesse des führenden Wissenschaftlers Humphry Davy, was zur Folge hatte, dass Faraday im Alter von nur 21 Jahren eine Stellung an Londons angesehener Royal Institution erhielt.

Faraday arbeitete sein ganzes Leben an der Institution und untersuchte ein breites und vielseitiges Spektrum von Themen. Er erfand den weltberühmten Bunsenbrenner, entdeckte, dass Kohlestaub die Hauptursache von Explosionen in Minen war, beriet die National Gallery, wie sie am besten ihre Kunstsammlung reinigen könnte, und hielt eine Reihe populärer öffentlicher Vorlesungen über die Wissenschaft der brennenden Kerze (»Es gibt keine weiter geöffnete Pforte, durch die man in das Studium der Naturphilosophie eindringen kann, als durch die Betrachtung der physikalischen Erscheinungen einer Kerze«).

Vielleicht am bekanntesten ist er für seine bahnbrechenden Untersuchungen der Beziehung zwischen den unsichtbaren und geheimnisvollen Kräften der Elektrizität und des Magnetismus. Nachdem er Stunden an der Werkbank verbracht und mit verschiedenen Vorrichtungen experimentiert hatte, erzielte Faraday den Durchbruch, als er ein Stück Draht zu einer Schleife bog, einen Magneten durch deren Mitte bewegte und dabei entdeckte, dass die Bewegung des Magneten einen elektrischen Strom im Draht induzierte. Diese einfache Demonstration enthüllte eine grundlegende Verbindung zwischen Elektrizität und Magnetismus und bereitete den Weg für die moderne Theorie des Elektromagnetismus. Albert Einstein war von dieser Arbeit so beeindruckt, dass er ein Foto von Faraday an der Wand seines Studierzimmers als Quelle der Inspiration bewahrte. Da er immer ein praktisch denkender Mensch war, begann Faraday sofort, mögliche Anwendungen für seine Entdeckung zu erforschen, und schuf schließlich einen Vorläufer des modernen Stromgenerators. Als William Gladstone, der britische Schatzkanzler, von diesem hypermodernen Gerät hörte, befragte er Faraday über den praktischen Wert der Elektrizität. Faradays berühmte Antwort war: »Eines Tages können Sie Steuern darauf erheben, Sir.«

Faraday war auch ein ernsthaft religiöser Mensch und diente als Laienprediger bei einem undurchsichtigen Ableger der schottisch-presbyterianischen Kirche, die als Sandemanianer bekannt sind. Seine Mitgliedschaft in der Kirche veranlasste ihn, die Präsidentschaft der Royal Society und die Aufnahme in den Ritterstand mit der Begründung abzulehnen, dass er nicht glaube, dass Jesus solche Ehren akzeptieren würde. Er wies auch die Bitte der Regierung, Giftgas für den Krimkrieg zu entwickeln, aus ethischen Gründen zurück und schloss auch keine Versicherung ab, weil er glaubte, dass das einen Mangel an Glauben widerspiegeln würde. Seine religiösen Überzeugungen mögen auch eine wichtige Rolle bei seiner Entdeckung des Elektromagnetismus gespielt haben. Da er glaubte, dass ein einziger Gott für die Welt verantwortlich sei, war Faraday davon überzeugt, dass alles in der Natur miteinander verbunden sein müsste, einschließlich der anscheinend unverbundenen Kräfte von Elektrizität und Magnetismus.[6]

Wenn man Faradays Fachkenntnis der Nutzbarmachung unsichtbarer Kräfte und sein Interesse an spirituellen Dingen in Rechnung stellt, überrascht es nicht, dass er vom Tischrücken angezogen wurde. 1852 versammelte er eine Gruppe von glaubwürdigen und erfolgreichen Tischrückern und führte einen scharfsinnigen, aus drei Phasen bestehenden Plan aus, der immer noch als Lehrbuchbeispiel dafür gilt, wie man das Unmögliche erforschen sollte.[7]

In der ersten Phase seiner Untersuchung klebte Faraday eine sonderbare Mischung aus verschiedenen Materialien zusammen – u. a. Schmirgelpapier, Glas, feuchten Lehm, Alufolie, Leim, Karton, Gummi und Holz – und befestigte diese Mischung auf einer Tischplatte. Dann bat er seine Versuchspersonen, ihre Hände auf dieses Material zu legen und die Geister herbeizurufen. Die Gruppe hatte keine Schwierigkeiten damit, den Tisch zu bewegen, was bedeutete, dass die verwendeten Materialien das Wirken der Geister nicht hemmte. Das Experiment gab Faraday deshalb die Freiheit, diese Mischung von Materialien auch in der zweiten Phase der Untersuchung zu benutzen.

Als er in sein Labor zurückkehrte, begann er, mehrere sonderbare Materialbündel zusammenzustellen. Jedes bestand aus fünf postkartengroßen Stücken Karton, die mit kleinen Kügelchen eines speziell entworfenen Klebers versehen waren, der »stark genug war, um die Karten in jeder neuen Position zu halten, die sie einnehmen könnten, und doch schwach genug, um langsam einer anhaltenden Kraft nachzugeben«. Faraday ordnete die Materialbündel um den Tisch herum an, fixierte die unterste Schicht eines

172

jeden fest auf der Tischplatte und zeichnete eine feine Bleistiftlinie um die Kanten der Kartonschichten herum. Nachdem die Vorbereitungen beendet waren, begann das Experiment. Seine Versuchspersonen wurden gebeten, ihre Hände auf ein Materialbündel zu legen und dann die Geister den Tisch nach links rücken zu lassen. Nach wenigen Augenblicken begann sich der Tisch zu bewegen. Durch eine einfache Inspektion der vorbereiteten Materialbündel war Faraday in der Lage, die Antwort auf das Rätsel des Tischrückens zu finden.

Sie war bestechend einfach. Seine Überlegung war, dass sich der Tisch bewegen würde, bevor es die Hände der Versuchspersonen taten, wenn wirklich eine geheimnisvolle Kraft auf den Tisch einwirkte. Das hätte zur Folge, dass die unteren Schichten jedes Materialbündels an den oberen Schichten vorbeiglitten, wodurch die versetzte Bleistiftlinie von links nach rechts abfallen sollte. Wenn andererseits die Hände der Versuchspersonen für die Bewegung des Tisches verantwortlich wären, dann würden die oberen Schichten jedes Materialbündels sich vor den unteren Schichten bewegen, so dass Linien entstehen würden, die von rechts nach links abfallen. Als Faraday die Bleistiftlinien untersuchte, war die Antwort offensichtlich. Jede Linie fiel von rechts nach links ab, wodurch bewiesen war, dass die Hände der Versuchspersonen sich bewegt hatten, bevor sich der Tisch bewegte.

Es schien, dass Faradays Versuchspersonen sich vorstellten, dass der Tisch sich bewegen würde und dann, ohne es zu merken, die leichten Hand- und Fingerbewegungen hervorbrachten, die erforderlich waren, um ihre Gedanken Wirklichkeit werden zu lassen. Da diese Bewegungen völlig unbewusst waren, wurden sie durch das Rücken des Tischs überrascht und schrieben es der Wirkung von Geistern zu.

Obwohl er davon überzeugt war, dass er das Geheimnis des

Tischrückens gelüftet hatte, war sich Faraday dessen bewusst, dass die Spiritisten argumentieren könnten, dass die Geister zwar eine untergeordnete, aber doch entscheidende Rolle bei der Bewegung spielten, auch wenn die unbewussten Bewegungen der Leute, die am Tisch saßen, für einen Teil der Erscheinung verantwortlich waren. Die einzige Möglichkeit, diese Idee zu prüfen, wäre der Ausschluss der Handbewegungen, um dann zu sehen, ob der Tisch immer noch rücken würde. Natürlich konnte Faraday seine Versuchspersonen nicht einfach bitten, mit dem Rücken des Tisches aufzuhören, weil sie ja keine Ahnung davon hatten, dass sie ihn überhaupt bewegten. Ein neues Experiment war erforderlich.

Faraday kehrte in sein Labor zurück und stellte einen zweiten Satz von raffinierten Materialbündeln her. Er bereitete jetzt zwei Platten in Postkartengröße vor, die durch vier waagrecht liegende Glasstäbe getrennt waren, welche ermöglichten, dass die obere Platte sich hin- und herbewegen konnte. Dieses aus zwei Platten und dazwischenliegenden Glasstäben bestehende Sandwich wurde durch zwei breite Gummibänder zusammengehalten. Den Boden jedes Materialbündels befestigte er auf der Tischplatte und drückte dann kleine Metallnadeln in die Seiten der oberen und unteren Platten. Schließlich wurde ein 37 cm langer Strohhalm senkrecht an jedem Materialbündel durch eine Nadel in der oberen und eine Nadel in der unteren Platte befestigt.

Dieser Wahnsinn hatte Methode. Faradays Anordnung bewirkte, dass der Halm als Hebel fungierte, wobei die obere Nadel als Hebeldrehpunkt diente. Jede Seitwärtsbewegung der oberen Platte, gleichgültig wie klein sie auch sei, führte zu einer großen und offensichtlichen Verschiebung des Halms. Die Materialbündel wirkten als eine einfache, aber äußerst wirksame Methode, die winzigen Handbewegungen der Versuchsteilnehmer zu verstärken. So konnte er sicherstellen, dass ihre Hände sich nicht bewegten, wenn er sie bat, den Halm in der Senkrechten zu halten.

Wieder versammelte Faraday seine fröhliche Gruppe von Versuchsteilnehmern und bat sie, ihre Finger auf die obere Platte zu setzen und die Geister versuchen zu lassen, den Tisch zu bewegen, aber auch dafür zu sorgen, dass der Halm zu jedem Zeitpunkt senkrecht blieb. So sehr sie es auch versuchte, die Gruppe konnte den Tisch einfach nicht bewegen. Faraday zog daraus den richtigen Schluss, dass ihre unbewussten Bewegungen vollständig für das Phänomen verantwortlich waren und jede Berücksichtigung von Geisterenergie überflüssig war.

Seine Ergebnisse, die 1853 in der Zeitschrift *Athenaeum* veröffentlicht wurden, trafen auf eine heftige Reaktion seitens der Spiritisten, wobei viele behaupteten, dass sie in der Lage seien, eine Bewegung hervorzubringen, ohne den Tisch überhaupt zu berühren. Merkwürdigerweise widerstrebte es ihnen jedoch, sich in Faradays Labor zu begeben und ihre Behauptung unter kontrollierten Bedingungen zu beweisen.

Wie man mit den Toten spricht: Teil eins

Die Durchführung einer erfolgreichen Tischrücksitzung ist eine Lektion in angewandter Psychologie. Um Ihren Erfolg sicherzustellen, versuchen Sie es mit der folgenden Methode.

1. Suchen Sie den richtigen Tisch aus. Nehmen Sie einen, der ungefähr 30 cm breit und 60 cm hoch ist. Es kommt eigentlich nicht darauf an, ob er eine runde oder quadratische Tischplatte hat oder an jeder Ecke von einem Bein gestützt wird

oder auf einem einzigen Sockel steht. Wichtig ist jedoch, dass er sich leicht kippen lässt. Prüfen Sie den Tisch, indem Sie Ihre Fingerspitzen auf die Kante der Tischplatte setzen und ganz bewusst versuchen, ihn umzukippen. Wenn er nur schwer zu bewegen ist, suchen Sie nach einem anderen Tisch.

2. Laden Sie eine Gruppe von vier bis acht Leuten zu sich nach Hause ein. Es kommt nicht wirklich darauf an, ob sie an ein Leben nach dem Tod glauben, Agnostiker sind oder starke Zweifel daran haben. Wichtiger ist, dass sie ausgehen, um Spaß miteinander zu haben.

3. Stellen Sie ein paar Stühle in einem Kreis um den Tisch. Diese Sitzgelegenheiten müssen bequem sein, und ermuntern Sie die Leute, sich nach vorne zu beugen, anstatt sich zurückzulehnen.

4. Bitten Sie jeden aus der Gruppe, Platz zu nehmen und die Hände auf die Tischplatte zu legen. Ihre Hände müssen nicht die Hände der Nachbarn berühren, aber sie sollten ihre Fingerspitzen so leicht wie möglich auf dem Tisch halten.

5. Stellen Sie das Licht dunkler, schalten Sie Musik ein und versuchen Sie, eine unbeschwerte Atmosphäre herzustellen. Bitten Sie die Gruppe, dass sie es vermeidet, den Tisch absichtlich zu rücken, sondern sich stattdessen darauf konzentriert, die Hände so ruhig wie möglich zu halten. Versuchen Sie, sie zum Plaudern und Witze machen zu bringen, anstatt darüber nachzudenken, wie man wohl irgendeine Art von Bewegung erreicht.

6. In einer guten Nacht werden Sie hören, wie der Tisch nach etwa 40 Minuten zu knarren anfängt. Das ist ein erstes Signal dafür, dass sich der Effekt einstellt.

7. Nach ungefähr weiteren zehn Minuten sollten Sie die ersten Bewegungen sehen. Wenn der Tisch sich nicht bewegen kann, weil er auf einem dicken Teppich steht, wird er heftig kippen und gelegentlich auf einem oder mehreren Beinen balancieren. Die Gruppe sollte immer versuchen, ihre Fingerspitzen in Kontakt mit dem Tisch zu halten, aber keine Bewegung verhindern. Wenn der Tisch rutschen kann, könnte er sich gut und gern durch das Zimmer bewegen. Auch hier sollte die Gruppe den Kontakt mit dem Tisch aufrechterhalten und nötigenfalls ihre Stühle verlassen, um ihm zu folgen.

8. Versuchen Sie nicht, den Effekt zu analysieren oder herauszufinden, wie er funktioniert. Genießen Sie stattdessen einfach, was geschieht. Lassen Sie Ihre Gäste ihre Hände hochheben und wieder auf die Tischplatte setzen, um zu sehen, ob eine einzige Person für den Effekt verantwortlich ist. Gerne können Sie dem Tisch auch Fragen stellen und vorschlagen, dass er durch Kippen oder die Bewegung in eine bestimmte Richtung antwortet. Vermeiden Sie mögliche Tränen, indem Sie nicht darauf hinweisen, dass Sie mit dem Geist von jemandem in Kontakt getreten sind, den jemand aus der Gruppe kannte. Stellen Sie stattdessen den Kontakt mit einer berühmten oder gar fiktiven Figur her.

9. Wenn nach etwa 40 Minuten kein Knarren oder keine Bewegung aufgetreten ist, bitten Sie jeden, zu versuchen, den

Tisch willentlich in eine bestimmte Richtung zu bewegen. Es könnte auch hilfreich sein, die Gruppe dazu zu bringen, etwa eine Minute im Gleichtakt zu atmen. Wenn immer noch keine Bewegung zustande kommt, rücken Sie den Tisch heimlich. Das hilft häufig bei der Auslösung echter unbewusster Bewegungen.

10. Bedanken Sie sich bei der Gruppe am Ende der Sitzung und sagen Sie ihr, dass die Forschung gezeigt hat, dass die Geister ihnen durchaus nach Hause folgen und für den Rest ihres Lebens in ihren Träumen herumspuken könnten.

Joseph Jastrow und sein unglaublicher Automatograph

Faraday hatte gezeigt, dass leichte unbewusste Bewegungen für das Tischrücken verantwortlich waren. Inspiriert durch seine Ergebnisse, untersuchten andere Forscher, ob dieselbe Art von Bewegungen auch das merkwürdige Verhalten erklären könne, das mit dem Ouija-Brett verbunden war.

In meinem früheren Buch *Quirkologie* schilderte ich die Arbeiten eines meiner akademischen Helden, eines amerikanischen Psychologen namens Joseph Jastrow, der um die Jahrhundertwende lebte. Jastrow führte während seines Berufslebens viele ungewöhnliche Untersuchungen durch, darunter Arbeiten zur unterschwelligen Wahrnehmung, zu Träumen von Blinden und zur Psychologie der Zauberei. Jastrow war jedoch besonders vom Übernatürlichen fasziniert, und in den 1890er Jahren führte er eine

Reihe bahnbrechender Experimente zum Ouija-Brett durch, wobei er einen recht sonderbaren Apparat verwendete, der als »Automatograph« bezeichnet wurde.[8]

Der Hauptbestandteil von Jastrows Automatograph bestand aus zwei quadratischen Glasplatten mit jeweils etwa 30 cm Kantenlänge, die durch drei »wohlgerundete Messingkugeln« getrennt wurden. Die untere Platte war am Tisch befestigt, während die obere Platte frei beweglich war. Die Versuchspersonen legten ihre Hand auf die obere Platte, wobei selbst die leiseste Handbewegung dazu führte, dass die Platte auf den Kugeln rollte. Um jede mögliche Bewegung aufzuzeichnen, wurde ein Griffel an der oberen Platte befestigt. Ein Blatt Papier, das mit Lampenruß geschwärzt war, wurde unter den Griffel gelegt, so dass jegliche Bewegung des Griffels aufgezeichnet werden konnte. Das Papier wurde dann »in einem Bad von Schellack und Alkohol haltbar gemacht«. Wie Faraday hatte Jastrow ein System konstruiert, das auch die allerkleinsten Bewegungen aufzeichnen konnte.

In einer langen Reihe von Experimenten verbarg Jastrow den Griffel und das Papier vor den Versuchspersonen und bat sie dann, sich vorzustellen, wie sie dreierlei Dinge tun – bestimmte Bewegungen machen, verschiedene Gegenstände im Zimmer anschauen oder einen bestimmten Teil des Zimmers selbst visualisieren. Obwohl die Versuchspersonen es nicht bemerkten, reichte das Denken an eine bestimmte Richtung oder an einen bestimmten Ort aus, um eine entsprechende Bewegung auf Jastrows Glas-Planchette hervorzubringen. Genau wie Faraday das Geheimnis des Tischrückens gelüftet hatte, hatte Jastrow herausgefunden, dass derselbe Prozess auch die Bewegung des Ouija-Bretts erklären konnte. Personen, die solche Bretter verwendeten, sprachen nicht mit den Toten und hatten keinen Verkehr mit dem Teufel. Sie unterhielten sich mit sich selbst.

Spätere Forschungen haben gezeigt, dass diese merkwürdigen Bewegungen, die als »ideomotorische« Handlungen bezeichnet wurden, nicht auf das Tischrücken und Ouija-Bretter beschränkt sind. In den 1930er Jahren wollte z. B. der amerikanische Arzt Edmund Jacobson herausfinden, wie man Menschen am besten dazu bringt, sich zu entspannen.[9] Er bat freiwillige Versuchspersonen, über verschiedene Themen nachzudenken, während raffinierte Sensoren die elektrische Aktivität in ihren Muskeln überwachten. Als Jacobson seine Versuchspersonen bat, sich vorzustellen, ihre Arme zu heben, zeigten die Sensoren eine geringe, aber wirkliche Aktivität in ihren Bizeps an. Gedanken über das Hochheben schwerer Gewichte führte zu noch größerer Muskelaktivität. Als sie gebeten wurden, in die Luft zu springen, zeigten die Beinmuskeln plötzlich Zeichen der Reaktion. Das Phänomen war nicht nur auf den Körper beschränkt. Als die Versuchspersonen sich den Eiffelturm vorstellten, bewegten sich ihre Augen nach oben, und als sie gebeten wurden, sich an ein Gedicht zu erinnern, bewegten sich ihre Zungen. Genau wie Faradays Tischrücker 70 Jahre zuvor hatten Jacobsons Versuchsteilnehmer keine Ahnung davon, dass sie diese kleinen Bewegungen machten.

Jüngere Arbeiten haben gezeigt, dass diese unbewussten Handlungen regelmäßig erfolgen.[10] Wenn Sie daran denken, dass sie die Seite eines Buches umblättern, spannen sich die Muskeln in Ihren Fingern, um sie zum Rand des Buches hin zu bewegen. Sie fragen sich, wie viel Uhr es ist, und Ihr Kopf macht sich dazu bereit, auf die Uhr zu schauen. Sie denken daran, sich eine Tasse Tee zu machen, und ihre Beine treten in Aktion. Obwohl es noch umstritten ist, warum diese ideomotorischen Handlungen existieren, glauben die meisten Forscher, dass sie daher rühren, dass Ihr Körper sich auf das vorweggenommene Verhalten vorbereitet. Selbst ein bloßer Gedanke genügt, damit Ihr Körper den Fuß sanft auf das Gaspedal drückt und ihn so bewegt, dass er besser auf eine Reaktion vorbereitet ist, wenn der entscheidende Augenblick kommt.

Die wissenschaftliche Erforschung des Tischrückens und von Ouija-Brettern lieferte nicht nur eine Erklärung für diese merkwürdigen Phänomene, sondern führte auch zur Entdeckung einer neuen Kraft unbewusster Bewegung. Mehr als hundert Jahre nach Faradays und Jastrows klassischen Experimenten glaubten die Forscher, dass das Sprechen mit den Toten damit völlig beantwortet war. Fall abgeschlossen. Rätsel gelöst. Aber ohne dass sie es wussten, gab es ein zweites, noch faszinierenderes Geheimnis, das sich in den kippenden Tischen und den Buchstabenkarten verbarg.

Wie man mit den Toten spricht: Teil zwei

Das Verfahren für eine Ouija-Brett-Sitzung hat eine gewisse Ähnlichkeit mit dem Tischrücken, besitzt jedoch den zusätzlichen Vorteil, dass es einen Test enthält, um herauszufinden, ob die gespenstischen Bewegungen das Ergebnis eines Kontakts mit den Geistern oder ideomotorischer Handlungen sind.

1. Wählen Sie die richtige Art von Tisch aus. Dieses Mal sollte er eine größere Tischplatte haben (etwa 60 cm breit), von normaler Höhe, aber viel stabiler als im vorhergehenden Experiment sein. Prüfen Sie den Tisch, indem Sie ganz bewusst versuchen, ihn umzukippen. Wenn er sich leicht bewegen lässt, suchen Sie nach einem anderen Tisch.

2. Schreiben Sie die Buchstaben des Alphabets auf einzelne Zettel, und ordnen Sie diese in einem Kreis um den Tischrand herum an. Schreiben Sie das Wort »Ja« auf einen weiteren Zettel und »Nein« auf einen letzten. Legen Sie diese in den Buchstabenkreis hinein.

3. Suchen Sie nach einem robusten Glas, und stellen Sie es kopfüber in die Mitte des Buchstabenkreises.

4. Bitten Sie alle, die um den Tisch herum sitzen, den Zeigefinger ihrer rechten Hand leicht auf den Glasboden zu legen.

5. Dunkeln Sie wieder die Lichter ab, und sorgen Sie für eine unbeschwerte Atmosphäre. Bitten Sie jeden, es zu vermeiden, das Glas bewusst zu schieben und den Zeigefinger so ruhig wie möglich zu halten. Versuchen Sie, Ihre Gäste zum Plaudern und Witzemachen zu bewegen.

6. Bitten Sie die Gruppe, einen Geist zu kontaktieren. Vermeiden Sie wieder, jemanden auszuwählen, den die Gruppe kennt, und treten Sie stattdessen mit einer berühmten oder fiktiven Figur in Kontakt. Sobald das Glas Zeichen von Bewegung zeigt, bitten Sie den Geist, seinen Namen zu buchstabieren, indem er das Glas zu den sichtbaren Buchstaben schiebt.

7. Wenn Sie einen Kontakt hergestellt und herausgefunden haben, mit wem Sie sprechen, bringen Sie die Idee auf, einen Test durchzuführen. Sammeln Sie die Buchstaben des Alphabets ein, mischen Sie die Zettel und verteilen Sie sie dann mit der Oberseite nach unten in einem Kreis auf dem Tisch.

8. Lassen Sie die Gruppe wieder den Geist bitten, seinen Namen zu buchstabieren. Wenn das Glas einen Zettel berührt, drehen Sie ihn mit der Vorderseite nach oben. Wenn die Bewegungen des Glases auf unbewusste Bewegungen zurückgehen, werden die ausgewählten Buchstaben keinen Sinn ergeben, weil die Gruppe nicht mehr weiß, wohin sich das Glas bewegen sollte.

9. Wenn irgendwelche Gläubigen aus der Gruppe sich darüber beklagen, dass vielleicht die Botschaft nur deshalb sinnlos ist, weil die Geister die Buchstaben ebenfalls nicht sehen können, drehen Sie die Zettel mit den Buchstaben nach oben und verbinden Sie den Gruppenmitgliedern die Augen. Wieder sollte die Botschaft sinnlos sein.

10. Wenn es der Gruppe gelingt, einen Namen zu buchstabieren, solange die Buchstaben nicht sichtbar oder die Augen verbunden sind, verlassen Sie sofort Ihr Haus, und fragen Sie bei Ihrer örtlichen Kirche um Hilfe nach.

Über den Versuch, nicht an Eisbären zu denken

Viele erfahrene Tischrücker und Ouija-Brett-Benutzer lehnten die Vorstellung ideomotorischen Handelns ab und behaupteten, dass die Botschaften von den Toten auch weiterhin in großen Strömen flossen, selbst wenn sie sich besonders bemühten, ihre Finger völlig ruhig zu halten. Tatsächlich berichteten viele, dass sie unter diesen Bedingungen gar noch spektakulärere Ergebnisse erzielten. Jahrelang schrieben Wissenschaftler diese Berichte einer überaktiven Einbildungskraft und dem Wunsch zu glauben zu, aber in den 1990er Jahren beschloss der Harvard-Psychologe Dan Wegner, diese Behauptungen genauer zu untersuchen.

Wegner ist jemand, den Eisbären faszinieren. Oder genauer, er ist jemand, den es fasziniert, Leute zu bitten, nicht an Eisbären zu denken. Er führte eine Reihe von namhaften Untersuchungen durch, in denen er die Versuchspersonen bat, sich keinen Eisbären vorzustellen, und jedes Mal eine Klingel zu drücken, wenn ihnen der unerwünschte Bär durch den Kopf ging.[11] Die Ergebnisse zeigten, dass es Menschen überraschend schwer fällt, Bären aus ihrem Geist fernzuhalten, da sie die Klingel meistens alle paar Sekunden drückten. Wegner hatte ein merkwürdiges Phänomen entdeckt, das als »Rebound-Effekt« bezeichnet wird, wo der Versuch, an etwas nicht zu denken, dazu führt, sich gerade mit dem verbotenen Thema zu beschäftigen. Unter gewöhnlichen Umständen können sich Menschen geschickt ablenken und unerwünschte Gedanken aus ihrem Geist verbannen. Wenn man sie jedoch ausdrücklich bittet, nicht an ein bestimmtes Thema zu denken, denken sie dauernd »Moment mal, denke ich jetzt an die Sache, an die ich nicht denken soll?« und werden daher wiederholt an genau die Sache erinnert, die sie zu vergessen versuchen. Wegners Rebound-Effekt kommt in vielen verschiedenen Zusammenhängen vor. Bitten Sie andere Menschen, unglückliche Lebensereignisse aktiv zu verdrängen, und sie werden nicht in der Lage sein, solche Gedanken aus ihrem Geist zu verbannen. Bitten Sie sie, belastende Gedanken ins Abseits zu befördern, und sie werden am Ende besonders besorgt sein, und bitten Sie Menschen, die an Schlaflosigkeit leiden, die Dinge zu vergessen, die sie wach halten, und das Einschlafen wird für sie noch schwerer sein als sonst.[12]

Wegner fragte sich, ob dasselbe Phänomen vielleicht auch erklären könnte, warum Menschen scheinbar Botschaften durch Tischrücken und die Verwendung von Ouija-Brettern empfangen, obwohl sie ihre Finger so ruhig wie möglich halten. Könnte der Rebound-Effekt sich auch auf Bewegungen erstrecken? Könnte es sein, dass Menschen, die sich die größte Mühe geben, eine bestimmte Bewegung nicht zu machen, die unerwünschte Bewegung tatsächlich häufiger ausführen?

Wegner beschloss, ein Experiment durchzuführen, bei dem er ein anderes klassisches Hilfsmittel für ideomotorische Handlungen verwendete – das Pendel. Jahrhundertelang haben Menschen kleine Gewichte an Schnüre gebunden und versucht, die kreisförmige Bewegung des Pendels im Uhrzeigersinn zur Bestimmung des Geschlechts noch ungeborener Babys zu verwenden, die Zukunft vorherzusagen und mit den Geistern zu verkehren. Wegner lud eine Gruppe von Versuchspersonen ein, die er jeweils einzeln in sein Labor bat, stellte eine Videokamera so hin, dass sie auf die Decke gerichtet war, und wies jede Person an, ein Pendel über die Kamera zu halten. Eine Hälfte der Versuchspersonen bat er, sich besonders anzustrengen, das Pendel nicht in einer bestimmten Richtung zu bewegen, während die anderen das Pendel so ruhig wie möglich halten sollten.[13]

Das Filmmaterial der Kamera gestattete Wegner, die Stärke der Bewegung des Pendels sorgfältig zu messen. Ebenso wie die Tatsache, dass man gebeten wird, nicht an einen Eisbären zu denken, unzählige Bären zur Folge hatte, führte der Versuch, das Pendel nicht zu bewegen, zu stärkeren Schwingbewegungen. Diese unbewussten Bewegungen fielen sogar noch dramatischer aus, als Wegner den Geist seiner Versuchspersonen damit beschäftigte, eine sechsstellige Zahl zu behalten oder von 1000 in Dreierschritten rückwärts zu zählen. Diese zusätzlichen Ergebnisse tragen zur Erklärung eines anderen sonderbaren Aspekts des Tischrückens und von Ouija-Brettern bei. Spiritistische Überlieferungen deuten darauf hin, dass die Toten am ehesten dann ihre Gegenwart kundtun, wenn die Leute, die um den Tisch oder das Ouija-Brett herum sitzen, Kirchenlieder singen, miteinander plaudern oder gar Witze erzählen. All diese Dinge beanspruchen den Geist der Menschen und führen daher viel leichter dazu, dass sie unbewusste Bewegungen machen.

Wegners Arbeiten zeigten, dass der Rebound-Effekt das Tischrücken und die Ouija-Bretter besonders trügerisch machte. Indem sie versuchten, ihre Hände so ruhig wie möglich zu halten und sich von dem, was sie taten, abzulenken, schufen die Menschen die vollkommenen Bedingungen für verstärkte ideomotorische Handlungen, und daher war es besonders wahrscheinlich, dass sie dramatische Wirkungen erzielten.

Andere Arbeiten haben seitdem gezeigt, dass dieser verhaltensbasierte Rebound-Effekt in vielen verschiedenen Situationen außerhalb des Séance-Zimmers auftritt. In einer anderen Untersuchung bat Wegner Golfspieler, einen Ball an eine bestimmte Stelle zu putten, und fand heraus, dass die Versuchsteilnehmer besonders geneigt waren, den Ball zu fest zu schlagen, wenn er sie bat, nicht über das Ziel hinauszuschießen. Experimente, die die Augenbewegungen verfolgen, haben gezeigt, dass Fußballspieler, die die Anweisung bekommen, bei einem Strafstoß nicht in einen bestimmten Teil des Tors zu schießen, nicht in der Lage waren, ihre Augen von dem verbotenen Bereich fernzuhalten.[14] Athleten haben denselben Effekt im wirklichen Leben bemerkt: Beispielsweise machte der früher in der obersten Liga spielende Baseballer Rick Ankiel manchmal gerade dann unkontrollierte Würfe, wenn er versuchte, solche Handlungen zu vermeiden[15] (Ankiel hat dem Phänomen den Namen »the Creature« gegeben). Der Rebound-Effekt kann auch bei Menschen auftreten, die unerwünschte Verhaltensweisen zu ändern versuchen, wobei Experimente zeigen, dass Raucher, die versuchen, Gedanken an das Anzünden einer Zigarette zu unterdrücken, und Diätpatienten, die versuchen, nicht an fetthaltiges Essen zu denken, es besonders schwierig finden, die Gewohnheit abzulegen oder gesund zu essen.

Durch seine Untersuchungen mit dem Pendel ermutigt, wandte Wegner seine Aufmerksamkeit dem rätselhaftesten aller spiritistischen Phänomene zu – dem automatischen Schreiben. Seine Arbeit sollte eine Lösung für eines der schwierigsten philosophischen Probleme aller Zeiten liefern.

Mark Twain und die große Illusion

Die vielleicht produktivste und beeindruckendste aller automatischen Schreiberinnen war Pearl Curran.[16] Curran wurde 1883 in St. Louis geboren. Die ersten 30 Jahre ihres Lebens verliefen ohne besondere Ereignisse und umfassten das Abbrechen des Gymnasiums, Versuche mit verschiedenen Arbeitsstellen, Heirat und die Erteilung von Musikunterricht. Am 8. Juli 1913 änderte sich alles. Als sie mit Hilfe eines Ouija-Bretts mit den Toten sprach, tauchte plötzlich ein ungewöhnlich starker und dominanter Geist auf. Das Wesen erklärte, dass ihr Name Patience Worth sei und dass sie im 17. Jahrhundert in Dorset, England, geboren wurde, aber im späteren Leben mit dem Schiff nach Amerika gereist sei, wo sie schließlich von »Indianern« ermordet wurde. Beim Versuch, das automatische Schreiben anzuwenden, entdeckte Curran, dass sie die Gedanken von Miss Worth mühelos zu Papier bringen konnte. Tatsächlich überschlugen sich die Botschaften in den nächsten 25 Jahren, während denen Patience schließlich über 5000 Gedichte, ein Theaterstück und mehrere Romane »diktierte«. Die Qualität der Arbeiten war so beeindruckend wie ihre Quantität. Als er Worths Roman über die letzten Tage von Jesus besprach, verglich ihn ein Rezensent des *New York Globe* gefälligerweise mit *Ben Hur*, während ein anderer Kritiker glaubte, es sei »die größte Geschichte über Jesus, die seit den Evangelien geschrieben wurde«.

Currans Schriften konnten jedoch dem Spiritismus unglücklicherweise keine überzeugenden Belege für ein Leben nach dem Tod liefern. So sehr sie sich auch bemühten, die Forscher waren nicht in der Lage, irgendwelche Anhaltspunkte dafür zu finden, dass Patience Worth wirklich gelebt hatte, und eine sprachliche Analyse der Texte ergab, dass die Sprache nicht mit anderen Arbeiten aus jener Zeit übereinstimmte. Das Argument für die Echtheit wurde auch nicht dadurch gefördert, dass Patience einen Roman schrieb, der in viktorianischer Zeit spielte, nämlich 200 Jahre nach ihrem eigenen Tod. Am Ende war sogar der glühendste Gläubige zu dem Schluss gezwungen, dass Pearl Currans bemerkenswerte Ergüsse eher eine natürliche als eine übernatürliche Erklärung hatten.

Zusätzliche Belege gegen die Geisterhypothese stammten von Leuten, die behaupteten, in der Lage zu sein, als Medium für berühmte Autoren zu fungieren. Da gibt es den ziemlich eigenartigen Fall der Emily Grant Hutchings, einer engen Freundin von Curran, die behauptete, mit dem Geist von Mark Twain in Kontakt zu stehen (man denke an »Trittbrettfahrer«). 1917 schrieb sie *Jap Herron*, einen Roman, von dem Hutchings behauptete, dass er ihr von dem großen Mann selbst diktiert worden sei. Die Kritiker waren überhaupt nicht beeindruckt, wobei einer bemerkte:

> »Wenn Mark Twain beim Überschreiten der Grenze nichts Besseres hervorzubringen imstande ist, werden seine Bewunderer alle hoffen, dass er in Zukunft diese Grenze achten wird.«

Harper and Brothers, die die Rechte für die von Mark Twain geschriebenen Werke besaßen, als er noch auf der Erde weilte, gingen vor Gericht und behaupteten, dass die schlechte Qualität von *Jap Herron* ihre Verkaufszahlen schädigte. Als Teil ihrer Beweisführung argumentierten Harper and Brothers, dass Twain im Hinblick auf das Leben nach dem Tod zutiefst skeptisch war und daher als Kandidat für einen Geisterautor besonders unwahrscheinlich zu sein schien. Die Medien hatten einen Heidenspaß und bemerkten, dass das Oberste Gericht bald über die Frage nach der Unsterblichkeit entscheiden müsse. Leider schaffte es der Fall nie bis in den Gerichtssaal, da Hutchings und ihr Verleger übereinkamen, das Buch vor der Verhandlung vom Verkauf zurückzuziehen.

Wenn wir annehmen, dass die Toten beim automatischen Schreiben ihre Finger nicht im Spiel haben, was sollen wir dann von diesem merkwürdigen Phänomen halten? Bis zur Mitte der 1990er Jahre bezog sich die bei weitem beliebteste Erklärung auf irgendeine Form psychologischer Dissoziation. Dieser Überlegung zufolge kann das Bewusstsein mancher Menschen in zwei Teile gespalten werden, wobei keine Person von der anderen weiß, obwohl sie dasselbe Gehirn bewohnen. Das ist eine merkwürdige Idee, die aber trotzdem weitverbreitete Unterstützung fand, und zwar teilweise deshalb, weil sie bis zu dieser Zeit die einzige Erklärung war. Plötzlich schienen alle möglichen Leute multiple Persönlichkeiten zu besitzen, und es dauerte nicht lange, bis diese

Vorstellung in die Welt der Psychiatrie eindrang, wobei Kliniker ihre Patienten ermunterten, mit automatischem Schreiben zu experimentieren, um auf diese Weise einen Zugang zu Problemen zu erlangen, die tief in ihrem »unterbewussten« Selbst vergraben lagen.

Nachdem er verschiedene Fälle dieses seltsamen Phänomens untersucht hatte, war es wiederum Dan Wegner, der eine neue und radikale Möglichkeit zur Erklärung des automatischen Schreibens fand. Im Unterschied zu früheren Erklärungen bezog sich seine Idee nicht auf die Existenz multipler Identitäten, die innerhalb desselben Schädels gefangen waren. Wenn er recht hat, trägt seine Arbeit darüber hinaus auch dazu bei, eines der am hitzigsten diskutierten Probleme in der Wissenschaftsgeschichte zu lösen.

Auf den ersten Blick scheint die Willensfreiheit nicht besonders strittig zu sein. Sie entscheiden sich, Ihr Bein zu heben, und es geht hoch. So weit scheint alles in Ordnung zu sein. Dieses einfache Szenario enthält jedoch verborgene Tiefen.

Die meisten Wissenschaftler glauben, dass unser ganzes bewusstes geistiges Leben das direkte Ergebnis von Gehirnaktivität ist. Beispielsweise lesen Sie gerade in diesem Augenblick die Wörter auf dieser Seite. Licht dringt in Ihre Augen und veranlasst Zellen auf der Rückseite Ihrer Netzhaut, zu feuern. Diese senden wiederum Signale an den visuellen Kortex in Ihrem Gehirn, der sich daranmacht, Buchstaben und Wörter zu erkennen, und dann die erforderliche Information an Teile des Gehirns schickt, die in der Lage sind, die Bedeutung aus den Sätzen zu entnehmen. Der Prozess mag vielleicht äußerst komplex und schwer zu verstehen sein, aber im Grunde findet alles in Ihren Augen und Ihrem Gehirn statt.

Aber für das plötzliche Treffen von Entscheidungen scheint das Modell nicht ganz richtig zu sein. Ich werde Sie bitten, eine

Entscheidung zu treffen. Sie können diesen Abschnitt entweder weiterlesen oder sich eine Tasse Tee machen. Unabhängig davon, wie Ihre Entscheidung ausfällt, vermute ich, dass es sich nicht so anfühlte, als ob Ihr Gehirn die Arbeit erledigt. Sie hatten nicht plötzlich einen Andrang von Blut zum vorderen Teil Ihres Gehirns gespürt, gefolgt von schneller Aktivität in Ihrer linken Hemisphäre. Stattdessen fühlte es sich so an, als ob »Sie« die Entscheidung getroffen haben, und nicht eine Reihe von elektrischen Impulsen in der Fleischmasse zwischen Ihren Ohren.

Wegners eindeutige und scharfsinnige Lösung dieses Rätsels beruht auf der Annahme, dass das Gefühl, das Sie von »sich selbst« als Subjekt der Entscheidung haben, eine großartige Illusion ist, die von Ihrem Gehirn erzeugt wird.[17] Wegner zufolge trifft Ihr Gehirn jede Entscheidung in Ihrem Leben einschließlich dessen, ob Sie z. B. aufstehen und etwas sagen oder mit den Armen fuchteln sollten. Einen Sekundenbruchteil nach jeder Entscheidung tut Ihr Gehirn jedoch zweierlei. Erstens schickt es ein Signal an einen anderen Teil des Gehirns, der das bewusste Erlebnis generiert, dass Sie die Entscheidung getroffen haben, und zweitens verzögert es das Signal, das an Ihre Beine, Ihren Mund oder Ihre Arme geht. Infolgedessen erleben »Sie« das »Ich habe gerade diese Entscheidung getroffen«-Signal, sehen, dass Ihr Handeln mit diesem Signal übereinstimmt, und schließen fälschlicherweise, dass »Sie« am Steuer sind. Kurz, Sie sind das Gespenst in der Maschine.

Die Illusion der helfenden Hände

Vor vielen Jahren führte ich Zauberkunststücke auf den Straßen von Londons Covent Garden vor. Zu meiner Darbietung gehörte es, aus den Zuschauern einen Mann auszuwählen und ihm einen Umhang umzulegen, der seinen ganzen Körper bedeckte. Ich stellte mich dann hinter den Mann, ließ ihn seine Hände hinter seinen Rücken führen und steckte meine Hände aus zwei Schlitzen im Vorderteil des Umhangs. Für die Zuschauer sah es so aus, als ob die Hände des Mannes aus dem Vorderteil des Umhangs herauskämen. In Wirklichkeit sahen Sie jedoch meine Hände und nicht die seinen, und so konnte ich Tricks vorführen und den Mann als erfahrenen Magier erscheinen lassen.

Der Psychologe Daniel Wegner hat genau dieselbe Art von Anordnung verwendet, um einen anderen merkwürdigen Aspekt der Willensfreiheit zu illustrieren. Um seine Demonstration zu realisieren, brauchen Sie einen Spiegel und einen Freund. Stellen Sie sich vor den Spiegel, und lassen Sie Ihren Freund hinter Ihnen stehen. Führen Sie dann Ihre Hände hinter ihren Rücken und bitten Sie Ihren Freund, seine Hände unter Ihren Armen hervorzustrecken. Schauen Sie jetzt in den Spiegel. Wenn alles gut klappt, werden die Arme Ihres Freundes aussehen, als wären es Ihre eigenen Arme (wenn Sie Mühe haben, diese Illusion zu erzeugen, versuchen Sie es damit, dass Sie beide schwarze Pullover anziehen). Lassen Sie Ihren Freund nun die folgenden Anweisungen vorlesen und dann die entsprechenden Bewegungen mit seinen Händen machen:

Machen Sie mit Ihrer rechten Hand dreimal eine Faust.
Machen Sie mit Ihrer linken Hand dreimal eine Faust.
Winken Sie mit Ihrer rechten Hand dem Spiegel zu.
Drehen Sie beide Hände mit der Innenfläche nach oben
und dann nach unten.
Klatschen Sie zweimal in die Hände.

Da Ihr Gehirn visuelle Rückmeldungen überzeugender findet
als Rückmeldungen, die von den Bewegungen herstammen,
sollten Sie das Gefühl haben, als ob die Hände Ihres Freundes
Ihnen gehörten und Sie Kontrolle über sie hätten.

Wegner führt alle möglichen raffinierten Experimente an, um
seine Idee zu stützen, dass unser Gefühl von Willensfreiheit nicht
viel mehr als eine großartige Illusion ist, darunter auch eine besonders merkwürdige Untersuchung, die von dem Physiologen Ben-
jamin Libet von der University of California in den 1980er Jahren
in San Francisco durchgeführt wurde.[18]

Stellen Sie sich vor, dass Sie in der Zeit zurückreisen und an
Libets Experiment teilnehmen. Nachdem Sie in seinem Labor ein-
getroffen sind und eine gute Tasse Tee getrunken haben, werden
Sie in ein kleines Zimmer geführt, und mehrere kleine Elektro-
den werden auf Ihrem Kopf und Ihrem Unterarm angebracht.
Dann setzt man Sie vor einen kleinen Bildschirm, auf dem sich ein
Punkt in einem Kreis bewegt, so wie der Sekundenzeiger einer
Uhr. Sie werden gebeten, Ihr Handgelenk zu beugen, wann immer
Sie möchten, sich dabei aber die Stellung des Punktes zu merken,
wenn Sie die Entscheidung zum Beugen des Handgelenks getrof-
fen haben. Nach einigen Beugungen Ihres Handgelenks nehmen
die Versuchsleiter die verschiedenen Elektroden ab und danken
Ihnen für Ihre Teilnahme.

Wie Faradays Untersuchung des Tischrückens ist Libets Experiment so einfach wie genial. Seine experimentelle Anordnung maß die Gehirnaktivität der Versuchspersonen, die Aktivität des Unterarms und den genauen Zeitpunkt, an dem die Person dachte, dass sie sich entschloss, ihr Handgelenk zu bewegen, was ihm ermöglichte, die genaue Zeit einzutragen, zu der jedes Ereignis stattfand. Libets Daten zeigten eine starke Gehirnaktivität etwa eine Drittelsekunde, bevor jede Versuchsperson sagte, dass sie die Entscheidung getroffen hatte, ihr Handgelenk zu bewegen. Kurz, genau wie Wegner vorhersagte, scheint Ihr Gehirn eine Entscheidung zu treffen, bevor Sie sich dessen bewusst werden.

Libets Experiment ist nicht das einzige, das darauf hindeutet, dass unser Gehirn in Aktion tritt, bevor wir uns dessen bewusst werden. In den frühen 1960er Jahren bat der Neurophysiologe und Roboterkonstrukteur William Grey Walter Versuchspersonen, auf eine Projektionswand zu schauen und einen Knopf zu drücken, um eine Reihe von Diafotos jeweils um eines weiterzurücken.[19] Die Versuchspersonen waren mit verschiedenen Sensoren verbunden, die die Aktivität in demjenigen Gehirnareal maßen, das mit den Handbewegungen verbunden ist. Obwohl die Versuchspersonen nichts davon wussten, hatte Grey Walter den Output dieser Sensoren direkt mit dem Diaprojektor verbunden, um sicherzustellen, dass die Gehirnaktivität der Versuchspersonen, und nicht ihr Knopfdrücken, die Dias wechselten. Genau wie Wegners Theorie der Willensfreiheit vorhersagt, waren die Versuchspersonen verblüfft darüber, dass die Diashow ihre Entscheidungen vorwegzunehmen schien.

Wie lässt sich mit all diesen Dingen das automatische Schreiben erklären? Wegner glaubt, dass bei manchen Menschen der »Treffe eine Entscheidung und erzeuge dann ein bewusstes Erlebnis dieser Entscheidung«-Mechanismus nicht richtig funktioniert.

Das Gehirn trifft zwar die Entscheidung zum Handeln und schickt dann die richtigen Botschaften an die entsprechenden Muskeln, aber es schickt keine Signale, die für die Erzeugung des bewussten Erlebens verantwortlich sind, dass »Sie« die Entscheidung treffen. Beim automatischen Schreiben führt das dazu, dass die Leute zwar draufloskritzeln, aber keine Ahnung davon haben, dass sie für ihre Notizen verantwortlich sind. Wegner behauptet, dass das Phänomen einen einzigartigen und entscheidenden Einblick in das Wesen der Willensfreiheit ermöglicht. Während solcher Episoden löst sich die Illusion plötzlich auf, und wir enthüllen uns als die Roboter, die wir in Wirklichkeit sind. Das automatische Schreiben ist keine Sonderbarkeit eines Kuriositätenkabinetts, sondern spiegelt vielmehr das wahre Wesen unseres Alltagsverhaltens wider.

Die Spiritisten waren überzeugt, dass ihre Techniken für das Sprechen mit den Toten die Grenzen der Wissenschaft zurückdrängten. Sie hatten zwar recht, aber aus ganz falschen Gründen. Diese scheinbar übernatürlichen Phänomene hatten zwar nichts mit dem Verkehr mit Geistern zu tun, lieferten aber wichtige Einblicke in das Unbewusste. Wissenschaftliche Untersuchungen des Tischrückens und von Ouija-Brettern führten zur Entdeckung ideomotorischer Handlungen, während ähnliche Arbeiten mit Pendeln zeigten, warum Menschen häufig dasselbe Verhalten an den Tag legen, das sie zu vermeiden versuchen. Die Untersuchung des automatischen Schreibens spielte eine wichtige Rolle für die Entwicklung von Wegners genialer Lösung des uralten Problems der Willensfreiheit. Zusammengenommen zeigen diese beeindruckenden Arbeiten, dass das Unbewusste eine weit größere Rolle bei der Bestimmung des Verhaltens spielt, als man zuvor glaubte. Der bloße Gedanke an irgendeine Art von Aktivität veranlasst Ihren unbewussten Geist dazu, Ihren Körper automatisch und unmittelbar auf das Handeln vorzubereiten. Beim Versuch, sich nicht

auf eine bestimmte Weise zu verhalten, kommen Sie der gewöhnlich effizienten Art und Weise, in der Ihr Unbewusstes Ihre Handlungen steuert, in die Quere. Und das Gefühl von Willensfreiheit,
das Sie gerade jetzt erleben, mag im Grunde nichts anderes sein
als eine großartige Illusion. Ideomotorische Bewegungen gestatten
Ihnen, in null Komma nichts zu handeln, der »Rebound-Effekt«
trug zu einer Erklärung dessen bei, warum viele Leute Mühe damit haben, das Rauchen aufzugeben oder abzunehmen, und Wegners Lösung des Problems der Willensfreiheit deutet darauf hin,
dass Ihr Gehirn sich einen Sekundenbruchteil entschließt, bevor
Sie meinen, dass Sie eine Entscheidung getroffen haben. Und all
das, weil zwei junge Mädchen einst einen Apfel an eine Schnur gebunden hatten, ihn heimlich auf den Boden springen ließen und
die Welt zu dem falschen Gedanken verleiteten, dass es möglich
sei, mit den Toten zu sprechen.

Es wäre schön, wenn man glauben könnte, dass ein moderner
Geist sich von ideomotorischen Effekten, die hinter dem Tischrücken, den Ouija-Brettern und den Pendeln stehen, nicht täuschen
ließe. Schön, aber falsch. Mehrere Firmen haben vor kurzem beansprucht, eine neue Art von Bombendetektor entwickelt zu haben, und behaupteten, dass ihr Erzeugnis von der Polizei und vom
Militär eingesetzt werden könnte, um versteckte Bomben, Rausch-
gift und Waffen zu finden. Die Anwender benutzen das Gerät, indem sie eine substanzspezifische »Nachweiskarte« in ein handge-
führtes Bauteil stecken und dann umhergehen, bis die Antenne
Schwingbewegungen in Richtung auf die Zielsubstanz macht. Die
irakische Regierung gab Millionen von Pfund für Hunderte solcher Geräte aus und setzte sie an Kontrollpunkten ein, um zeitaufwendige Körperuntersuchungen zu ersetzen. Wie bei jeder
Wünschelrute ging das Schwingen der Antenne auf unbewusste
Muskelbewegungen zurück, und Tests, die vom amerikanischen

Militär durchgeführt wurden, ergaben, dass die Geräte nicht in der Lage waren, Bomben zu entdecken. Unglücklicherweise war der Schaden zu diesem Zeitpunkt schon geschehen, da Hunderte von Zivilisten von Bomben getötet wurden, die unentdeckt durch die Kontrollpunkte geschleust worden waren. 1853 schloss Michael Faraday seine Erforschung der Wissenschaft des Tischrückens mit der Bemerkung ab, dass er sich seiner Arbeit etwas schäme und wünschte, dass »sie im gegenwärtigen Zeitalter … nicht hätte erforderlich sein sollen«. 150 Jahre später sieht es so aus, als ob seine Forschung so zeitgemäß wie eh und je ist.

Pause

Hier machen wir eine Pause auf unserer Reise,
begegnen dem bemerkenswerten Herrn Harry Price,
reisen auf die Isle of Man, um einen sprechenden Mungo zu untersuchen,
und landen schließlich am Obersten Gerichtshof.

Bisher haben wir entdeckt, wie parapsychologische Wahrsagesitzungen wichtige Einblicke in Ihre Identität liefern, wie außerkörperliche Erfahrungen die Art und Weise enthüllen, wie Ihr Gehirn darüber entscheidet, wo Sie sich befinden, wie Vorführungen angeblicher Psychokinese zeigen, dass Sie Dinge nicht sehen, die sich direkt vor Ihren Augen abspielen, und wie Versuche, mit den Toten zu sprechen, die Macht Ihres Unbewussten demonstrieren. Es ist Zeit, etwas zu verschnaufen und eine kurze Pause einzulegen, bevor wir unsere Reise fortsetzen.

Wenn ich öffentliche Vorträge über paranormale Phänomene halte, werde ich oft gebeten, das sonderbarste Forschungsergebnis zu schildern, das mir je untergekommen ist. Hier fällt mir die Entscheidung leicht. Das, was ich ausgewählt habe, hatte zwar keine bedeutenden Entdeckungen mit Bezug auf das menschliche Verhalten oder die innerste Funktionsweise des Gehirns zur Folge. Es erschien jedoch auf den Titelseiten der Zeitungen auf der ganzen Welt, führte zur eigenartigsten Verhandlung am Obersten Gerichtshof im britischen Rechtssystem und lieferte einen faszinierenden Einblick in die Extremformen menschlicher Leichtgläubigkeit.

Lehnen Sie sich also zurück, entspannen Sie sich und amüsieren Sie sich an der sonderbarsten Untersuchung in der Geschichte der Wissenschaft vom Übernatürlichen. Meine Damen und Herren, ich stelle Ihnen … Gef, den sprechenden Mungo, vor.

»Ich bin das achte Weltwunder«

Es gibt viele Orte auf der Welt, die einen beachtlichen Ruf im Hinblick auf paranormale Aktivität haben. Die Isle of Man gehört nicht dazu. Tatsächlich hat Wikipedia zufolge die Insel allerhöchstens einen böswilligen Geist zu bieten, der einst das Dach von einer Kirche wegblies, einen Geisterhund, der sich ziellos um ein Schloss herumtreibt, und ein paar Feen. Aber wie so häufig bei der Wissenschaft vom Übernatürlichen gibt es auch auf der Isle of Man viel mehr, als man auf den ersten Blick vermutet.[1]

1916 traf James Irving eine sonderbare Entscheidung. Da es für ihn immer schwieriger wurde, seinen Lebensunterhalt als Klavierverkäufer zu verdienen, dachte Irving, dass es das Beste wäre, wenn er und seine Frau Margaret einen Neubeginn als Bauern wagten, und kaufte daraufhin einen Kleinbesitz in einer der abgeschiedensten und seelenlosesten Gegenden der Erde. »Cashen's Gap« war ein kleiner Bauernhof, der auf einem vom Wind gepeitschten Berghang an der Westküste der Isle of Man lag. Der Bauernhof war acht Kilometer vom nächsten Dorf entfernt, hatte weder Strom noch fließendes Wasser und war nur erreichbar, wenn man eine Stunde lang einen rutschigen und unerschlossenen Pfad hinaufstieg. Da sie ein Leben führten, das die Existenz von Jean de Florette* regelrecht als luxuriös erscheinen ließ, war der Alltag für James und Margaret Irving sehr hart, und sie überlebten häufig nur dank der Kaninchen, die der Schäferhund der Familie brachte. Nach zwei Jahren in Cashen's Gap gebar Margaret ihr erstes und einziges Kind, Voirrey (»bitter« auf Gälisch).

---

* Jean de Florette ist eine Figur aus Marcel Pagnols Roman *Die Wasser der Hügel*. Er zieht mit seiner Familie aus der Stadt in ein geerbtes Haus, das sich in einem Dorf der Provence befindet. Das Leben der Familie erweist sich als sehr beschwerlich, vor allem weil es an Wasser mangelt. (A. d. Ü.)

Im Winter des Jahres 1928 versah James die Innenwände seines Bauernhauses mit Holzplatten, um das äußerst kalte Wetter abzuwehren, wobei er einen etwa acht Zentimeter breiten Spalt zur Isolation zwischen den Platten und den Wänden ließ. Am 12. Oktober 1931 hörte er merkwürdige tierartige Geräusche, die hinter den Holzplatten hervorkamen. Da er glaubte, dass sich ein kleines Tier verfangen hatte, stellte James mehrere Fallen auf, streute Gift aus und ging zu Bett. Die merkwürdigen Geräusche hielten die nächsten Tage an, und verzweifelt versuchte James, den Eindringling zu vertreiben, indem er wie ein Hund knurrte. Zu seiner Überraschung und Bestürzung knurrte die geheimnisvolle Bestie zurück.

James legte ein Tagebuch über die Ereignisse an und schilderte darin seine weitere Vorgehensweise:

»Eines Tages hatte ich den Einfall, dass, wenn es diese eigenartigen Geräusche machen konnte, dann vielleicht auch andere, und ich ahmte sogleich die Rufe anderer Kreaturen nach, wobei ich die Kreaturen nach jedem Ruf benannte. Nach ein paar Tagen musste man nur ein bestimmtes Tier oder einen Vogel nennen, und sofort gab es den richtigen Ruf von sich. Meine Tochter versuchte es dann mit Kinderreimen, und es wiederholte sie mühelos. Die Stimme ist zwei Oktaven höher als jede menschliche Stimme … und sein Gehör ist phänomenal. Es hört ein Flüstern, das fünf bis sieben Meter entfernt ist, sagt einem, dass man flüstert, und wiederholt genau, was man gesagt hat.«

Die Familie begann, sich mit ihrem neuen Mitbewohner zu unterhalten, und schließlich ließ das geheimnisvolle Wesen die Katze aus dem Sack. Es war Gef, ein sprechender Mungo. Vielleicht eher grundlos erklärte Gef, dass er ganz anders als ein normaler Mungo sei. Er behauptete, dass er 1852 in Neu Delhi geboren wurde, und gab damit an, dass er »ganz besonders klug« und »das achte Weltwunder« sei.

Gef erwies sich als ein unterhaltsamer Gefährte. Er pflegte Kinderreime zu rezitieren, Witze zu erzählen und sich in mehreren Sprachen zu unterhalten. Er steckte auch voller Überraschungen. An einem Juliabend im Jahre 1934 trug James eine Notiz in sein Tagebuch ein, in der er schilderte, wie Gef drei Strophen der Nationalhymne der Isle of Man »mit klarer und hoher Stimme [gesungen hatte]; dann zwei Strophen auf Spanisch, gefolgt von einer Strophe auf Walisisch; dann ein Gebet in reinem Hebräisch (nicht Jiddisch); und am Ende eine lange Rede auf Flämisch«. Die Irvings fütterten Gef mit Schinken, Würstchen und Bananen. Im Gegenzug fing Gef Kaninchen und tötete sie, wonach er ihre Kadaver auf einem nahe gelegenen Felsen zum Einsammeln hinterließ.

Obwohl man mit Gef leicht sprechen konnte, stellte es sich als überraschend schwierig heraus, ihn zu Gesicht zu bekommen. Voirrey war der einzige Mensch, der ihn richtig gesehen hatte, und schilderte ihn später als Wesen »von der Größe einer kleinen Ratte mit gelblichem Fell und einem großen, buschigen Schwanz«. Margaret behauptete ebenfalls, dass sie Gef durch einen Spalt in der Wand hindurch gestreichelt habe, wollte aber diese Übung nicht wiederholen, weil er sie in den Finger gebissen und Blut gesaugt hatte.

Die Nachrichten über Gef verbreiteten sich schließlich über die Insel, und bald schon klopfte ein Strom von Besuchern an die Tür, die unbedingt mit dem neuentdeckten Freund der Irvings plaudern wollten. Innerhalb eines Jahres überquerten Gerüchte über die erstaunlichen Vorgänge in Cashen's Gap die Irische See zum britischen Festland, und Journalisten aus dem ganzen Land pilgerten zum abgelegenen Bauernhaus der Irvings in der Hoffnung, einen Blick auf Gef zu erhaschen. 1932 gehörte ein Reporter vom *Manchester Daily Sketch* zu den ganz wenigen, die das Glück hatten, Gef zu interviewen:

»Das geheimnisvolle Mensch-Wiesel-Wesen hat heute mit mir gesprochen. Ich habe eine Stimme gehört, von der ich mir ganz und gar nicht vorstellen kann, dass sie einer menschlichen Kehle entspringt. Diejenigen, die behaupten, dass es die Stimme des sonderbaren Wiesels war, scheinen bei gesundem Verstand, ehrlich und verantwortungsbewusst zu sein, und machen nicht den Anschein, dass sie sich eines komplizierten, ellenlangen und nicht einträglichen Schabernacks erfreuen … Das Wiesel gab mir sogar einen Tipp für den Sieger beim Großen Nationalen Pferderennen!«

Als die Kunde von Gef Amerika erreichte, bot ein Theateragent den Irvings augenblicklich 50 000 Dollar für die Filmrechte an. Die Familie lehnte ab. Trotzdem eroberte Gef, der sprechende Mungo, die Welt.

Harry Price: der außergewöhnliche Geisterjäger

Ich mag Harry Price sehr. Tatsächlich ist er so etwas wie ein Held für mich. Der größte Teil seiner Arbeit fiel in die 1930er Jahre. Price widmete sein Leben der wissenschaftlichen Erforschung sonderbarer Dinge und führte unter der Schirmherrschaft seines »Nationalen Labors für parapsychologische Forschung« eine Reihe von Untersuchungen durch, die nicht nur die Medien der Welt entzückten, sondern auch zugleich Überzeugte und Skeptiker erzürnten. Er entlarvte berühmte Geisterfotografen als Betrüger (in der Hauptsache Doppelbelichtungen), prüfte das angebliche »Ektoplasma«, das von Medien materialisiert wurde (im Wesentlichen Eiweiß), inszenierte eine antike Zeremonie neu, um eine Ziege in einen jungen Mann zu verwandeln (die Ziege blieb eine Ziege), und filmte den großen »Karatschi«, als dieser versuchte, den legendären indischen Seiltrick vorzuführen (in Wirklichkeit handelte es sich um Arthur Derby aus Plymouth, der in Wheathampstead, Hertfordshire, ein steifes Seil in die Höhe hievte). Meiner Ansicht nach war seine Glanzleistung jedoch die Prüfung von Gef.

1932 schrieb ein Freund der Irvings an Price, schilderte die sonderbaren Vorgänge in Cashen's Gap und fragte ihn, ob er »ein Interview mit der kleinen Bestie machen wolle«. Price schrieb an James Irving, und die beiden begannen eine freundschaftliche Korrespondenz. Irving lud Price wiederholt auf die Insel ein, aber Price scheute sich, die lange, strapaziöse Reise zu unternehmen, und schickte stattdessen seinen Freund, einen Mann vom Militär namens Captain James McDonald.

McDonald traf am 12. Februar 1932 in Cashen's Gap ein. Während seines ersten Tages im Bauernhaus blieb Gef untypisch ruhig, und erst nach Mitternacht, als McDonald zu seinem Hotel zurückkehren wollte, hörte er jenen auf der Isle of Man äußerst traditionellen Gruß, als der Mungo schrie: »Wer ist dieser Scheißkerl?«

Am nächsten Tag erklärte Irving, dass Gef die ganze Nacht sehr gesprächig gewesen war, aber leider eine augenblickliche Abneigung gegenüber McDonald gefasst hatte. Tatsächlich hatte der Mungo verlangt, dass McDonald rufen müsse: »Ich glaube an dich, Gef!«, wenn ihre Beziehung fortdauern sollte. McDonald fügte sich und wurde von einem steinernen und etwas peinlichen Schweigen begrüßt.

Am selben Tag hörte McDonald später, wie Voirrey und Margaret im oberen Stockwerk mit Gef sprachen, und rief: »Willst du nicht herunterkommen? Ich glaube an dich!«

»Nein«, kreischte Gef. »Ich mag dich nicht!«

Da er seit eh und je ein hartnäckiger Forscher war, begann McDonald leise die Treppen hochzuschleichen, rutschte aber in einem Moment unglücklichen Missgeschicks auf einer losen Stufe aus und fiel mit viel Lärm wieder nach unten. Daraufhin verschwand Gef plötzlich und kam während des restlichen Aufenthalts von McDonald auf dem Bauernhof nicht mehr zurück. McDonald kehrte nach London zurück und reichte einen vollständigen Bericht bei Price ein.

Im März 1935 schickte James Irving eine Fellprobe an Price, die Gef sich angeblich ausgezupft hatte. Price leitete sie voller Aufregung an den Naturforscher F. Martin Duncan zur Analyse weiter, war jedoch enttäuscht über den Bericht, in dem es hieß:

»Ich kann versichern, dass die Haarprobe niemals auf einem Mungo gewachsen ist. Es sind auch nicht die Haare einer Ratte, eines Kaninchens, eines Feldhasen, eines Eichhörnchens oder eines anderen Nagetiers. Ich neige zu der Ansicht, dass diese Haare wahrscheinlich von einem Hund mit dickem Fell stammen.«

Prices Verdacht fiel auf den Schäferhund der Irvings, Mona. Da er jedoch von McDonalds Bericht überaus fasziniert war, beschloss er, sich mit seinem Kollegen Richard Lambert zusammenzutun und seine eigene Untersuchung vor Ort vorzunehmen. Am 30. Juli 1935 erreichten die beiden unerschrockenen Forscher die Isle of Man und absolvierten den beschwerlichen Aufstieg nach Cashen's Gap. Als sie spät am Abend ankamen, stellten ihnen James und Margaret Voirrey vor (»die jetzt ein gutaussehendes Mädchen von siebzehn Jahren war«), und alle saßen um einen kleinen Tisch in dem dunkel getäfelten Speisezimmer und warteten auf Gef. James erklärte, dass Gef sich schon einige Tage nicht sehen ließ und sich recht ausweichend verhielt.

Davon unbeirrt wandten sich Price und Lambert allen vier Wänden des Zimmers zu, hinter deren Verschalung Gef vermutet wurde, und erklärten, dass sie eine weite Reise gemacht hätten, um hierherzukommen, und daher das Recht auf »ein paar Worte, ein bisschen Lachen, einen Schrei, ein Quieken oder auch nur ein Kratzen« hätten. Nichts. Am nächsten Morgen kehrten Price und Lambert wieder zum Bauernhof zurück, wo sie an der Wandverkleidung entlanggeführt wurden, die Gef anscheinend ermöglichte, ungesehen von einem Zimmer ins andere zu hüpfen. Abermals baten sie das selbsternannte achte Weltwunder zu erscheinen. Abermals nichts. Schließlich ging das unerschrockene Forscherpaar weg, ohne entscheiden zu können, ob »sie einer Farce oder einer Tragödie beigewohnt hatten«. Später schrieb James Irving an Price und schilderte, wie Gef am Abend ihrer Abreise wieder erschienen war, und erklärt habe, dass er »ein paar Tage Ferien« gemacht hätte.

1936 beschrieben Price und Lambert ihre Untersuchung Gefs in einem mittlerweile seltenen Band, *The Haunting of Cashen's Gap: A Modern »Miracle« Investigated* (Der Spuk von Cashen's Gap: Einem modernen »Wunder« auf der Spur). Obwohl sie den Irvings nicht ausdrücklich vorwarfen, die ganze Sache nur vorgetäuscht zu haben, waren Price und Lambert alles andere als begeistert von dem Fall und kamen zu dem Schluss, dass nur die leichtgläubigsten Menschen von den Belegen für Gef beeindruckt wären.

Viele glaubten, dass *The Haunting of Cashen's Gap* der ganzen Sache ein Ende machen würde. Tatsächlich ließ es aber Gef, den sprechenden Mungo, an einem der unwahrscheinlichsten Orte völlig neu aufblühen – am britischen Obersten Gerichtshof.

Die Wahrheit, die ganze Wahrheit, und nichts als die Wahrheit

Richard Lambert, Prices Kollege und Mitverschwörer in der Gef-Affäre, war eine einflussreiche Gestalt. Außer seiner Funktion als Gründungsherausgeber von *The Listener* hatte er eine Schlüsselposition in der Leitung des British Film Institute inne, das zu jener Zeit unter der Schirmherrschaft der BBC stand. Im Frühjahr 1936 saß Oberstleutnant Sir Cecil Bingham Levita, ein prominentes Mitglied des Londoner Kreistags, mit dem stellvertretenden Leiter der BBC-Programme beim Mittagessen und deutete an, dass Lamberts Verbindung mit dem BFI unpassend sei, weil er an einen sprechenden Mungo glaube. Als Lambert von diesen Bemerkungen erfuhr, reichte er eine Klage wegen übler Nachrede ein.

Am 4. November kam der Fall an den Obersten Gerichtshof vor Richter Swift und eine besonders zusammengestellte Gruppe von Geschworenen. Jeder der Geschworenen erhielt ein Exemplar von *The Haunting of Cashen's Gap*. Levita leugnete, Lambert verleumdet zu haben, und bemerkte, dass er die entsprechenden Worte gar nicht geäußert habe, dass sie aber, selbst wenn er sie ausgesprochen hätte, völlig gerechtfertigt seien. Lambert konterte mit der Behauptung, dass das Buch seine Ansichten genau wiedergebe und in keiner Weise Gefs oder die Existenz irgendeines sprechenden Mungos bekräftige. In Übereinstimmung mit seinem Namen* entschied Richter Swift die Angelegenheit rasch für Lambert und sprach ihm eine beachtliche Schadensersatzzahlung in Höhe von 7500 Pfund zu (was heute etwa 350 000 Pfund entspricht). Am Ende der Verhandlung signierte Lambert triumphierend die Geschworenenexemplare seines Buchs.

---

* »Swift« bedeutet im Englischen »flink«. (A. d. Ü.)

Der Prozess hatte außerdem zwei unbeabsichtigte, aber wichtige Folgen. Bei seinem Verlauf kam heraus, dass der Leiter für Öffentlichkeitsarbeit bei der BBC versucht hatte, Lambert zu überreden, dass dieser die Klage gegen Levita zugunsten »seiner Position im Unternehmen« fallenlassen solle. Daraufhin wurden im Parlament Fragen gestellt, wobei die Politiker die Affäre als ein weiteres Beispiel für schlechtes Management innerhalb der BBC ansahen. Der Premierminister Stanley Baldwin leitete eine Untersuchung ein, die dazu führte, dass die Organisation sich vom Status eines »Netzwerks alter Kumpane« wegbewegte und formelle Bewerbungsgespräche und transparentere Auswahlprozesse einführte. Zweitens garantierte die massive Berichterstattung über den Fall durch die Medien, dass Mungos in ganz Großbritannien zu beliebten Haustieren wurden.

Schließlich verschwand Gef einfach. 1970 spürte der Autor Walter McGraw Voirrey auf und machte mit ihr ein Interview über die ganze Affäre. Obwohl sie sehr darauf bedacht war, ihren gegenwärtigen Aufenthaltsort geheim zu halten, bestand Voirrey darauf, dass Gef tatsächlich existierte und regelmäßig mit ihr gesprochen habe. Sie erzählte, wie der kluge Mungo für immer längere Zeitabschnitte weggegangen war und dann eines Tages sich einfach nie mehr blicken ließ. Gef hatte keinen positiven Einfluss auf ihr Leben, sagte Voirrey, und fügte wehmütig hinzu: »Gef hat mich sogar vom Heiraten abgehalten. Wie hätte ich je der Familie eines Mannes von den Ereignissen erzählen können?« Voirrey starb 2005.

1937 wurde Cashen's Gap an einen Herrn Graham verkauft, und die Irvings kehrten aufs britische Festland zurück. Graham sah oder hörte Gef nie. 1947 behauptete der neue Besitzer von Cashen's Gap, ein merkwürdiges Tier getötet zu haben, das weder ein Frettchen noch ein Wiesel war. Seine Behauptungen blieben ungeprüft, und das Fell wurde nie analysiert. Cashen's Gap wurde in den 1950er Jahren abgerissen, aber das Geheimnis von Gef lebt weiter. Gef hat seine eigene Facebookseite, und eine Website, die sich mit paranormalen Dingen befasst, deutete vor kurzem an, dass er »entweder ein übernatürliches Wesen aus einer anderen Dimension [gewesen sein könnte] oder ein Wesen, das Kräfte besaß, die wir nicht ganz verstehen«.

Vielleicht sollte das letzte Wort in der ganzen unwirklichen Geschichte an Gef gehen. James Irving schilderte einmal, wie er Gef dafür zurechtwies, dass er zu lange brauchte, um zu berechnen, wie viel Pence in siebzehn und einer Sixpence-Münze enthalten seien. Das selbsternannte achte Weltwunder reagierte mit einer entsprechend rätselhaften Antwort, die meiner Ansicht nach die ganz Affäre schön auf den Punkt bringt:

»Mein Rektophon hat nicht funktioniert.«

5. Kapitel:
Geisterjagd

In welchem wir ein paar Mußestunden mit einer alten Hexe verbringen, entdecken, warum Poltergeistforscher einst ein Haus einstürzen ließen, dem nichtexistierenden Gespenst von Ratcliffe Wharf begegnen, erfahren, wie wir einen Geist sehen können, und die Psychologie der Suggestion erforschen.

Es gibt einen alten Witz über einen Universitätsdozenten, der seine Studenten fragt: »Hat irgendjemand hier jemals einen Geist gesehen?« 15 Studenten heben die Hand. Dann sagt der Dozent: »Nun, wer von Ihnen hat hier einen Geist berührt?« Dieses Mal gehen nur fünf Hände hoch. Merkwürdig, fügt der Dozent hinzu: »In Ordnung, hat jemand gar einen Geist geküsst?« Ein junger Mann, der in der Mitte des Vorlesungssaals sitzt, hebt langsam seine Hand, sieht sich nervös um und fragt dann: »Entschuldigung, sagten Sie Geist oder Geiß?«

Zum Glück haben landesweite Umfragen eindeutigere Ergebnisse erbracht. Meinungsumfragen aus den letzten 30 Jahren haben übereinstimmend gezeigt, dass ungefähr 30 Prozent der Menschen an Geister glauben und dass etwa 15 Prozent behaupten, tatsächlich einen erlebt zu haben.[1] Zusätzliche Befragungen haben ergeben, dass diese angeblichen Begegnungen mit Geistern nichts mit weißgewandeten Gestalten, die durch Wände schweben, schwarzgekleideten Frauen, die Tod und Verderben bringen, Skeletten, die über Friedhöfe stolzieren oder kopflosen Rittern, die mit ihren Ketten rasseln, zu tun haben. Trotz des häufigen Vorkommens solcher Bilder in Geistergeschichten und Horrorfilmen sind die wirklichen Erscheinungen viel profaner.

Einer meiner Kollegen, James Houran, hat zahlreiche Forschungsarbeiten über die Natur dieser Erlebnisse mit Geistern durchgeführt. James ist ein interessanter Bursche. Tagsüber arbeitet dieser zartbesaitete Statistiker für eine bekannte Internet-Partnerschaftswebsite und entwickelt mathematische Modelle, die die gegenseitige Verträglichkeit steigern sollen. Nachts verwandelt sich Houran in einen echten Geisterjäger, der Umfragen und Untersuchungen durchführt, die darauf abzielen, das Geheimnis des Gespensterspuks zu lösen. Vor einigen Jahren analysierte er nahezu tausend Erlebnisse, um herauszufinden, was die Leute berichten, wenn sie glauben, dass sie einem Geist begegnet sind.[2]

Hourans Arbeit zeigte, dass Berichte von ausgewachsenen Erscheinungen sehr selten sind. Tatsächlich machen sie nur etwa 1 Prozent der Beobachtungen aus, und wenn solche Gestalten wirklich erscheinen, so tun sie es gewöhnlich am Fußende eines Betts, wenn die Leute entweder aufwachen oder einschlafen. Solche Erscheinungen haben die unheimliche Eigenart, wie eine normale Person auszusehen, und ihr geistartiges Wesen kommt erst dann zum Vorschein, wenn sie etwas Unmögliches tun, wie z. B. plötzlich zu verschwinden oder durch eine Wand zu gehen.

Falls also die Leute keine vollständigen Erscheinungen sehen, wenn sie einem Geist begegnen, was genau erleben sie dann? Etwa ein Drittel von Hourans Berichten haben mit eher flüchtigen visuellen Erscheinungen zu tun, wie z. B. schnellen Lichtblitzen, sonderbaren Rauchfahnen oder dunklen Schatten, die sich verstohlen durchs Zimmer bewegen. Ein weiteres Drittel umfasst merkwürdige Geräusche, wie z. B. Schritte aus einem leeren Zimmer, geisterhaftes Flüstern oder ein unerklärliches Schlagen und Klopfen. Das verbleibende Drittel ist eine Mischung aus diversen Empfindungen, unter anderem sonderbare Gerüche von Blumen oder Zigarrenrauch, das Gefühl der Gegenwart eines Geistes, das Gefühl, dass es einem kalt den Rücken herunterläuft, das Öffnen oder Schließen von Türen aus eigenem Antrieb, Uhren, die besonders schnell oder langsam gehen, und Hunde, die ungewöhnlich laut oder leise sind.

Über ein Jahrhundert lang haben Wissenschaftler versucht, diese merkwürdigen Erlebnisse zu erklären. Manche glauben fest daran, dass ihre Untersuchungen zwingende Beweise für ein Leben nach dem Tode liefern. Andere sind genauso überzeugt, dass diese scheinbar übernatürlichen Empfindungen ganz bodenständige Erklärungen besitzen. Ihre Experimente umfassen eine seltsame Mischung aus bahnbrechender Traumforschung, dem Übernachten in Spukhäusern, vibrierenden Florettdegen, im Dunkeln sitzen und auf Gott warten, an ganzen Gebäuden zu rütteln, bis sie einstürzen, und der Verbreitung großangelegter Falschmeldungen.

Unsere Reise in diese geheimnisvolle Welt beginnt mit der vielleicht am weitest verbreiteten Geschichte aller geisterhaften Erlebnisse.

Heinrich Füssli und sein gefühlloses Pferd

1781 schuf der Schweizer Maler Heinrich Füssli sein berühmtestes Werk. Es trägt den Titel »Der Nachtmahr« und stellt eine Frau dar, die einen furchtbaren Traum hat, sowie den Inhalt ihres beängstigenden Erlebnisses. Die Frau schläft fest. Sie liegt auf dem Rücken und ihr Kopf hängt von der Bettkante herunter. Ein kleiner, böse aussehender Dämon sitzt auf ihrer Brust und blickt aus der Leinwand heraus. Im Hintergrund des Ölgemäldes sieht man den Kopf eines Pferdes mit ausdruckslosen Augen hinter einem Vorhang erscheinen und bedrohlich auf die Frau starren.

Als das Gemälde das erste Mal in der Londoner Royal Academy ausgestellt wurde, erwies sich »Der Nachtmahr« augenblicklich als Erfolg, erntete rasch weltweiten Beifall und ist jetzt auf dem Einband fast jedes akademischen Lehrbuchs über das Paranormale zu finden. Einige Jahre später schuf Füssli eine weitere Version des Gemäldes, aber es herrscht allgemeiner Konsens darüber, dass diesem Gemälde die emotionale Wucht des Originals fehlt, teilweise deshalb, weil der Dämon erscheint, als trüge er eine Batmanmaske und das Pferd aussieht, als ob es gerade im Lotto gewonnen hätte.

Füsslis Gemälde stellt die vielleicht am häufigsten erlebte aller Begegnungen mit Geistern dar: die Ankunft des Inkubus. Der Legende zufolge ist der Inkubus ein Dämon, der eine männliche Gestalt annimmt und sich schlafenden Frauen mit seinem ungewöhnlich großen und kalten Penis aufzwingt (der Zauberer Merlin aus der Artuslegende war angeblich das Ergebnis einer solchen Begegnung). Auf der Brust seines Opfers sitzend, um es daran zu hindern, sich zu bewegen, geht der Inkubus seinem abscheulichen Geschäft nach, wobei andere ebenso dämonische Geschöpfe am Bett stehen und zuschauen. Da diese sich nie eine Gelegenheit entgehen lassen, findet man die Behauptung, dass solche Dämonen auch die Gestalt eines weiblichen Sukkubus annehmen und schlafende Männer verführen können (wenngleich vermutlich ohne die Hilfe eines ungewöhnlich großen und kalten Penis). Über diese Wesen ist in vielen verschiedenen Kulturen berichtet worden. In Deutschland wird der Dämon als der »Mahr« oder »Alpdruck« bezeichnet, in Tschechien und der Slowakei heißen sie »muera«, und die Franzosen nennen sie »cauchemar«.

Obwohl es leichtfällt zu glauben, dass zu der Zeit, als Füssli seine Gemälde schuf, nächtliche Erlebnisse mit Dämonen der Gipfel der übernatürlichen Raffinesse gewesen sein könnten, werden sie doch wohl im 21. Jahrhundert nicht immer noch gesund und munter sein, oder? Tatsächlich deuten vor kurzem gemachte Umfragen darauf hin, dass etwa 40 Prozent aller Menschen genau dieselben Empfindungen erlebt haben, unter anderem aufzuwachen und ein erdrückendes Gewicht auf der Brust zu fühlen, die Gegenwart von etwas Bösem zu spüren und seltsame Gestalten in der Dunkelheit zu sehen.[3] Solche Episoden werden häufig als Belege für Dämonen, Geister oder sogar für die Entführung durch Außerirdische interpretiert. Unabhängig von der Art und Weise, wie sie wahrgenommen werden, ist doch eines klar – selbst für den modernen Geist sind sie eine erschreckende und unvergessliche Erfahrung.

Jahrhundertelang waren viele von denen, die mit nächtlichen Dämonen in Berührung gekommen sind, davon überzeugt, dass sie der Hölle auf Erden begegnet sind. Erst in den letzten fünfzig Jahren hat die Forschung die bemerkenswerte Wahrheit hinter diesen Erscheinungen enthüllt.

Der unheilbar neugierige Eugene Aserinsky

Das Jahr 1951 begann nicht gut für den Psychologen Eugene Aserinsky von der University of Chicago.[4] Seine in Arbeit befindliche Postdoc-Forschung zu Augenbewegungen schlafender Babys erwies sich sowohl als langwierig als auch als undankbar. Zu Hause hatte Aserinsky mit ernsthaften finanziellen Schwierigkeiten zu kämpfen. Seine Familie war gezwungen, in einer kleinen, kalten Wohnung zu leben, und er konnte sich gerade mal die Schreibmaschine leisten, die er brauchte, um seine Arbeit niederzuschreiben.

Jahre später schilderte er das Gefühl von Verzweiflung, das ihn befiel:

»Wenn ich zum Selbstmord neigen würde, dann wäre dies der richtige Augenblick gewesen. Ich war verheiratet und hatte ein Kind. Ich war zwölf Jahre lang an Universitäten, ohne viel vorweisen zu können. Ich war völlig am Ende.«

Außerdem erforschte er Möglichkeiten, die seine mehr an der Hauptströmung ausgerichteten Kollegen nicht interessierten. Die überwältigende Mehrheit der Akademiker jener Zeit nahm an, dass das Gehirn sich abschaltete, wenn man in das Land der Träume wegdriftete, und sich beim Erwachen wieder einschaltete. Sie teilten Aserinskys Interesse an der Psychologie des Schlafs nicht. Aserinsky wollte jedoch herausfinden, ob diese Einstellung gegenüber dem schlafenden Gehirn richtig war. Als er keine angemessene finanzielle Unterstützung für seine Arbeit bekommen konnte, fand er im Keller seines Instituts eine alte Maschine zur Messung von Gehirnwellen (einen »Elektroenzephalographen«), schleppte sie in sein Büro hinauf und brachte sie zum Laufen. Leider blieb ein Hauptproblem übrig – wer würde ohne angemessene finanzielle Unterstützung mehrere unbezahlte Nächte in Aserinskys Schlaflabor mit Elektroden übersät verbringen? Schließlich schaffte er es, auch für dieses Problem eine Lösung zu finden. An einem kalten Abend im Dezember 1951 steckte er seinen achtjährigen Sohn Armond in das Laborbett, verband die Sensoren für Augenbewegungen und Gehirnwellen mit Armonds Gesicht und Kopf und zog sich in sein Büro zurück.

Nach etwa einer Stunde schlief Armond allmählich ein, und das Experiment begann. Während der ersten 40 Minuten beobachtete Aserinsky sorgfältig die Schreibstifte, die den Output des Elektroenzephalographen aufzeichneten. Der Mangel an Bewegung war nicht besonders beeindruckend, und es sah so aus, als ob das wissenschaftliche Establishment recht hatte damit, dass man schlafende Gehirne nicht aufwecken soll. Etwa 20 Minuten später begannen die Schreibstifte loszukritzeln und zeigten ein großes Maß an Aktivität sowohl von den Sensoren für die Augenbewegung als auch von denen für die Gehirnaktivität. Da er annahm, dass sein Sohn aufgewacht war, ging Aserinsky nachsehen, ob er sich wohlfühlte. Als er die Tür zu seinem Labor öffnete, wollte er seinen Augen nicht trauen: Sein Sohn schlief tief und fest.

Zuerst glaubte Aserinsky, dass seine Experimentalausrüstung fehlerhaft sei und begann die große Anzahl von Anschlüssen zu überprüfen, die zum Elektroenzephalographen hin und von ihm weg führten. Keine offensichtlichen Probleme traten zutage. Am nächsten Tag zeigte er die Diagramme seinem Betreuer, der ebenfalls meinte, dass es ein Problem mit dem Apparat gegeben haben müsste, und Aserinsky bat, eine zweite, gründlichere Überprüfung vorzunehmen. Das System bekam ein einwandfreies Gesundheitsattest. Ein paar weitere Nächte, in denen er Armond im Schlaflabor beobachtete, überzeugten Aserinsky davon, dass seine Befunde echt waren. In der Nacht wurde das schlafende Gehirn zu bestimmten Zeiten auf rätselhafte und verblüffende Weise aktiv. Weitere Arbeiten zeigten, dass diese plötzlichen Ausbrüche von Gehirnaktivität von schnellen Augenbewegungen oder »REMs« (Rapid Eye Movements), wie Aserinsky sie nannte, begleitet wurden. Aber nicht nur das, darüber hinaus berichtete die Person fast immer über einen Traum, wenn Aserinsky einen Versuchsteilnehmer nach einer REM-Phase aufweckte.

Im September 1953 veröffentlichten Aserinsky und sein Betreuer ihre Ergebnisse in einem inzwischen klassischen Aufsatz mit dem Titel *Regularly Occurring Periods of Eye Motility, and Concomitant Phenomena, during Sleep* (Regelmäßig auftretende Phasen von Augenbewegungen und begleitende Phänomene während des Schlafs) und veränderten die Psychologie dauerhaft.[5] Plötzlich wurde den Forschern klar, dass im schlafenden Gehirn viel mehr steckte, als sie zuvor angenommen hatten, und dass Aserinsky eine Möglichkeit entdeckt hatte, die bislang verborgene Welt des Träumens zu betreten. Wie ein Forscher später bemerkte, war es wie die Entdeckung »eines neuen Kontinents im Gehirn«, und Wissenschaftler auf der ganzen Welt waren plötzlich ganz versessen darauf, diese schöne neue Welt zu erkunden. Merkwürdigerweise schloss sich Eugene Aserinsky ihnen jedoch nicht an. Da er immer schon ein unkonventioneller, aber unheilbar neugieriger Universalgelehrter war, verließ er die Universität von Chicago schon bald nach seinem bahnbrechenden Experiment, um die Wirkungen von elektrischem Strom auf Lachse zu untersuchen.

Schlafen! Vielleicht auch träumen! Ja, da liegt's.

Forscher haben jetzt fünf verschiedene Schlafstadien identifiziert.

Bald nach dem Einschlafen driften Sie in die einfallsreich benannte »Phase 1«. Hier ist Ihr Gehirn immer noch sehr aktiv und produziert Wellen hoher Frequenz, die als »Alpha«-Wellen bezeichnet werden. In dieser Phase erlebt man häufig zwei Arten von Halluzinationen, die »hypnagoge Halluzinationen« (die beim Einschlafen auftreten) und »hypnopompe Halluzinationen« (die beim Aufwachen auftreten) genannt werden. Beide Arten können zu einem großen Spektrum visueller Phänomene führen, einschließlich zufällig verteilter Flecken, heller Linien, geometrischer Muster und rätselhafter Tier- und Menschengestalten. Diese Bilder werden oft von merkwürdigen Geräuschen, wie z. B. lautem Krachen, Schritten, schwachem Flüstern und Redebruchstücken, begleitet. Interessanterweise sind das genau die Arten von Erlebnissen, die jahrhundertelang fälschlicherweise für die Anwesenheit von Geistern gehalten wurden.

Nachdem Sie die möglichen Schrecken überlebt haben, die mit »Phase 1« verbunden sind, driften Sie in »Phase 2«. Wieder ist Ihr Gehirn alles andere als ruhig und produziert kurze Aktivitätsausbrüche, die als »Spindeln« bezeichnet werden. »Phase 2« dauert etwa 20 Minuten und kann zum gelegentlichen Murmeln oder sogar zu voll entwickeltem Reden im Schlaf führen. Langsam driften Sie weiter in, Sie haben es erraten, »Phase 3«. Jetzt beginnen Ihr Gehirn und Ihr Körper, sich richtig zu entspannen, und nach ungefähr weiteren 20 Minuten treten Sie schließlich in das tiefste Schlafstadium ein … In »Phase 4« ist Ihre Gehirnaktivität minimal, was sich in sehr langsamen »Delta«-Wellen äußert. Wenn Sie bettnässen oder schlafwandeln wollen, dann ist das genau der richtige Augenblick.

Nach etwa 30 Minuten in »Phase 4« geschieht etwas sehr Merkwürdiges. Ihr Gehirn bewegt sich schnell durch die ersten drei Phasen zurück und begibt sich dann in einen rätselhaften Zustand. Es zeigt dasselbe hohe Aktivitätsniveau, das es ursprünglich in »Phase 1« hatte, aber Ihr Herz rast, Ihre Atmung wird flach, und Sie produzieren die REMs, die Aserinsky vor all den Jahren so fesselten. Jetzt träumen Sie. Jeder Mensch erlebt diese REM-Phase jede Nacht etwa fünfmal, wobei jede Phase durchschnittlich zwanzig Minuten dauert. Obwohl manche Menschen meinen, dass sie nicht träumen, werden sie meistens über einen Traum berichten, wenn man sie unmittelbar nach dem Einsetzen der REMs aufweckt. Es ist nicht so, dass manche Menschen nicht träumen, sondern vielmehr erinnern sie sich morgens nicht an ihre Träume.

Weitere Arbeiten haben gezeigt, dass beim Träumen zwei merkwürdige Dinge mit Ihrem Körper geschehen. Erstens werden Ihre Genitalien aktiv, wobei Männer eine Erektion bekommen und bei Frauen die Scheidensekretion erhöht ist. Obwohl die Entdeckung des Effekts in den 1960er Jahren als Durchbruch bejubelt wurde, haben manche Forscher geltend gemacht, dass der Effekt möglicherweise schon vor langer Zeit entdeckt wurde, indem sie darauf hinwiesen, dass eines der 17 000 Jahre alten Höhlengemälde in Lascaux einen träumenden Cro-Magnon-Jäger mit erigiertem Penis darstellt (aber vielleicht hat er auch das Jagen so sehr geliebt). Zweitens, obwohl Ihr Gehirn und Ihre Genitalien beim Träumen sehr aktiv sind, gilt das nicht für Ihren übrigen Körper. Tatsächlich blockiert Ihr Gehirnstamm jegliche Bewegung Ihrer Gliedmaßen und Ihres Rumpfs vollständig, um Sie daran zu hindern, Ihre Träume auszuagieren und sich dabei möglicherweise zu verletzen.

So wie Ihr Gehirn Sie dazu verleiten kann, ein Nachbild eines Geistes zu sehen, kann es Sie auch zu dem Gedanken verführen, dass Sie einem bösen Wesen begegnet sind. Wenn Sie sich zwischen »Phase 1« und dem REM-Zustand bewegen, wird Ihr Gehirn manchmal verwirrt und lässt Sie die hypnagogen und hypnopompen Halluzinationen erleben, die mit »Phase 1« verbunden sind, aber auch die mit dem REM-Zustand verbundene sexuelle Erregung und Gliederlähmung. Diese furchteinflößende Kombination fühlt sich so an, als ob ein schweres Gewicht auf Ihre Brust drücken und Sie ans Bett fesseln würde. Sie spüren (und manchmal sehen Sie auch) ein oder mehrere böse Wesen und glauben, dass Sie eine ziemlich sonderbare Art von Geschlechtsverkehr vollziehen.

Jahrhundertelang war ein beachtlicher Prozentsatz der Öffentlichkeit davon überzeugt, dass sie von Dämonen, Geistern und

224

außerirdischen Wesen angegriffen wurde. Schlafforscher haben nicht nur die wahre Natur solcher Erlebnisse enthüllt, sondern auch die beste Methode entdeckt, wie Sie diese Wesen aus Ihrem Schlafzimmer verbannen. Es überrascht vielleicht nicht, dass es dabei nicht um langwierige Sprechchöre, das Verspritzen von Weihwasser oder raffinierten Exorzismus geht. In der Tat stellt sich heraus, dass Sie nur mit aller Kraft versuchen müssen, mit dem Finger zu wackeln oder zu blinzeln. Selbst die allerkleinste Bewegung wird Ihrem Gehirn dabei helfen, vom REM-Zustand zur »Phase 1« des Schlafs zu wechseln, und bevor Sie es merken, werden Sie hellwach und ins Land der Lebenden zurückgekehrt sein.

Diejenigen, die an Geister glauben, sind nun gezwungen worden, die Tatsache zu akzeptieren, dass die Inkubus-Erfahrung kein Beweis für die Hölle ist, sondern vielmehr ein schlauer Trick des Verstandes. Aber anstatt ihren Glauben an Spuk über Bord zu werfen, haben sie ihre Aufmerksamkeit auf ein insgesamt noch vertrackteres Problem konzentriert – die vielen Geistererscheinungen, die sich einstellen, wenn man weit entfernt vom Schlafzustand ist.

Wie man Geister beschwört

Möchten Sie jetzt gleich einen Geist sehen? Wenn ja, dann starren Sie etwa dreißig Sekunden lang auf den kleinen weißen Punkt im linken Feld der folgenden Abbildung und blicken Sie dann auf den kleinen schwarzen Punkt im leeren rechten Feld.

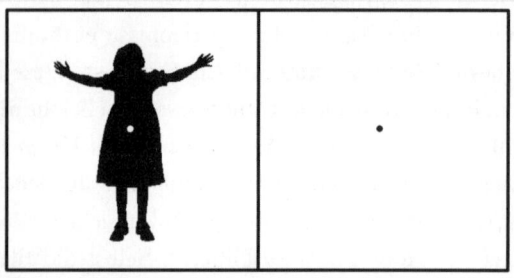

Psychologen bezeichnen die gespenstische Gestalt, die Sie gerade gesehen haben (und die viele von Ihnen auch in den nächsten Minuten noch sehen werden – tut mir leid) als »Nachbild«. Ihre Farbwahrnehmung beruht auf drei Systemen. Jedes dieser Systeme ist um zwei Farben herum angeordnet, wobei das eine sich auf das Rot-Grün-Kontinuum, ein anderes auf Blau-Gelb und das dritte auf Schwarz-Weiß richtet. In jedem dieser Systeme sind die beiden Farben einander entgegengesetzt und können nicht zusammen gesehen werden. Wenn Auge und Gehirn beispielsweise der Farbe Rot begegnen, wird die »rote« Hälfte des Rot-Grün-Systems aktiviert, wodurch Ihre Fähigkeit ausgeschaltet wird, gleichzeitig irgendetwas Grünes zu sehen (das erklärt, warum Sie nie Farben sehen, die als gelblich-blau oder rötlich-grün erscheinen).

Als Sie vor ein paar Sekunden auf das gleichmäßig schwarze Bild starrten, haben Sie die »Schwarz-Weiß«-Neuronen, ohne es zu wissen, dazu gezwungen, sehr lange inaktiv zu bleiben. Als Sie dann Ihre Aufmerksamkeit dem leeren Feld zuwandten, wurden die Neuronen aktiviert. Da sie jedoch bereits in einem Ruhezustand waren, wurden sie durch die Aktivierung übererregt, was zu einem Rebound-Effekt führte, der sich in einem weißen Nachbild äußerte.

Die Rose ohne Dornen

Hampton Court Palace hat eine lange und umstrittene Geschichte. Im frühen 16. Jahrhundert investierte der Erzbischof von York, Kardinal Thomas Wolsey, sieben Jahre seines Lebens und über 200 000 Goldkronen, um einen Palast zu bauen, der eines Königs würdig war. Wenige Jahre nach dem Abschluss des Projekts fiel Wolsey beim regierenden Monarchen, Heinrich VIII., in Ungnade. Er überlegte, dass es politisch vorteilhaft sei, seinen geliebten Palast der königlichen Familie zu schenken. Heinrich nahm Wolseys freundliches Angebot gnädig an, erweiterte das Anwesen, um sicherzustellen, dass sein tausendköpfiger Hof darin Platz fand, und zog unverzüglich ein. Der Palast war auch weiterhin die Heimstätte einiger der berühmtesten Könige und Königinnen Großbritanniens, bevor er Mitte des 19. Jahrhunderts der Öffentlichkeit zugänglich gemacht wurde. Heutzutage ist Hampton Court Palace eine der beliebtesten historischen Attraktionen Großbritanniens und wird jedes Jahr von mehr als einer halben Million Menschen besucht.

Die Berühmtheit des Palastes hat mit vielen verschiedenen Dingen zu tun. Er beherbergt unschätzbare Kunstwerke aus der königlichen Sammlung, besitzt den am besten erhaltenen mittelalterlichen Saal Großbritanniens und rühmt sich mit riesigen Tudorküchen, die so ausgelegt waren, dass zweimal am Tag 600 Leute gespeist werden konnten. Oh, und dann ist da noch etwas anderes. Er ist auch eines der Gebäude in Großbritannien, in denen es am meisten spukt. Mehrere Geister spuken angeblich in dem Palast. Es gibt z. B. eine »graugekleidete Dame«, die regelmäßig wie ein Uhrwerk durch die gepflasterten Innenhöfe schreitet, eine »blaugekleidete Frau«, die ständig nach ihrem verlorenen Kind sucht, und einen Gespensterhund, der in Wolseys Kabinett wohnt. Trotz harter Konkurrenz ist der berühmteste Geist von Hampton Court jedoch Catherine Howard.

Heinrich VIII. hatte natürlich keine großen Erfolge bei seinen Beziehungen vorzuweisen. Er betrog seine erste Frau, köpfte seine zweite, verlor seine dritte, als sie seinen einzigen Sohn gebar, und ließ sich von seiner vierten scheiden. In einer Wendung, die selbst den erfahrensten Eheberater bedenklich gestimmt hätte, ließ sich der 49-jährige Heinrich von einem 19-jährigen Hoffräulein namens Catherine Howard betören. Nachdem er kurze Zeit um sie geworben hatte, heiratete Heinrich Howard und erklärte öffentlich, dass sie seine »Rose ohne Dornen« sei.

Einige Monate nach der Hochzeit war Howard sehr verliebt. Leider war ihr Augenstern jedoch nicht ihr Ehemann Heinrich, sondern vielmehr ein junger Höfling namens Thomas Culpepper (der mehreren Berichten zufolge seinem Ruf als »Gentleman des Schlafgemachs« mehr als gerecht wurde). Nachrichten über ihre Affäre erreichten schließlich Heinrich, der unverzüglich beschloss, die Gartenschere zu holen und den Kopf seiner geliebten Rose zu entfernen. Nachdem sie die schlechte Botschaft vernommen hatte, war Catherine verständlicherweise verärgert und rannte zu Heinrich, um um ihr Leben zu flehen, wurde jedoch von den königlichen Wachen aufgehalten und durch die Flure des Palasts zu ihren Gemächern zurückgeschleppt. Wenige Monate später wurden sowohl Thomas Culpepper als auch Catherine Howard im Tower von London geköpft.

Man erzählt sich, dass der Geist von Catherine Howard in dem Flur spukt, von dem sie gegen ihren Willen weggeschleppt wurde. Um die letzte Jahrhundertwende wurde dieser Teil des Palasts mit einer Vielzahl gespenstischer Erlebnisse assoziiert, darunter Erscheinungen einer »weißgekleideten Frau« und Berichte über unerklärliche Schreie.

Im Januar 2001 rief mich ein Palastbeamter an, erklärte, dass es seit kurzem einen Anstieg von Erscheinungen gegeben hatte, die mit Howard zusammenhingen, und fragte, ob ich Interesse an einer Untersuchung hätte.[6] Da ich die Gelegenheit, mehr über Spukvorgänge herauszufinden, unbedingt nutzen wollte, überlegte ich mir rasch ein Experiment, stellte ein Forschungsteam zusammen, kopierte Hunderte von unausgefüllten Fragebögen, belud mein Auto und begab mich für eine fünftägige Untersuchung zum Palast.

Der Palast hatte eine Pressekonferenz einberufen, um den Beginn meiner Untersuchung zu verkünden, und hatte die Aufmerksamkeit von Journalisten aus der ganzen Welt angezogen. Wir beschlossen, die Pressekonferenz in zwei Teilen abzuhalten, wobei ein Palastbeamter während der ersten Hälfte über die Geschichte des Spuks sprechen sollte. Daran sollte sich eine kurze Pause anschließen, und dann wollte ich selbst die bevorstehende Untersuchung schildern. Ein Palasthistoriker eröffnete die Sitzung vor einem brechend vollen Saal von Reportern mit der Erzählung von Heinrichs Begegnung mit Cathy. In der kurzen Pause ging ich nach draußen, um etwas frische Luft zu schnappen, als etwas äußerst Merkwürdiges geschah. Ein Auto mit zwei angeheiterten Teenagern fuhr langsam an mir vorbei. Einer der Teenager kurbelte das Fenster herunter und bewarf mich mit einem Ei. Das Ei zerplatzte auf meinem Hemd. Da ich es nicht wechseln konnte, versuchte ich, die schlimmsten Flecken zu entfernen, und kehrte dann zur Pressekonferenz zurück. Als ich einige Minuten gesprochen hatte, bemerkte einer der Journalisten die Flecken auf meinem Hemd, und in der Annahme, dass es sich um Ektoplasma handelte, fragte er, ob Catherine Howard mich schon beschmutzt habe. Ich erwiderte: »Ja. Die Untersuchung wird schwieriger werden, als ich zunächst gedacht hatte.« Obwohl ich das im Spaß gesagt hatte, sollte sich meine Bemerkung als prophetisch erweisen.

Vor dem Experiment hatte ich den Palast gebeten, mir einen Lageplan des Flurs zu besorgen, der solche unangenehmen Erinnerungen für Catherine Howard bereitgehalten haben sollte. Dann traf ich mich mit Ian Franklin, einem Palastwärter, der sorgfältig ein Jahrhundert von Berichten über ungewöhnliche Phänomene katalogisiert hatte, die vom Personal und den Besuchern erlebt wurden, und bat ihn, für einen späteren Vergleich Kreuze auf dem Lageplan einzuzeichnen, um anzugeben, wo die Leute am häufigsten ihre Erlebnisse gehabt hatten. Um jede mögliche Verzerrung während der Untersuchung zu vermeiden, wussten weder ich noch irgendein anderes Mitglied des Forschungsteams, welche Bezirke Ian markiert hatte.

Im Laufe des Tages verwandelten sich Besuchergruppen in Geisterjäger. Nachdem sie einen kurzen Vortrag über das Projekt gehört hatten, wurde an alle Teilnehmer ein unbeschrifteter Lageplan verteilt. Dann wurden sie gebeten, den Flur entlangzugehen und ein »X« im Lageplan einzuzeichnen, um den Ort jeglicher ungewöhnlicher Erlebnisse anzugeben, die ihnen widerfahren könnten (im Wesentlichen lief das auf das Spiel »Finden Sie den Leichenschänder« hinaus). Jede Nacht stellten wir eine Reihe von Sensoren und ein bildgebendes Gerät zum Sichtbarmachen von Wärme im Wert von 60 000 Pfund im Flur auf, in der Hoffnung, Catherine bei vollem Spuk zu ertappen.

Der erste Tag der Untersuchung verlief schlecht, weil mehrere Teilnehmer in den falschen Flur gingen und sich dann fragten, warum der Lageplan so furchtbar ungenau war. Am zweiten Tag schloss sich uns eine Frau an, die behauptete, die Reinkarnation von Catherine Howard zu sein, und sagte, dass sie einen einzigartigen Bericht über die Vorgänge aus der Ersten-Person-Perspektive liefern könne (»Tatsächlich schleppte man mich den Flur hinauf und nicht hinunter«, »Ich bin mir nicht sicher, ob mir der neue Anstrich in den Küchen gefällt«, usw.). Am dritten Tag versuchte ein brasilianisches Filmteam, in dem Spukflur Aufnahmen zu machen, aber der Moderator bekam plötzlich eine Angstattacke und verließ den Palast, ohne die Arbeit abzuschließen. Der vierte Tag stellte sich als besonders interessant heraus. Das Team (das jetzt die reinkarnierte Catherine Howard einschloss) versammelte sich wie üblich am Morgen und überprüfte die Daten des Wärmesensors von der vergangenen Nacht. Es war sofort klar, dass etwas sehr Merkwürdiges geschehen war, da die Graphen einen massiven Temperaturanstieg gegen sechs Uhr morgens anzeigten. Gespannt spulten wir die Aufzeichnungen des bildgebenden Geräts zurück, um herauszufinden, ob wir Catherine auf dem Band erwischt hatten. Schlag sechs Uhr morgens sprangen die Türen am einen Ende des Flurs auf und herein kam eine Gestalt. Die reinkarnierte Catherine Howard erkannte die Gestalt sofort als Mitglied des Hofes von Heinrich VIII. Ein paar Sekunden später nahmen die Vorgänge jedoch eine entschieden zweifelhaftere Wendung, als wir sahen, dass die Gestalt zu einem Schrank hinüberging, einen Staubsauger herausnahm und begann, die Teppiche zu saugen. Zum Glück erwiesen sich die Daten aus der restlichen Untersuchung als aufschlussreicher.

Filmmaterial zum »Wärmegespenst«
www.richardwiseman.com/paranormality/ThermalGhost.html

Vor allen Dingen erlebten Menschen, die an Geister glauben, bedeutend mehr seltsame Empfindungen als die Skeptiker. Interessanterweise waren diese sonderbaren Erlebnisse nicht zufällig über den ganzen Flur verteilt, sondern traten gehäuft an bestimmten Orten auf. Noch interessanter ist die Tatsache, dass diese Orte mit denen übereinstimmten, die Ian Franklin aus Analysen früherer Berichte identifiziert hatte. Da weder das Team noch die Versuchsteilnehmer während der Untersuchung die Lage dieser Orte kannte, war das ein starker Beleg dafür, dass etwas Merkwürdiges vor sich ging.

Dasselbe Muster von Befunden erhielten wir bei mehreren Untersuchungen an anderen Spukorten. Immer wieder erleben diejenigen, die an paranormale Phänomene glauben, mehr Geister als die, die das nicht tun, und diese Empfindungen treten häufig an Orten auf, die den Ruf haben, dass es dort spukt. Als ich meine Ausrüstung wieder in mein Auto einlud und mich von unserer wohlmeinenden, aber überaus lästigen Möchtegern-Catherine-Howard verabschiedete, bohrte eine Frage in meinem Geist. Warum?

Die Maschine im Gespenst

Wenn Sie etwas Zeit damit verbringen, sich Websites zum Thema Geisterjagd anzusehen oder Bücher über Spukerscheinungen lesen, werden Sie bald der »Stone-Tape-Theorie« begegnen. Ihren Verfechtern zufolge sind Gespenster das Ergebnis davon, dass Gebäude vergangene Ereignisse aufzeichnen und dann wiedergeben. Mit anderen Worten, Gespenster gehen nicht einfach durch

Wände hindurch, sondern sind in Wirklichkeit ein Teil von ihnen. Die Idee ist zwar emotional reizvoll, leidet aber aus wissenschaftlicher Sicht an drei bedeutenden Schwierigkeiten. Erstens ist diese Vorstellung ganz buchstäblich eine belletristische Erfindung. Im Dezember 1972 sendete die BBC eine Weihnachtsgespenstergeschichte mit dem Titel *The Stone Tape*. Sie wurde von Nigel Kneale (der auch die märchenhafte *Quatermass* verfasste) geschrieben und dreht sich um eine Gruppe von Wissenschaftlern, die ein altes Spukhaus untersuchen. Die Forscher entdecken, dass der Stein in einem der Zimmer in der Lage ist, vergangene Ereignisse aufzuzeichnen, und dass die vermeintlichen Gespenster die Wiedergabe dieser Aufzeichnungen sind. Da das Team neugierig war und mehr herausfinden wollte, führte es verschiedene Experimente durch und (wie es häufig geschieht, wenn fiktionale Wissenschaftler sich in das Unbekannte einmischen) entließ unwissentlich eine übelwollende Kraft in die Welt. Die zweite Schwierigkeit der Theorie besteht darin, dass sie völlig unplausibel ist – soweit wir wissen, ist es unmöglich, Informationen über Ereignisse in der Materialstruktur eines Gebäudes zu speichern. Und die dritte und letzte Schwierigkeit – aus wissenschaftlicher Sicht vielleicht der größte Stolperstein – besteht darin, dass es auch nicht den kleinsten Beleg für ihre Wahrheit gibt.

Glücklicherweise haben andere Wissenschaftler plausiblere Möglichkeiten der Erklärung von Dingen vorgeschlagen, die nachts Lärm machen. In den 1950er Jahren schlug Herr G. W. Lambert, der Präsident der Society for Psychical Research, vor, dass die Antwort nicht in den Wänden der Gebäude liege, in denen es spukt, sondern vielmehr tief unter ihren Fundamenten.[7] Lambert spekulierte, dass der Anstieg von Grundwasserströmen, die auf einen heftigen Regen folgten, eine Bewegung in der Struktur eines Hauses induzieren könnte, die wiederum dazu führen könnte, dass

Türen knarren und Gegenstände sich umherbewegen. Da sie Lamberts Theorie unbedingt prüfen wollten, führten die Forscher Tony Cornell und Alan Gauld aus Cambridge eine der sonderbarsten und häufig übersehenen Untersuchungen in der Geschichte der Geisterjagd durch.[8]

Huh!

Der in der Parapsychologie tätige Forscher Tony Cornell führte eine Menge faszinierender Arbeiten zum Unbekannten durch, aber die vielleicht sonderbarste Reihe von Untersuchungen hatte zum Ziel, die Zuverlässigkeit von Augenzeugenberichten über Gespenster zu beurteilen.[9] Die Idee war einfach. Zuerst verkleideten sich Cornell und seine Kollegen als Erscheinungen, standen nachts an verschiedenen öffentlichen Orten und zogen die Aufmerksamkeit der Passanten auf sich. Anschließend interviewten andere Mitglieder des Forscherteams diese Augenzeugen und beurteilten die Genauigkeit ihrer Aussage. Wie so oft bei der Wissenschaft vom Übernatürlichen erwies sich die Durchführung der Untersuchungen als überraschend schwierig.

In ihrem ersten Experiment wickelte sich Cornell in ein weißes Laken und verbrachte mehrere Nächte damit, in einem dunklen Park im Zentrum Cambridges umherzuspazieren. Obwohl 80 Leute in der Lage waren, den falschen Geist zu sehen, schien niemand von ihnen die seltsamen Ereignisse zu bemerken. Nachdem er sich die Frage gestellt hatte, ob die enttäuschenden Ergebnisse auf die schlechte Beleuchtung zurückgingen, zog sich Cornell das Laken noch einmal über und spazierte mehrere Nächte auf einem gut beleuchteten Cambridger Friedhof umher. 90 Autos, 40 Fahrradfahrer und 12 Fußgänger kamen vorbei, aber nur vier Personen schienen die Erscheinung zu bemerken. Von diesen wurden zwei befragt, wobei der eine sagte, dass er angenommen hatte, dass das »Gespenst« Teil eines Kunstprojekts sei, während der andere bemerkte, dass die Person unter dem Laken »gewiss verrückt sein muss«. Als er zum letzten Mal versuchte, entdeckt zu werden, nahm Cornell mit einem örtlichen Kino Kontakt auf und führte seinen Gespenstergang vor der Leinwand unmittelbar vor der Darbietung eines nicht jugendfreien Films auf. Die Zuschauer wurden dann gebeten, ihre Hände zu heben, wenn sie etwas Ungewöhnliches gesehen hätten, was ergab, dass ein Drittel der Zuschauer den falschen Geist gar nicht gesehen hatte. Das Zeugnis jener, die die Gestalt wahrgenommen hatten, war häufig sehr ungenau und reichte von der Beschreibung eines jungen Mädchens, das ein Sommerkleid anhatte, über eine Frau, die einen schweren Mantel trug, bis hin zu einem Eisbären, der über die Leinwand trottete.

Cornells Ergebnisse deuten darauf hin, dass die Toten davon profitieren könnten, eine hellleuchtende Weste zu tragen, falls sie sich tatsächlich unter uns bewegen sollten.

Gauld und Cornell fanden ein Haus, das zum Abbruch bereitstand, und überredeten den Gemeinderat, es ihnen zum Zwecke ernsthafter wissenschaftlicher Forschung zu überlassen. Das Duo begann damit, eine leistungsfähige Vibrationsmaschine an der Wand des Hauses zu befestigen. Dann schlangen sie ein langes Seil um den Kamin und hängten ein schweres Gewicht an dessen Ende. Anschließend wagten sie sich ins Innere des Hauses und stellten sorgfältig 13 »Test«-Gegenstände in verschiedenen Zimmern auf. Beispielsweise legten sie in einem Zimmer eine Murmel auf den Fußboden und in einem anderen Zimmer stellten sie eine Teetasse und eine Untertasse auf ein Regal. Nachdem die Vorbereitungen beendet waren, gingen sie zur zweiten Phase des Experiments über.

Gauld stellte sich im Haus auf, und Cornell schaltete den riesigen Vibrator ein. Das ganze Haus wackelte, aber keiner der Testgegenstände bewegte sich einen Zentimeter. Cornell ließ dann das schwere Gewicht am Ende des Seils hochheben und in die Seite des Gebäudes krachen. Alle Testgegenstände blieben von diesem Ereignis unbeeindruckt. Am nächsten Tag kehrten Gauld und Cornell zu dem Haus zurück, drehten den Vibrator auf Stufe 11 und erreichten so schließlich, dass sich die Teetasse auf der Untertasse drehte. Das dynamische Duo veränderte dann die Stellung des Vibrators, um eine noch größere Wirkung zu erzielen, und bezog dann für einen letzten Test Position im Haus. Als ein Kollege den Zeiger des Vibrators auf Höchstleistung einstellte, spürten Gauld und Cornell, dass das ganze Haus wackelte. Schmutz stürzte aus dem Kamin herab, Gipsplatten fielen von der Decke und ein großer Riss zeigte sich in einer der Wände des Schlafzimmers. Die darauffolgende Zeitspanne beschrieben sie als »unsere so ziemlich schrecklichste Erfahrung bei der Verfolgung eines Poltergeists«. Sie behaupteten ihre Stellung und beobachteten, dass selbst unter diesen Extrembedingungen nur wenige der Testgegenstände sich bewegten (ein Plastikbecher fiel um, die Tasse und die Untertasse fielen vom Regal herunter und ein Esel aus Modellgips bewegte sich Bruchteile eines Zentimeters von der Wand weg). Nachdem sie auf der Suche nach wissenschaftlicher Erkenntnis ihr Leben aufs Spiel gesetzt hatten, gelangten Gauld und Cornell zu dem Schluss, dass Lamberts Theorie einfach nicht stichhaltig war.

Lambert ist nicht der Einzige, der vorschlug, dass Spukerscheinungen das Ergebnis schlechter Vibrationen sein könnten. In meinem früheren Buch *Quirkologie* schilderte ich eine weitere Idee, die von dem Elektroingenieur Vic Tandy vorgebracht wurde.[10] 1998 arbeitete Tandy in einem Labor, das dafür berüchtigt war, dass es in ihm spukte. Als er spät an einem Augustabend noch allein im Labor arbeitete, begann er sich zunehmend unwohl zu fühlen und hatte den deutlichen Eindruck, dass jemand ihn beobachtete. Als er sich langsam umdrehte, sah er eine unklare graue Gestalt langsam aus der linken Seite seines peripheren Gesichtsfelds auftauchen. Obwohl sich seine Nackenhaare in Habachtstellung gebracht hatten, brachte Tandy schließlich den Mut auf, die Gestalt direkt anzuschauen. Als er das tat, verblasste sie und verschwand.

Tandy war ein begeisterter Fechter und brachte am nächsten Tag sein Florett zur Reparatur mit ins Labor. Als er das Florett in einen Schraubstock einspannte, begann es wie verrückt zu vibrieren. Obwohl er anfänglich perplex war, kam er schließlich auf den Gedanken, dass die Klimaanlage in dem Raum eine Schallwelle mit niedriger Frequenz produzierte, die weit unter der menschlichen Hörschwelle lag. Diese Wellen, die als »Infraschall« bezeichnet werden, vibrieren mit einer Frequenz von etwa 17 Hz und können eigenartige Wirkungen hervorrufen. Tandy spekulierte, dass in einigen Gebäuden, in denen es angeblich spukt, gewisse natürlicherweise auftretende Phänomene, wie z. B. ein starker Wind, der durch ein offenes Fenster weht, oder das Rollen von nahe gelegenem Verkehr Infraschall erzeugen und bei Menschen sonderbare Erlebnisse hervorrufen könnte, die sie fälschlicherweise der Gegenwart von Geistern zuschreiben.

Es gibt einige Belege, die Tandys Idee stützen. Beispielsweise berichtete er im Jahr 2000, dass er einen Keller aus dem 14. Jahrhundert in Coventry untersucht hatte, der dafür berüchtigt war, dass es in ihm spukte, und dass er in demjenigen Teil des Kellers, in dem viele Leute über Erscheinungen berichtet hatten, Infraschall feststellte.[11] Wie ich ebenfalls in *Quirkologie* bemerkte, deuteten einige weitere Forschungsarbeiten darauf hin, dass Menschen seltsame Erlebnisse haben, wenn sie Tönen mit niedriger Frequenz ausgesetzt sind. Obwohl die Theorie zwar manche angeblich gespenstische Aktivität erklären könnte, bedeutet die erforderliche Kombination aus starkem Wind, Fenstern mit besonderer Form und nahe gelegenem Verkehr doch, dass sie wahrscheinlich nicht für eine große Zahl von Spukerscheinungen verantwortlich ist.

Natürlich ist Infraschall nicht die einzige Möglichkeit einer wissenschaftlichen Erklärung von Geistern.

Warten auf Gott

Der Neuropsychologe Michael Persinger von der Laurentian University in Kanada glaubt, dass Gespenstererfahrungen von einer Fehlfunktion des Gehirns verursacht werden. Umstrittener ist jedoch seine These, dass diese Empfindungen leicht ausgelöst werden können, wenn man sehr schwache Magnetfelder auf die Außenseite des Schädels einwirken lässt.[12]

In einer typischen Persinger'schen Untersuchung werden Versuchspersonen in ein Labor geführt und gebeten, sich auf einen bequemen Stuhl zu setzen. Dann wird ihnen ein Helm aufgesetzt, die Augen werden ihnen verbunden, und sie werden gebeten, sich etwa 40 Minuten lang zu entspannen. Während dieser Zeit erzeugen mehrere, in dem Helm verborgene Spulen schwache Magnetfelder um die Versuchsperson herum. Manchmal haben diese Felder ihren Fokus über der rechten Kopfseite, andere Male verlagern sie sich auf die linke Seite, und gelegentlich kreisen sie um den Schädel. Am Ende werden Helm und Augenbinde entfernt, und die Versuchsperson wird gebeten, einen Fragebogen auszufüllen, in dem sie angeben soll, ob sie irgendeine seltsame Empfindung hatte, wie z. B. das Spüren einer Anwesenheit, von lebhaften Bildern, merkwürdigen Gerüchen, sexueller Erregung oder der Begegnung mit Gott.

Nach jahrelangen Experimenten behauptet Persinger, dass etwa 80 Prozent der Versuchspersonen das »Ja«-Kästchen für wenigstens eines dieser Erlebnisse ankreuzen, wobei einige sogar die Option »alle vorgenannten Erlebnisse« auswählen. Die Untersuchung wurde in vielen wissenschaftlichen Dokumentarsendungen erwähnt und führte dazu, dass mehrere Moderatoren und Journalisten Persingers magischen Helm aufsetzten in der Hoffnung, ihrem Schöpfer zu begegnen. Größtenteils wurden sie nicht enttäuscht. Die Parapsychologin Sue Blackmore hatte das Gefühl, als ob etwas ihr Bein festhielt und an der Wand hochzog, gefolgt von einem plötzlichen Gefühl intensiver Wut (was genau mein eigenes Gefühl wäre, wenn jemand mein Bein nähme und es an einer Wand hochzöge). Michael Shermer, der für den *Scientific American* Leitartikel schreibt und ein Skeptiker gegenüber paranormalen Phänomenen ist, erlebte unter dem Einfluss des Helms ebenfalls sonderbare Dinge, und zwar spürte er, wie die seltsame Gegenwart von etwas an ihm vorbeirauschte, worauf ein Gefühl folgte, dass er aus seinem Körper herausschwebte. Persinger hat jedoch keine 100-prozentige Erfolgsliste vorzuweisen, denn der Evolutionsbiologe und bekannte Atheist Richard Dawkins spürte nur sehr wenig, worauf ein starkes Gefühl von Enttäuschung einsetzte.

Trotz des gelegentlich unempfänglichen Atheisten lief mit Persingers Theorie alles problemlos, bis ein Team von schwedischen Psychologen, das von Pehr Granqvist von der Universität Uppsala geleitet wurde, sich entschloss, dieselbe Art von Experimenten durchzuführen.[13] Alles begann gut. Einige der Schweden besuchten Persingers Labor und liehen sogar eine tragbare Version eines seiner Helme für ihre eigene Untersuchung aus. Granqvist begann sich jedoch Gedanken darüber zu machen, dass einige von Persingers Versuchspersonen möglicherweise gewusst haben, was von ihnen erwartet wurde. Ihre Erlebnisse könnten daher eher auf Suggestion als auf subtile Magnetfelder zurückgehen. Um diese Möglichkeit bei seiner eigenen Arbeit auszuschließen, ließ Granqvist zwar alle seiner Versuchspersonen Persingers geliehenen Helm tragen, stellte jedoch sicher, dass die Spulen nur bei der Hälfte der Versuchspersonen angeschaltet waren. Weder die Versuchspersonen noch die Versuchsleiter wussten, wann die Magnetfelder eingeschaltet und wann sie ausgeschaltet waren.

Die Ergebnisse waren bemerkenswert. Granqvist entdeckte, dass die Magnetfelder absolut gar keine Wirkung hatten. Drei seiner Versuchspersonen berichteten über intensive spirituelle Erlebnisse, aber zwei von ihnen waren zu dieser Zeit gar keinen Magnetfeldern ausgesetzt. Ebenso berichteten 22 Personen über subtilere Erlebnisse, aber elf davon gehörten zur »Spulen aus«-Bedingung. Als Granqvists Arbeit 2004 veröffentlicht wurde, machte Persinger geltend, dass das schwache Ergebnis teilweise damit zu tun gehabt haben könnte, dass die Versuchspersonen in der »Spulen an«-Bedingung den Magnetfeldern nur 15 Minuten lang ausgesetzt waren oder dass Granqvist die DOS-basierte Software zur Steuerung der Spulen unter Windows laufen ließ und dadurch möglicherweise die Eigenart der Magnetfelder änderte. Das schwedische Team verteidigte seine Arbeit und stand zu seinen Ergebnissen.

Für Persinger sollte es aber noch schlimmer kommen. 2009 führten der Psychologe Chris French und seine Kollegen vom Goldsmiths College in London ihre eigene Untersuchung von Persingers Ideen durch, wobei sie Spulen hinter den Wänden eines nichtssagenden weißen Zimmers versteckten und dann Leute baten, in dem Zimmer umherzugehen und über jegliche seltsame Empfindung zu berichten.[14] 79 Personen besuchten dieses wissenschaftlichste aller Spukhäuser jeweils 50 Minuten lang. In Übereinstimmung mit Granqvist stellten French und sein Team sicher, dass die Spulen nur bei der Hälfte dieser Besuche eingeschaltet waren und dass weder die Versuchspersonen noch die Versuchsleiter wussten, ob die Spulen an oder aus waren. Die Magnetfelder hatten keinerlei Wirkung darauf, ob die Leute über ein seltsames Erlebnis berichteten oder nicht.

Manche Kommentatoren haben bemerkt, dass wir alle viel stärkeren Magnetfeldern unterliegen, wenn wir einen Fön verwenden oder ein Fernsehgerät einschalten, und dass wir, wenn die Theorie richtig wäre, viel häufiger Gespenster erleben würden.

Die Idee von Infraschall-Gespenstern und elektromagnetischen Geistern hat die Einbildungskraft der Medien ebenso wie die der Öffentlichkeit in Beschlag genommen. Die wissenschaftlichen Geschworenen sind jedoch nicht überzeugt.

Hat also irgendjemand das Rätsel der Spuks gelöst? Bevor wir uns eingehender mit dieser Frage befassen, ist es an der Zeit, etwas mehr über das Phantom eines ziemlich merkwürdigen klerikalen Gespensts herauszufinden.

Die Macht der Raman-Spektroskopie

Vor einigen Jahren führte ich ein ungewöhnliches Experiment als Teil einer Fernsehserie über menschliches Verhalten durch. Wir versammelten 20 arglose Versuchspersonen in einem Zimmer, ließen sie in vier Stuhlreihen sitzen und erklärten, dass wir ihren Geruchssinn testen wollten. Es wurde ihnen eine kleine Parfümflasche mit einer hellgrünen Flüssigkeit gezeigt, und wir erklärten, dass ein starker Pfefferminzgeruch das ganze Zimmer durchdringen würde, sobald man die Kappe der Flasche abschraubte. Dann entfernten wir vorsichtig die Kappe und baten die Versuchspersonen, ihre Hand zu heben, sobald sie die Pfefferminze riechen könnten. Innerhalb von Sekunden hoben ein paar Leute in der ersten Reihe ihre Hand. Augenblicke später folgten diejenigen in der zweiten Reihe ihnen nach. Binnen kurzem hielt ungefähr die Hälfte der Gruppe ihre Hände in der Luft. Als wir die Versuchspersonen baten, den Geruch zu beschreiben, sagten sie, dass er frisch, angenehm und anregend sei. Es gab nur ein kleines Problem. Wie Sie sich inzwischen wahrscheinlich schon gedacht haben, enthielt die Flasche tatsächlich eine Mischung aus Wasser und geruchloser Farbe. Der Pfefferminzgeruch existierte ausschließlich im Geist der Versuchspersonen und sollte die Macht der Suggestion demonstrieren.

Diese Demonstration, die erstmals von Edwin Slosson 1899 vorgeführt wurde (der einem Bericht aus der damaligen Zeit zufolge »das Experiment abbrechen musste, weil einige der Personen, die in der ersten Reihe saßen, unangenehm berührt waren und das Zimmer verlassen wollten«), wurde an psychologischen Instituten im ganzen Land seit mehr als hundert Jahren veranstaltet.[15]

In den späten 1970er Jahren führte der Sinnesorganforscher Michael O'Mahony von der University of California die Idee auf neue Höhen, als er die BBC dazu überredete, eine ausgeklügelte Version der Untersuchung während einer Live-Sendung durchzuführen.[16] O'Mahony konstruierte einen vorgetäuschten wissenschaftlichen Apparat (stellen Sie sich einen seltsam aussehenden großen Kegel, Massen von Drähten und mehrere Oszilloskope vor) und schaffte es, keine Miene zu verziehen, als er den Zuschauern sagte, dass diese neu entwickelte »Geschmacksfalle« »Raman-Spektroskopie« einsetze, um Gerüche durch Töne zu übertragen. Dann verkündete er stolz, dass der Reiz ein Landgeruch sein würde. Leider interpretierten die Zuschauer im Studio seine Bemerkungen so, dass damit »Dung« gemeint sein sollte, was ein erhebliches Ausmaß an schmutzigem Lachen zur Folge hatte. Nachdem klargestellt wurde, dass man nicht den Geruch von Kot in die Wohnungen der Leute senden würde, spielte das Forscherteam zehn Sekunden lang einen Dolby-Normstimmton. Ebenso wie die Flaschen in den prosaischeren Varianten der Untersuchung nichts als Wasser enthielten, konnte der Ton in Wirklichkeit keine Gerüche induzieren.

Die Zuschauer wurden dann gebeten, die Fernsehstation zu kontaktieren und ihre Erlebnisse zu beschreiben. Ein paar hundert Zuschauer antworteten, wobei die Mehrheit sagte, dass sie einen starken Geruch von »Heu«, »Gras« und »Blumen« wahrgenommen hatte. Obwohl ihnen ausdrücklich gesagt wurde, dass der Geruch mit Dung nichts zu tun habe, erwähnten mehrere Leute, dass sie einen schwachen Hauch von Silage wahrgenommen hatten. Viele Befragte schilderten, wie der Ton auch dramatischere Symptome erzeugt hatte, darunter Heuschnupfenattacken, plötzliche Niesanfälle und Schwindel.

Diese Experimente demonstrieren, wie nichts weiter als die Macht der Erwartung bei manchen Menschen dazu führen kann, dass sie verschiedene Gerüche empfinden. James Houran (berühmt für Internet-Dating und die Zerstörung von Geisterlegenden) glaubt ebenfalls, dass diese Erwartungen eine entscheidende Rolle bei der Aufklärung des Geheimnisses spielen, das den Spuk umgibt.

Houran vermutete, dass beeinflussbare Personen die seltsamen Empfindungen erleben könnten, die typischerweise der Aktivität von Geistern zugeschrieben werden, wenn sie glauben, sie befänden sich in einem Haus, in dem es spukt. Außerdem bemerkte er, dass diese Erlebnisse wahrscheinlich ein Gefühl der Angst erzeugen, das die Leute veranlasst, extrem wachsam zu sein und auf das subtilste Signal zu reagieren.[17] Plötzlich werden sie jedes leise Knarren in den Dielen bemerken, das Flattern der Vorhänge oder einen kurzen Hauch von etwas Verbranntem. All das führt dazu, dass sie noch mehr Angst bekommen und daher eine noch extremere Wachsamkeit entwickeln. Der Prozess verstärkt sich selbst, bis die Person anfängt, äußerst erregt, ängstlich und empfänglich für weitere extreme Empfindungen und Halluzinationen zu werden.

Die Ergebnisse vieler Untersuchungen stützen Hourans Vorstellungen. Bei meiner eigenen Arbeit berichteten diejenigen, die an Gespenster glaubten, über weitaus mehr sonderbare Erlebnisse als die Skeptiker, und ihre Empfindungen hatten die Tendenz, sich um die Art von schaurig aussehenden Orten zu konzentrieren, die man oft in Horrorfilmen sieht. Bei den Experimenten, die den Einfluss schwacher Magnetfelder auf das Gehirn (bzw. deren Fehlen) untersuchten, neigten diejenigen, die über sonderbare Erlebnisse berichteten, zu weitaus größerer Suggestibilität als die meisten anderen Menschen. Obwohl diese Ergebnisse ermutigend sind, erfordert eine letztliche Prüfung der Theorie, dass man suggestible Menschen an einen Ort bringt, der nicht dafür bekannt ist, dass es an ihm spukt, ihnen weismacht, dass es doch spukt, und beobachtet, ob sie dieselbe Art von gespensterhafter Aktivität erleben, über die bei »echtem« Spuk berichtet wird. Houran hat mehrere dieser Experimente durchgeführt, und zwar mit faszinierenden Ergebnissen.

Bei einem Experiment verfügte er über ein stillgelegtes Theater, das in keinerlei Weise dafür berüchtigt war, dass es in ihm spukte, und bat zwei Gruppen von Versuchspersonen, in ihm umherzugehen und zu berichten, wie sie sich gefühlt haben.[18] Houran sagte der einen Gruppe, dass in dem Theater eine Menge gespenstischer Dinge passierten, und der anderen, dass das Gebäude einfach nur renoviert werde. Diejenigen, die sich in der »In diesem Gebäude spukt es«-Gruppe befanden, berichteten durch die Bank über seltsame Empfindungen, während die andere Gruppe nichts Ungewöhnliches erlebte. In einer anderen Studie bat Houran ein Ehepaar, das in einem Haus wohnte, das nicht für Spukerscheinungen berüchtigt war, einen Monat lang alle möglichen »ungewöhnlichen Ereignisse« aufzuschreiben, die sie in ihrer Wohnung bemerkten.[19] Als er über die Ergebnisse in einem Aufsatz mit dem Titel *Diary of events in a thoroughly unhaunted house* (Tagebuch der Ereignisse in einem absolut spukfreien Haus) veröffentlichte, bemerkte er, dass das Ehepaar über erstaunliche 22 sonderbare Ereignisse berichtet hatte, darunter der unerklärliche Ausfall ihres Telefons, das Murmeln ihres Namens von einem gespenstischen Wesen und die merkwürdige Bewegung einer als Souvenir gekauften Voodoo-Maske auf einem Regal.

Obwohl diese Untersuchungen beeindruckend sind, geht vielleicht der Preis für die beste Überprüfung von Hourans Theorie an den Journalisten Frank Smyth.

Der Gespenstervikar von Ratcliffe Wharf

1970 war Frank Smyth der Mitherausgeber einer Zeitschrift, die sich mit paranormalen Phänomenen befasste und *Man, Myth and Magic* hieß.[20] Eines Sonntagmorgens begab sich Smyth nach Ratcliffe Wharf in den Londoner Docklands, um sich mit seinem Freund John Philby (dem Sohn des Spions Kim Philby) zu treffen. Während des gesamten 19. Jahrhunderts war Ratcliffe Wharf ein betriebsames Hafenbecken. Infolge des ständigen Kommens und Gehens von Seeleuten wurde es auch zu einer Brutstätte des Lasters, vollgepackt mit Spielhöllen, Kneipen und Bordellen. Philby renovierte eine alte Lagerhalle in diesem Gebiet und schlug Smyth vor, dass es Spaß machen könnte, eine Gespenstergeschichte aufzuführen.

Nach ein paar Stunden produktiven Brainstormings in einem nahe gelegenen Pub hatten sich Smyth und Philby den Gespenstervikar von Ratcliffe Wharf ausgedacht – eine gefühlsgeladene Geschichte um Sex, Seeleute und Mord. Wenn Sie also bequem sitzen, werde ich anfangen …

Im frühen 19. Jahrhundert baute ein ehemaliger Vikar der größten Kirche des Kais, St. Anne, in diesem Viertel eine Pension für Seeleute. Als jedoch das Geschäft nicht anzog, setzte dieser äußerst korrupte Priester eher anrüchige Mittel ein, um über die Runden zu kommen. Der Vikar bezahlte junge attraktive Frauen, um Seeleute in seine Pension zu locken, ließ die Männer volllaufen und lud sie dann nach oben zu einem Schäferstündchen ein. Als sich die Männer auszogen und ins Bett stiegen, trat der Vikar aus seinem Versteck im Zimmer hervor, schlug sie mit seinem silberbeschlagenen Spazierstock tot, stahl ihr Geld und versenkte ihre leblosen Körper in der trüben Themse. Der lokalen Überlieferung zufolge spukt das Gespenst des Vikars immer noch in dieser Gegend.

Nachdem er sorgfältig geprüft hatte, dass es in dem Viertel keinerlei Aktivitäten von Gespenstern gab, schilderte Frank seine völlig erfundene Geschichte in der letzten Ausgabe von *Man, Myth and Magic* und bemerkte, dass sowohl er als auch Philby das Gespenst wirklich gesehen hätten.

Drei Jahre später wurde der Schwindel von einer BBC-Dokumentarsendung präsentiert, die eine dramatisierte Darstellung des Gespenstervikars von Ratcliffe Wharf bot (einschließlich eines Schilds außen an der Pension, in der der Vikar hübsche Frauen dazu benutzte, Seeleute anzulocken, auf dem passenderweise geschrieben stand »Unterkünfte für Seeleute«) und nach Leuten suchte, die das nichtexistierende Gespenst gesehen hatten. Lange suchen mussten sie nicht. Eine ortsansässige Frau berichtete, dass sie den Gespenstervikar gesehen hatte, und schilderte, wie er mit einem weißen Hemd bekleidet war, einen Umhang trug und rauschendes graues Haar hatte. Da sie glaubte, dass der klerikale Geist eine ziemlich unzüchtige Persönlichkeit war, schilderte die Frau, wie sie häufig das Gefühl hatte, dass er sie beobachte, wenn sie sich abends auszog. Anschließend schilderte ein Hausbesitzer aus dem Viertel, wie seine Tochter und ihr zwei Jahre alter Sohn eine abschreckende Begegnung mit dem Gespenst hatten, nachdem sie zu ihm gezogen waren. Nach mehreren schlaflosen Nächten zeigte das Kind auf eine bestimmte Stelle des Zimmers und schrie, dass es den Mann nicht mochte, der dort stand. Die Mutter des Kindes drehte sich daraufhin herum und sah, wie der Gespenstervikar sie anblickte. Weitere Zeugen umfassten einen Arbeiter, der den Vikar um eine Ecke biegen sah, bevor er sich vor seinen Augen in Nichts auflöste, und zwei Polizisten, die die Unwahrheit, die ganze Unwahrheit und nichts als die Unwahrheit über die Aktivität von Gespenstern am Kai sagten.

Der Gespenstervikar von Ratcliffe Wharf ist ein lebhafter Beweis für Hourans Theorie. Spuk erfordert keine echten Gespenster, Wände, die Ereignisse aufzeichnen, Grundwasserströme, niederfrequente Schallwellen oder schwache Magnetfelder. Stattdessen notwendig ist die Macht der Suggestion.

Die große Frage

Obwohl die Psychologie der Suggestion viele Geisterphänomene erklärt, gibt es immer noch ein letztes Rätsel – warum um alles in der Welt sollten sich unsere raffinierten Gehirne so entwickelt haben, dass sie nichtexistierende gespenstische Wesen wahrnehmen?

Wissenschaftler haben verschiedene Theorien vorgeschlagen, um zu erklären, was in unserem Geist schiefläuft. Der Psychologe Jesse Bering von der University of Arkansas hat darauf hingewiesen, dass sowohl Gespenster als auch Gott dazu beitragen, eine ehrlichere Gesellschaft zu schaffen, indem sie die Menschen davon überzeugen, dass sie ständig beobachtet werden.[21] Bering und sein Team überprüften ihre Idee, indem sie ein etwas merkwürdiges Experiment durchführten. Bei ihrer Untersuchung wurden Studenten gebeten, einen Intelligenztest auszufüllen. Der Test war sorgfältig konstruiert worden, um sicherzustellen, dass die Studenten mogeln konnten, wenn sie wollten, und dass die Versuchsleiter den Grad der Täuschung jedes Studenten heimlich feststellen konnten. Unmittelbar vor dem Test wurde einer zufällig ausgewählten Gruppe von Studenten gesagt, dass es in dem Testzimmer anscheinend spuke. Wie von der »Gespenster machen Menschen ehrlicher«-Theorie vorhergesagt, mogelten die Studenten, die dachten, sie seien in einem Spukzimmer, weit weniger bei dem Test.

Die vielleicht beliebteste Theorie zur Erklärung der Evolution von Gespenstererlebnissen hat jedoch mit dem »hochempfindlichen Gerät zur Feststellung von Urheberschaft« zu tun.[22] Der Psychologe von der Oxford University Justin Barrett glaubt, dass die Idee der »Urheberschaft« – herausfinden können, warum Menschen so handeln, wie sie handeln – für unseren alltäglichen Umgang miteinander wesentlich ist. Tatsächlich ist sie so wichtig, dass Barrett glaubt, dass der Teil des Gehirns, der für die Feststellung einer solchen Urheberschaft verantwortlich ist, häufig übersteuert und Menschen dazu veranlasst, menschenähnliches Verhalten selbst in den bedeutungslosesten Reizen zu erblicken. In den 1940er Jahren führten die Psychologen Fritz Heider und Mary-Ann Simmel ein inzwischen klassisches Experiment durch, das eine schöne Illustration zu Barretts These liefert. Heider und Simmel stellten einen kurzen Zeichentrickfilm her, in dem ein großes Dreieck, ein kleines Dreieck und ein Kreis sich in eine Schachtel hinein- und wieder herausbewegten. Dann zeigten sie den bedeutungslosen Streifen Versuchspersonen und baten sie, die Geschehnisse zu beschreiben. Die meisten Menschen produzierten sofort ausführliche Geschichten, um den Zeichentrickfilm zu erklären, und sagten z. B., dass der Kreis vielleicht in das kleine Dreieck verliebt war und dass das große Dreieck versuchte, den Kreis wegzunehmen, dass aber das kleine Dreieck zurückschlug und das kleine Dreieck und der Kreis schließlich glücklich vereint bis zum Ende ihrer Tage lebten.

Kurz, die Versuchspersonen sahen Urheberschaft, wo es keine gab. Barrett glaubt, dass dieselbe Vorstellung Gott, Gespenster und Kobolde erklären hilft. Der Theorie zufolge glauben viele

Menschen nur ganz widerwillig, dass bestimmte Ereignisse bedeutungslos sind, und wollen nur allzu gern annehmen, dass sie das Werk unsichtbarer Wesen sind. Beispielsweise könnten sie eine verblüffende Glückssträhne erleben und annehmen, dass Engel im Spiel sind, sie von einer Krankheit niedergestreckt werden und dies als Beleg für Dämonen auffassen oder eine knarrende Tür hören und das Knarren einer gespenstischen weißen Frau zuschreiben. Wenn Barrett recht hat, sind Gespenster nicht das Ergebnis abergläubischen Denkens. Genauso wenig sind sie Geister, die von den Toten zurückkehren. Stattdessen sind sie einfach der Preis, den wir für unsere bemerkenswerten Gehirne bezahlen, die sich mühelos ausdenken können, warum Menschen sich so verhalten, wie sie es tun. Insofern sind Gespenster ein wesentlicher Bestandteil unseres Alltagslebens.

6. Kapitel:
Bewusstseinskontrolle

In welchem wir uns in den Kopf des größten Gedankenlesers der Welt
begeben, herausfinden, ob Hypnotiseure uns gegen unseren Willen zum
Handeln veranlassen können, in einige Kulte eindringen, erfahren,
wie man einer Gehirnwäsche entgeht, und die Psychologie des
Überzeugens erforschen.

Denken Sie sich eine Zahl zwischen eins und hundert aus. Sie können Ihre Wahl gerne ein paarmal ändern, bevor Sie sich für Ihre Zahl entscheiden. Haben Sie eine Zahl gewählt? Gut, konzentrieren Sie sich auf sie. Mir ist, als ob Sie an … die Zahl 73 denken. Die Forschung deutet darauf hin, dass etwa einer von 50 Lesern das Buch gerade vor Verblüffung fallen ließ. Leider zeigen dieselben Arbeiten auch, dass die große Mehrheit von Ihnen völlig unbeeindruckt von meinen Fähigkeiten zum Gedankenlesen ist.

Stellen Sie sich jedoch vor, dass ich in der Lage gewesen wäre, die Zahl, die Sie sich vorgestellt haben, genau anzugeben. Stellen Sie sich außerdem vor, dass meine bemerkenswerten telepathischen Kräfte nicht auf die Angabe von Zahlen beschränkt wären, sondern auch bei Formen, Namen, Orten und Farben funktionierten. Stellen Sie sich schließlich vor, dass meine Fähigkeiten weit darüber hinausgingen, den Inhalt Ihres Geistes zu durchstöbern und dass ich ebenfalls die Fähigkeit hätte, tatsächlich Ihr Verhalten zu steuern. Im Laufe der Jahre haben ein paar wenige Menschen behauptet, diese Fähigkeiten zu besitzen. Diese recht merkwürdigen Personen haben kein Interesse daran, in eine Kristallkugel zu starren, mit den Toten zu sprechen oder Ihre astrologische Tabelle zu analysieren. Stattdessen scheinen sie die unheimliche und bemerkenswerte Fähigkeit zu besitzen, direkt auf Ihren Geist einzuwirken. Wie scheinen sie das Unmögliche zu erreichen? Stellen ihre Taten zwingende Belege für das Paranormale dar, oder ist hier eine subtile und rätselhafte Psychologie am Werk?

Um das herauszufinden, werden wir tief in die Welt eines bemerkenswerten Telepathen eintauchen, einem gedankenlesenden Pferd begegnen und einige Zeit mit einem schreckenerregenden Experten für Bewusstseinskontrolle verbringen. Unsere Reise beginnt vor über hundert Jahren mit einem der besten Gedankenleser der Welt.

Gedankenlesen im Sinn

Washington Irving Bishop war in jeder Hinsicht ein bemerkenswerter Mensch.[1] Er wurde 1856 in New York City geboren und in erster Linie von seiner Mutter, Eleanor, erzogen, die ihren Lebensunterhalt als Schauspielerin, Opernsängerin und Teilzeitmedium verdiente. Eleanor war eine lebhafte Person, die oft im Zentrum von Kontroversen stand. 1867 versuchte sie z. B., sich von ihrem Ehemann Nathaniel scheiden zu lassen mit der Begründung, dass er versucht habe, sie zu ermorden. 1874 wohnte Eleanor Nathaniels Begräbnis bei und war, obwohl die beiden die vergangenen sieben Jahre getrennt gelebt hatten, von dem Ereignis anscheinend so bewegt, dass sie das Bedürfnis empfand, sich auf Nathaniels Sarg zu stürzen, als er ins Grab gesenkt wurde. Einige Wochen später behauptete sie, dass Nathaniel von einem geheimnisvollen Feind absichtlich vergiftet worden sei, und verlangte, dass sein Körper exhumiert werde. Eine gründliche Untersuchung der Leiche ergab keinerlei Hinweise auf ein Verbrechen.

Bishop ragte im College nicht hervor und arbeitete schließlich –

möglicherweise unterstützt durch die Beziehungen seiner Mutter zum Spiritismus – als Manager eines damals bekannten Bühnenmediums namens Annie Eva Fay. Zu Beginn ihrer Vorführung stellte Fay meistens einen Stuhl und verschiedene Musikinstrumente in einen kleinen, nach vorne geöffneten Raum. Anschließend forderte sie mehrere Zuschauer auf, zur Bühne zu kommen, und bat sie, sie an den Stuhl zu fesseln. Ein Vorhang wurde dann auf der Vorderseite des Raumes herabgelassen, und Fay beschwörte angeblich die Geister. Nach wenigen Augenblicken taten die Geister ihre Anwesenheit scheinbar dadurch kund, dass sie zuerst auf den Instrumenten spielten und sie dann aus dem Raum hinauswarfen. Es zirkulierten verschiedene Gerüchte darüber, wie Fay diese so wundersamen Phänomene hervorbrachte, wobei manche so weit gingen zu behaupten, dass sie ihren kleinen Sohn unter ihrem Kleid verborgen mit in den Raum schmuggelte. Die Wahrheit war viel unkomplizierter. Fay war eine erfahrene Entfesselungskünstlerin, die sich von dem Stuhl befreien, die Instrumente spielen, sie aus dem Raum hinauswerfen und sich dann wieder in ihre Fesseln zurückwinden konnte.

Nach einigen Monaten entzweite sich Bishop mit Fay über eine finanzielle Angelegenheit und beschloss, sein eigenes Debüt im Varieté zu geben, wo er eine öffentliche Entlarvung ihrer gesamten Aufführung präsentierte. Obwohl anfänglich alles gutlief, begannen die Zuschauer bald, das Interesse an der Aufdeckung von Fays Geheimnissen zu verlieren, und Bishop beschloss, sein Repertoire zu erweitern, indem er auch die Tricks entlarvte, die von anderen bekannten Medien in dieser Branche verwendet wurden. Aus Gründen, die immer noch nicht ganz klar sind, meinte Bishop, dass die beste Methode, dieses neue Material zu sammeln, darin bestand, als Frau verkleidet an Séancen teilzunehmen. Leider konnten die anschließenden Darstellungen seiner Entlarvungsaktionen als Transvestit das öffentliche Interesse nicht fesseln, und er war gezwungen, andere Möglichkeiten zu erkunden, wie er die Zuschauer anziehen konnte. Nach vielen Versuchen und Misserfolgen entwickelte er schließlich eine Fertigkeit, die ihm internationalen Ruhm und ein Vermögen sichern sollte.

Er sattelte ganz um. Anstatt sich als Varieté-Unterhaltungskünstler zu präsentieren, übernahm er den weitaus düstereren Stil eines wissenschaftlichen Dozenten. Die sensationellen »Abermals zog ich ein Kleid an und entdeckte die Wahrheit«-Geschichten flogen raus, und herein kam ein Zwicker und ein akademischer Backenbart. Am wichtigsten von allem war vielleicht die Tatsache, dass Bishop nun erklärte, dass er selbst äußerst unheimliche Fähigkeiten entwickelt habe, anstatt sich lediglich auf die Entlarvung der Behauptungen anderer zu konzentrieren. Sich selbst anpreisend als den »besten Gedankenleser der Welt«, verkündete Bishop stolz, dass er in der Lage war, auf Wunsch Telepathie zu demonstrieren.

Er begann seine Vorführungen damit, dass er das Rätselhafte betonte, wobei er deutlich machte, dass er keine Erklärung für das hatte, was er gleich vorführen wollte, obwohl seine neuentdeckte Fähigkeit nicht auf parapsychologischen Kräften oder der Leistung von Geistern beruhte. Dann versuchte er, eine Reihe von Gedankenlese-Kunststücken zu machen. Bei einer seiner üblichen Vorführungen gab er einem Zuschauer eine Nadel und erklärte, dass der Zuschauer die Nadel gleich irgendwo im Auditorium verstecken sollte. Ein anderer Zuschauer wurde gebeten, dafür zu sorgen, dass Bishop nicht sehen konnte, wo die Nadel versteckt wurde. Bishop und seine Begleitperson verließen daraufhin die Bühne, und die Nadel wurde versteckt. Bei seiner Rückkehr ergriff er das Handgelenk des ersten Zuschauers und führte ihn wie besessen im Auditorium umher. Schließlich grenzte er seine Suche auf ein kleines Gebiet ein und entdeckte am Ende die versteckte Nadel.

Von dieser Prozedur gab es viele Varianten. Manchmal brachte er beispielsweise ein dickes Adressbuch mit auf die Bühne und bat einen Zuschauer, insgeheim einen Namen daraus zu wählen. Bishop setzte dann seine angeblichen telepathischen Fähigkeiten ein, um den ausgewählten Namen zu identifizieren. Bei seinem vielleicht berühmtesten Kunststück forderte er eine Gruppe von fünf oder sechs Leuten auf, zur Bühne zu kommen, erklärte, dass er das Auditorium verlassen würde und bat sie, in seiner Abwesenheit eine Mordszene zu mimen. Eine Person aus der Gruppe spielte die Rolle des Mörders und eine andere die des Opfers. Nachdem die Zuschauer Zeugen des »Mords« geworden waren, kehrte Bishop zurück, und seine Augen wurden verbunden. Dann hielt er das Handgelenk eines Zuschauers und bat ihn, sich auf die »ermordete« Person zu konzentrieren. Nachdem er die Gruppe abgeschritten hatte, gab er richtig an, wer die Rolle des Opfers gespielt hatte. Sekunden später identifizierte Bishop auch den »Mörder« erfolgreich.

Seine verblüffenden Vorführungen erwiesen sich als äußerst erfolgreich, und sein Ruf verbreitete sich schnell über Europa und Amerika. Bishops Ruhm ermunterte eine Handvoll Nachahmer, wobei vielleicht der bekannteste davon einer seiner früheren Angestellten war, Stuart Cumberland. Das Erfolgsniveau, das Leute wie Bishop und Cumberland genossen, ließ sich an ihren Zuschauern aus der High Society ablesen (Cumberland wurde ins Unterhaus eingeladen, um die Gedanken von William Gladstone zu lesen, und schilderte später die »bemerkenswerte magnetische Kraft« des Premierministers in seinem Buch *People I Have Read*) sowie daran, dass sie in bekannten Witzliedern der Epoche verspottet wurden, wie z. B. in dem allseits beliebten »Gedankenlesen im Sinn«:

Oh, Mr Cumberland and Irving Bishop too
With the pins you find I'd like to run you through
For you have marr'd my happiness and it is very plain
That all the family now have got thought-reading on the brain

(Ach, Mr Cumberland und auch Irving Bishop,
Wie gerne würde ich Sie mit den Nadeln,
die Sie finden, durchbohren,
Denn Sie haben mein Glück zerstört, und es ist völlig klar,
Dass die ganze Familie jetzt nur noch Gedankenlesen im Sinn hat)

Leider war Bishops Erfolg nicht von langer Dauer. 1889 machte der weltberühmte Gedankenleser eine Vorführung beim Lambs Club in New York City. Nachdem er seine »Identifiziere den Mörder«- und »Finde den Namen im Adressbuch«-Kunststücke erfolgreich absolviert hatte, brach er vor Erschöpfung zusammen. Einige Augenblicke später kam er wieder zu Bewusstsein und wurde zu einem Bett im Club gebracht. Da er immer schon ein Profi war, bestand Bishop darauf, ein weiteres Kunststück vorzuführen. Das Clubregister wurde ordnungsgemäß ins Schlafzimmer gebracht und ein Name zufällig ausgewählt. Obwohl er deutliche Mühe hatte, gelang es ihm schließlich, den richtigen Namen zu identifizieren. Unmittelbar nach der Vorführung dessen, was sein letztes Kunststück sein sollte, fiel er auf sein Bett zurück.

Zwei Ärzte wurden gerufen und hielten während der Nacht ein wachsames Auge auf ihn. Gegen Mittag des folgenden Tages wurde der Tod von Bishop verkündet, der erst 33 Jahre alt war. Die Nachricht wurde rasch an Bishops Ehefrau nach Philadelphia übermittelt, die unverzüglich nach New York City fuhr und den Körper ihres Mannes in einem Bestattungsinstitut ausfindig machte. Sie war entsetzt, als sie feststellte, dass ihr Mann irgendwann am Nachmittag und weniger als 24 Stunden nach seinem Tod einer nicht genehmigten Autopsie unterzogen worden war.

Sein ganzes Leben lang neigte Bishop zu kataleptischen Anfällen. Während dieser Episoden wurde sein ganzer Körper gewöhnlich steif, seine Atmung sehr flach und sein Herzschlag so langsam, dass er nicht mehr wahrzunehmen war. Deshalb trug er immer eine Karte bei sich, auf der stand, dass er in einen kataleptischen Zustand gleiten könne und dass bis mindestens 48 Stunden nach seinem Tod keine Autopsie durchgeführt werden solle. Einmal hatte er einem Freund gesagt, dass er sich all dessen, was um ihn herum vorging, bewusst sei, wenn er sich in einem kataleptischen Zustand befinde, was die entsetzliche Vorstellung hervorrief, dass er während der ganzen Autopsie bei Bewusstsein gewesen war.

Warum wurde die Autopsie so schnell vorgenommen? Seine ganze Karriere über prahlte Bishop damit, ein außergewöhnliches Gehirn zu besitzen. Viele Historiker glauben jetzt, dass diese Behauptung zu seinem Untergang beigetragen haben könnte, indem sie die Ärzte dazu ermunterte, eine schnelle Autopsie durchzuführen, damit sie die Ersten seien, die sein Gehirn untersuchten. Was auch immer die Wahrheit sein mag, die Autopsie stellte sich als vergebliche Mühe heraus. Bishops Gehirn wog nur wenig mehr als der Durchschnitt und sah überhaupt nicht außergewöhnlich aus.

Seine Mutter Eleanor verlangte die Feststellung der Todesursache, woraufhin die Ärzte, die die Autopsie vorgenommen hatten, verhaftet wurden. Ein Geschworenengericht befand jedoch zugunsten der Ärzte, und die Anklage gegen sie wurde fallengelassen. Eleanor blieb skeptisch und verlieh ihren Gefühlen Ausdruck, als sie auf den Grabstein ihres Sohnes schreiben ließ: »Geboren am 4. Mai 1856 – ermordet am 13. Mai 1889« und ein Büchlein veröffentlichte, das »die Abschlachtung des verstorbenen Sir Washington Irving Bishop« schilderte. Eleanors Verhalten wurde immer unberechenbarer, und als sie 1918 verstarb, stellte der berühmte Magier Harry Houdini fest, dass sie ihm einen frei erfundenen Grundbesitz im Wert von 30 Millionen Dollar hinterlassen hatte.

Wie vollbrachte Bishop also seine Kunststücke des Gedankenlesens? Besaß er wirklich echte telepathische Kräfte?

In den frühen 1880er Jahren wurde Bishop von einer Gruppe angesehener Wissenschaftler untersucht, unter der sich der Leibarzt der Queen, der Herausgeber des *British Medical Journal* und der berühmte Eugeniker Francis Galton befanden. Im ersten Teil der Untersuchung führte Bishop erfolgreich mehrere Kunststücke vor, unter anderem die richtige Identifikation einer ausgewählten Stelle auf einem Tisch und das Auffinden eines Gegenstands, der auf einem Kronleuchter versteckt worden war. Wie gewöhnlich bat er bei allen diesen Demonstrationen, in körperlichem Kontakt mit einer Person zu sein, die die richtige Antwort wusste. Bishop hielt das Armgelenk des Helfers, oder der Helfer ergriff ein Ende eines Spazierstocks, während er das andere Ende hielt. Die Wissenschaftler vermuteten, dass Bishop sich darauf trainiert hatte, die winzigen »ideomotorischen« Bewegungen wahrzunehmen, die ursprünglich von Michael Faraday bei seiner Untersuchung zum Tischrücken entdeckt worden waren. Als er seine Kunststücke vorführte, drückte und zog Bishop seinen Helfer in verschiedene Richtungen, und die Wissenschaftler glaubten, dass er winzige Veränderungen des Widerstands dazu benutzte, den Ort eines versteckten Gegenstands herauszufinden oder festzustellen, welches Mitglied einer Gruppe die Rolle des »Mörders« übernommen hatte. Das Team führte eine zweite Versuchsreihe durch, um herauszufinden, ob es recht hatte. Diesmal bat man Bishop, er solle versuchen, einen versteckten Gegenstand zu finden, währenddessen seinem Helfer die Augen verbunden waren und er deshalb seine Orientierung verlor. Dabei scheiterte er. Bei einem anderen

Versuch wurde der Spazierstock durch eine locker hängende Uhrenkette ersetzt, wodurch alle unbewussten Signale, die an Bishop übertragen werden konnten, verhindert wurden. Abermals scheiterte er. Galton und seine Wissenschaftlerkollegen gelangten zu dem Schluss, dass Bishop zwar eine bemerkenswerte Fähigkeit besaß, aber kein echter Telepath war.

Einige Jahre später machte ein anderer verblüffender Gedankenleser Schlagzeilen. Dieses Mal war die Sache jedoch noch aufsehenerregender, weil sie einen unumstößlichen Beweis für die Kommunikation zwischen Tier und Menschen lieferte.

Wie man Gedanken liest

Es ist Zeit, dass Sie mit Ihrem inneren Bishop in Kontakt treten. Das Lesen von Muskelbewegungen ist nicht leicht, aber es gibt ein paar einfache Übungen, die Ihnen dabei helfen werden, diese bemerkenswerte Kunst zu entwickeln.

1. Bitten Sie eine andere Person, ihre Hand mit der Handfläche nach oben und mit gespreizten Fingern vor sich zu halten, und dann bitten Sie sie, sich auf einen ihrer Finger zu konzentrieren. Anschließend drücken Sie jeden der Finger leicht mit Ihrem Zeigefinger nach unten. Der Finger, auf den sie sich konzentriert, wird derjenige sein, der den größten Widerstand bietet.

2. Ordnen Sie vier Gegenstände in einer Reihe auf einem Tisch an, wobei Sie einen Zwischenraum von etwa 10 cm zwischen jedem Gegenstand lassen. Bitten Sie jemanden, sich

rechts neben Sie zu stellen und an einen der Gegenstände zu denken. Dann ergreifen Sie mit Ihrer rechten Hand das linke Handgelenk dieser Person und legen Ihre Finger auf die Oberseite ihres Handgelenks und Ihren Daumen auf die Unterseite. Erklären Sie, dass Sie ihre linke Hand über jeden der Gegenstände bewegen werden. Bitten Sie Ihr Versuchskaninchen, seine linke Hand nicht bewusst zu bewegen, sondern seinen Arm zu entspannen und einfach durch seinen »Willen« die linke Hand in die richtige Richtung bewegen zu lassen. Wenn Sie über dem falschen Gegenstand sind, sollte die andere Person »weiter« denken, wohingegen sie an das Wort »anhalten« denken sollte, wenn Sie über dem richtigen Gegenstand sind. Bewegen Sie jetzt ihren linken Arm über jeden der Gegenstände und versuchen Sie, den ausgewählten Gegenstand zu entdecken, indem Sie erspüren, wann Sie auf den größten Widerstand gegenüber der Bewegung stoßen.

3. Es ist Zeit für einen vollständigen Test des Lesens von Muskelbewegungen. Bitten Sie Ihre Versuchsperson, in einem Zimmer einen kleinen Gegenstand zu verstecken. Halten Sie anschließend ihr Armgelenk wie oben beschrieben. Übernehmen Sie das Gewicht ihres rechten Arms und halten Sie ihn eng an Ihrer Seite. Bitten Sie sie, sich nicht auf den Ort des Gegenstands zu konzentrieren, sondern vielmehr auf die Richtung, in die Sie sich bewegen müssen, um ihm näher zu kommen. Stellen Sie sich in die Mitte des Zimmers, und machen Sie einen Schritt nach vorn. Wenn Sie das Gefühl eines Widerstands haben, gehen Sie zur Mitte des Raumes zurück, und bewegen Sie sich in eine andere Richtung. Tun Sie das so lange, bis Sie den geringsten Widerstand fühlen. Wenn Sie

glauben, dass Sie nahe bei dem Gegenstand sind, lassen Sie Ihren Helfer sich eine gerade Linie zwischen seiner Hand und dem Gegenstand vorstellen. Wenn Sie spüren, dass die Hand sich in diese Richtung bewegt, folgen Sie der Linie, und Sie sollten in der Lage sein, den Gegenstand zu finden.

Da das Lesen von Muskelbewegungen schwierig zu meistern ist, wenden manche Gedankenleser den folgenden Trick an, um ihre Fähigkeiten zu entwickeln, ohne sich um das Risiko des Scheiterns sorgen zu müssen.

Bevor Sie mit der Vorführung beginnen, nehmen Sie ein Kartenspiel, trennen die roten von den schwarzen Karten und setzen den Packen der roten Karten auf den Packen der schwarzen. Suchen Sie sich dann einen bereitwilligen Zuschauer, fächern Sie den oberen Teil des Stapels (der nur rote Karten enthält) mit der Rückseite nach oben zwischen Ihren Händen auf, und bitten Sie das Versuchskaninchen, eine Karte aufzunehmen. Bitten Sie es, die Karte anzuschauen, aber ihre Identität geheim zu halten. Dabei schieben Sie die Karten zusammen und fächern dann den unteren Teil des Stapels mit der Rückseite nach oben zwischen Ihren Händen auf. Jetzt befinden sich unter den aufgefächerten Karten nur schwarze, während der Versuchsteilnehmer zuvor nur aus roten Karten auswählte.

Bitten Sie den Zuschauer, seine Karte mit der Rückseite nach oben in die schwarzen Karten einzureihen, und schieben Sie sie zu einem Stapel zusammen. Seine Karte wird jetzt die einzige rote Karte im schwarzen Teil der Karten sein. Erklären Sie, dass Sie versuchen werden, die Identität seiner Karte zu erraten. Während Sie das verkünden, drehen Sie den Stapel zu sich und breiten rasch den Packen zwischen Ihren Händen aus. Sie werden die ausgewählte Karte Ihres Zuschauers leicht erkennen, weil sie die einzige rote Karte im schwarzen Teil der Karten sein wird.

Mischen Sie nun die Karten und breiten Sie sie aufgedeckt auf dem Tisch aus. Halten Sie das Handgelenk Ihres Zuschauers wie zuvor, und führen Sie ihn über die Karten. Schauen Sie, ob Sie subtile Hinweise von seiner Hand aufnehmen können. Bewegen Sie sich langsam zu dem Teil der Karten, wo die von ihm ausgewählte liegt, und verkünden Sie dann mit großer Fanfare den Namen der Karte.

Pferdeweisheit

Wilhelm von Osten war ein äußerst neugieriger Mensch.[2] Dieser bescheidene, deutsche Mathematiklehrer, der 1834 geboren wurde, begeisterte sich für sonderbare Ideen. Als starker Befürworter der damals relativ neuen Evolutionstheorie glaubte von Osten, dass Tiere genauso klug wie Menschen seien und dass die Welt ein besserer Ort wäre, wenn die Menschen mit anderen Arten kommunizieren und deren erstaunlichen Verstand wertschätzen könnten. 1888 schied von Osten aus dem Lehrerberuf aus, zog nach Berlin und verbrachte den Rest seines Lebens mit der Verfolgung seines Traums.

Seine ursprünglichen Versuche, das verborgene Genie des Tierreichs aufzudecken, waren darauf gerichtet, einer Katze, einem Bären und einem Pferd die Anfangsgründe der Mathematik zu lehren. Jeden Tag schrieb von Osten Zahlen auf eine Tafel und ermunterte seine Klasse zu zählen, indem er ihre Pfoten oder Hufe entsprechend oft bewegte. In einem der wahrscheinlich sonderbarsten Schulzeugnisse, die je geschrieben wurden, schilderte er später, wie die Katze rasch das Interesse an dem Unternehmen verlor und der Bär geradezu feindselig wurde. Das Pferd erwies sich jedoch als aufmerksamer Schüler und lernte schnell, jede an die Tafel geschriebene Zahl mit seinem Huf zu stampfen. Beflügelt von diesem Anfangserfolg entließ von Osten die Katze und den Bären aus seinem Klassenzimmer und konzentrierte sich ausschließlich auf pferdeartige Schüler.

Von Osten erwarb ein russisches Trabrennpferd namens Hans, und gemeinsam unternahmen es die beiden, vier Jahre lang täglich die Anfangsgründe der Mathematik einzuüben.

1904 fühlte sich das Duo zu seiner ersten öffentlichen Vorführung bereit. Eine kleine Zuschauerschar wurde in von Ostens Innenhof eingeladen und gebeten, einen Halbkreis um den »klugen« Hans zu bilden. Von Osten, der einen langen weißen Bart, einen locker sitzenden Arbeitskittel und einen schwarzen Schlapphut trug, stellte sich neben das Tier, während Mitglieder des Publikums mathematische Aufgaben stellten. Jedes Mal gab Hans seine Antwort dadurch, dass er mit seinem Huf auf das Pflaster klopfte. Es war eine beeindruckende Vorstellung, wobei Hans sowohl einfache Additions- und Subtraktionsaufgaben als auch komplexere Summen mit Brüchen und Quadratwurzeln richtig beantwortete. Durch diesen anfänglichen Erfolg ermutigt, arbeitete von Osten mit Hans, um dessen Repertoire zu vergrößern. Mit der Zeit lehrte er das Pferd, die Uhrzeit anzugeben, musikalische Töne auszuwählen, die eine Harmonie verbessern würden, und sogar Fragen durch Kopfnicken und -schütteln zu beantworten.

1904 beschloss der Psychologe Oskar Pfungst, den klugen Hans zu untersuchen, ohne zu wissen, dass diese Arbeit ihm für die nächsten hundert Jahre einen Platz in fast jedem Psychologielehrbuch sichern würde. Bei Pfungsts sorgfältig kontrollierten Untersuchungen wurden Mitglieder des Publikums gebeten, Hans im Voraus geplante Fragen vorzulegen. Um sicherzustellen, dass sein Versuchsteilnehmer auch gut motiviert war, belohnte Pfungst den klugen Hans jedes Mal, wenn er antwortete, mit einem Stückchen Brot, einer Möhre oder einem Stück Zucker (interessanterweise funktioniert dasselbe Verfahren bei den meisten Studenten im Vordiplom auch heute noch). Es war nicht immer ganz einfach. Sowohl von Osten als auch der kluge Hans neigten zum Zorn, und Pfungst zog sich während der Untersuchung mehrere Bisse zu, von denen die meisten von dem Pferd stammten. Abgesehen davon arbeitete sich der junge deutsche Forscher methodisch durch eine Reihe von bahnbrechenden Tests hindurch.

In einer Untersuchung wurde eine Reihe von mit Zahlen bedruckten Karten so ausgerichtet, dass der kluge Hans, von Osten und ein Fragesteller alle die Vorderseite der Karten sehen konnten. Dann wurde eine Frage gestellt, und der kluge Hans stampfte mit seinem Huf, um anzugeben, welche Karte die Antwort enthielt. Unter diesen Bedingungen zeigte der kluge Hans eine beeindruckende Erfolgsquote von 98 Prozent. Wenn Pfungst die Ausrichtung der Karten jedoch so veränderte, dass nur der kluge Hans die Vorderseiten der Karten sehen konnte, fiel seine Trefferquote auf wenig beeindruckende 6 Prozent ab. Bei einem anderen Test flüsterte von Osten zwei Zahlen in Hans' Ohr und bat ihn, sie zu addieren. Immer wieder stampfte Hans die richtige Antwort. Als von Osten jedoch eine Zahl und Pfungst eine andere Zahl flüsterte, wobei keiner der beiden die Zahl des anderen kannte, konnte Hans die richtige Antwort nicht liefern.

In einem Test nach dem anderen erhielt Pfungst dasselbe Muster. Immer wenn von Osten oder ein Fragesteller wussten, wie der kluge Hans antworten sollte, schnitt das Pferd gut ab. Wenn niemand die richtige Antwort kannte, scheiterte Hans. Pfungst schloss daraus, dass der kluge Hans nicht selbst dachte, sondern vielmehr auf unwillkürliche Signale im Gesichtsausdruck und der Körpersprache der ihn Umgebenden reagierte. Jahrelang hatte von Osten also nicht mit den Tieren gesprochen, sondern nur mit sich selbst.

Forscher auf der ganzen Welt begriffen rasch, dass das allgemeine Prinzip, das Pfungst aufgedeckt hatte, nämlich dass Versuchsleiter unbewusst die Versuchspersonen dazu bringen könnten, auf die erwünschte Weise zu handeln, wichtige Implikationen für ihre Arbeit haben konnten.

Wissenschaftler suchten nach diesem Phänomen – das als »Kluger-Hans-Effekt« bezeichnet wird – und fanden es in mehreren verschiedenen Zusammenhängen. In einem klassischen Experiment wurden Ratten zufällig auf zwei Gruppen verteilt und dann an Studenten übergeben, denen man sagte, dass die Gruppen selektiv für gute bzw. schlechte Leistung bei der Orientierung in Labyrinthen gezüchtet wurden.[3] Tatsächlich gab es jedoch überhaupt keine besondere Züchtung. Die Studenten ließen die Ratten dann durch Labyrinthe laufen und berichteten über Ergebnisse, die mit ihren Erwartungen übereinstimmten, wobei die vermeintlich »klugen« Ratten 51 Prozent mehr richtige Entscheidungen trafen als die vermeintlich »dummen«.

Auf ähnliche Weise führte der Harvard-Psychologe Robert Rosenthal einen Test bei einer ganzen Jahrgangsgruppe von Kindern durch und sagte ihren Lehrern, dass dieser Test eine neue Technik zur Vorhersage des intellektuellen »Aufblühens« darstelle.[4] Den Lehrern wurde dann weisgemacht, dass ihnen die Namen derjenigen Kinder aus ihrer Klasse gegeben wurden, die die höchsten Punktzahlen erzielt hatten. In Wirklichkeit war Rosenthals Test ein gewöhnliches Maß für Intelligenz, und die Namen der vermeintlichen »Aufblüher« wurden zufällig ausgewählt. Am Ende des Schuljahres wurde mit den Kindern derselbe Intelligenztest durchgeführt, und die Kinder, die zufällig als intellektuelle »Aufblüher« identifiziert worden waren, hatten durchschnittlich 15 Punkte mehr als die anderen Kinder.

Gary Wells von der Iowa State University zufolge könnte diese Theorie sogar darauf hinweisen, dass Polizeibeamte Zeugen bei der Auswahl verdächtiger Personen bei Gegenüberstellungen unbewusst beeinflussen, indem sie genau dieselbe Art von unbewussten nichtverbalen Signalen aussenden, die den klugen Hans vor über hundert Jahren beeinflussten.[5]

Diese Arbeit ließ Forscher die Notwendigkeit erkennen, sich vor dem Klugen-Hans-Effekt zu schützen, indem sie bestimmte Aspekte einer Untersuchung vor den Versuchspersonen und Versuchsleitern verbergen. »Blinde« Methoden sind jetzt der Goldstandard für gute Wissenschaft. Und alles nur wegen eines mathematisch begabten Pferdes.

Sowohl Bishop als auch der kluge Hans schienen in der Lage zu sein, die Gedanken anderer Menschen zu lesen. In Wirklichkeit reagierten beide bloß auf die unwillkürlichen Signale, die von den Personen in ihrer Umgebung ausgesandt wurden. Andere Zauberer des Geistes haben sich mehr auf den Versuch konzentriert, diese Gedanken zu kontrollieren und die Leute so dazu zu bringen, dass sie sich auf bestimmte Weise verhalten. Aber ist es wirklich möglich, die Kontrolle über den Geist einer Person zu übernehmen und sie wie eine Marionette zu manipulieren? Im Laufe der Jahre haben mehrere Romanschriftsteller und Filmemacher angedeutet, dass es möglich sei, aber was ist die Wirklichkeit hinter der Fiktion? Kann jemand so hypnotisiert werden, dass er oder sie sich gegen den eigenen Willen verhält?

Der Svengali-Effekt

1894 veröffentlichte George du Maurier seinen klassischen Roman *Trilby*. Der Protagonist der Handlung ist ein schurkenhafter Hypnotiseur namens Svengali, der die Heldin Trilby O'Ferrall in eine tiefe Trance versetzt und sie dann zu seinem eigenen Vorteil benutzt. Außer dass er der am zweitbesten verkaufte Roman der damaligen Zeit war (nur noch übertroffen von Bram Stokers *Dracula*) und den Trilby-Hut in Mode brachte, ermunterte Mauriers Roman die Öffentlichkeit zu glauben, dass manche Menschen die Macht besitzen, andere gegen deren Willen handeln zu lassen. Aber stimmt das wirklich?

Um die letzte Jahrhundertwende unternahmen mehrere Forscher den Versuch, diese Frage zu beantworten, als sie Menschen in Trancezustände versetzten und sie baten, verschiedene fragwürdige Handlungen auszuführen, wie z. B. einen vorgetäuschten Mord zu begehen oder dem Versuchsleiter ein Glas Säure (die in Wirklichkeit Wasser war) ins Gesicht zu schütten.[6] Zwar erstachen viele Versuchspersonen andere mit Gummidolchen und überschütteten die Forscher mit dem Wasser, aber diese Arbeiten wurden nicht unter gut kontrollierten Bedingungen durchgeführt und brachten daher mehr Fragen als Antworten hervor. Mitte der 1960er Jahre beschlossen die Psychologen Martin Orne und Fredrick Evans von der University of Pennsylvania, die Frage in einem strengeren Licht zu betrachten.[7]

Orne fand einige sehr suggestible Studenten und testete einen nach dem anderen. Jeder wurde in Trance versetzt und dann gebeten, sich vor eine Kiste zu setzen, deren Vorderteil offen war. Ein Forscher legte eine harmlose grüne Baumschlange in die Kiste, und den Versuchsteilnehmern wurde gesagt, dass sie einen unwiderstehlichen Drang hätten, die Schlange herauszunehmen. Alle kamen der Suggestion nach und nahmen die Schlange heraus. Dann zogen die Versuchsleiter ein paar lange dicke Handschuhe an und brachten eine wirklich gefährliche schwarze Schlange mit rotem Bauch herbei. Sie erklärten, dass dies eine der giftigsten Schlangen der Welt sei und einen Menschen mit einem einzigen Biss töten könne. Die Schlange wurde in die Kiste gelegt, und allen Versuchsteilnehmern wurde gesagt, dass sie einen unwiderstehlichen Drang spürten, sie herauszunehmen. Erstaunlicherweise versuchten alle, die Handlung auszuführen, und erst, als sie ihre Hände in die Kiste hineinbewegten, stellten sie fest, dass die Forscher unbemerkt eine Glasplatte vor die Schlange geschoben hatten.

Augenscheinlich hatten Orne und Evans die hypnotisierten Studenten dazu gebracht, gegen ihr Eigeninteresse zu handeln. Es wurde jedoch eine zweite Phase der Untersuchung sehr überlegt geplant, um herauszufinden, ob das auch wirklich stimmte. Die Versuchsleiter fanden eine Gruppe von sechs Studenten, die äußerst wenig suggestibel waren, versuchten erst gar nicht, sie in eine Trance zu versetzen, und baten sie stattdessen so zu tun, als ob sie hypnotisiert wären. Überraschenderweise waren alle von ihnen ebenso dazu bereit, sowohl die harmlose Schlange als auch ihr hochgiftiges Gegenstück aus der Kiste zu nehmen. Es war klar, dass die in der ersten Phase der Untersuchung erzielten Ergebnisse nicht auf Hypnose zurückgingen. Um herauszufinden, warum die Studenten dazu bereit waren, während des Experiments ihr Leben aufs Spiel zu setzen, fragten die Forscher ihre nichtsuggestiblen Versuchspersonen, was sie sich dachten, als sie die Hand nach der giftigen Schlange ausstreckten. Fast alle erklärten, dass sie wussten, Teilnehmer einer Untersuchung zu sein, und waren deshalb davon überzeugt, dass der Versuchsleiter sie keinerlei Schaden nehmen ließe. Diese Ergebnisse zeigten, dass es den Forschern nicht möglich ist, richtig einzuschätzen, ob Menschen dazu veranlasst werden können, gegen ihren Willen zu handeln, wenn sie hypnotisiert sind. Die Ethik-Kommissionen von Universitäten würden es nicht gestatten, dass Versuchspersonen in eine wirklich gefährliche Situation gebracht würden, und selbst wenn sie es doch täten, könnten die Versuchsteilnehmer eine gefährliche Handlung einfach deshalb ausführen, weil sie glauben, dass sie in Sicherheit seien.

Als die Forscher jedoch ältere Untersuchungen des angeblichen Svengali-Effekts noch einmal sorgfältig betrachteten, entdeckten sie eine Demonstration, die dieses Problem vermied. Um die letzte Jahrhundertwende machte der Hypnotiseur und Forscher Jules Liégeois eine recht ungewöhnliche Demonstration während einer Konferenz, die an der Salpêtrière in Paris stattfand. Liégeois versetzte eine junge Frau in Trance, gab ihr ein Gummimesser, sagte, dass es sich um ein echtes Messer handelte, und forderte sie auf, jemanden aus dem Publikum zu erstechen. Die Frau kam dieser Aufforderung unverzüglich nach. Leider dachte Liégeois nicht daran, jemanden aufzufordern, der nicht hypnotisiert war, denselben Test durchzuführen, und schloss daher fälschlicherweise, dass die Demonstration zeige, dass Menschen, die sich in einer hypnotischen Trance befinden, dazu gebracht werden könnten, sich auf eine Weise zu verhalten, die nicht in ihrem Eigeninteresse lag. Sobald jedoch die meisten Konferenzteilnehmer den Raum verlassen hatten, sagte eine Gruppe von spitzbübischen Medizinstudenten der immer noch hypnotisierten Frau, dass sie ihre Kleider ausziehen solle. Die Frau hatte begriffen, dass die Ausführung dieser Suggestion nun wirklich peinlich wäre, wohingegen das Erstechen von jemandem mit einem Gummimesser ein akzeptabler Scherz sei. Sie zog sich nicht aus. Tatsächlich stand sie auf und rannte aus dem Raum hinaus. Interessanterweise gab es nur einen einzigen Versuch, diese faszinierende, aber unmoralische Untersuchung zu replizieren. In den 1960er Jahren wählte ein Universitätsforscher zufällig eine junge weibliche Versuchsperson aus, setzte sie vor eine Gruppe weiterer Personen und forderte sie auf, ihre Kleider auszuziehen. Der Professor war entsetzt, als er feststellte, dass seine Versuchsperson rasch damit begann, ihre Kleidung aufzuknöpfen, und beendete die Demonstration, so schnell er konnte. Erst später entdeckte er, dass er ausgerechnet eine professionelle Stripperin als Versuchsperson ausgewählt hatte.

Wie man ein Huhn hypnotisiert

Ormond McGill war ein begabter Bühnen-Hypnotiseur. Er wurde 1913 geboren, arbeitete unter dem Bühnennamen »Dr. Zomb« und bereitete den Weg für viele Techniken, die von heutigen Darstellern verwendet werden. McGills Buch von 1947, *The Encyclopedia of Genuine Stage Hypnotism*, beschreibt, wie Hühner so manipuliert werden können, dass sie bewegungslos werden und als hypnotisiert erscheinen. McGill zufolge braucht man den Vogel bloß sorgsam am Nacken packen, ihn auf seiner Vorderseite auf einen Tisch drücken und seinen Kopf waagerecht halten. Schließlich zeichne man eine etwa 60 cm lange Kreidelinie auf den Tisch, die direkt von seinem Schnabel ausgeht. Das Huhn wird dann bewegungslos auf dem Tisch liegen (siehe Foto).

Solange es hypnotisiert ist, kann man erreichen, dass das Huhn eine Zwiebel frisst, eine Röntgenbrille trägt und einen Striptease hinlegt. Das ist nur ein Scherz. Anstatt hypnotisiert

zu sein, beruht das Fehlen der Bewegung in Wirklichkeit auf einer tonischen Unbeweglichkeit, bei der das Huhn einen Abwehrmechanismus in Gang setzt, der potentielle Raubtiere durch Sich-tot-Stellen abhalten soll. Um den Anschein zu erwecken, dass Sie das Tier aus seiner tiefen Trance aufwecken, drücken Sie einfach den Kopf des Huhns von der Kreidelinie weg.

Trotz der Masse von Filmen und Büchern, die etwas anderes behaupten, deuten die wissenschaftlichen Belege darauf hin, dass es nicht möglich ist, Menschen zu veranlassen, gegen ihren Willen zu handeln, indem man sie hypnotisiert. Arbeiten über andere Formen der Bewusstseinskontrolle haben jedoch zu weit positiveren und beunruhigenderen Ergebnissen geführt. Um hierüber mehr herauszufinden, müssen wir die dunkle und düstere Welt von Kulten erforschen.

Vom Affenverkäufer zum
charismatischen Prediger

Jim Jones wurde 1931 geboren und wuchs in einer ländlichen Gemeinde Indianas auf.[8] Jones verbrachte einen Großteil seiner Kindheit damit, die Religion zu erforschen, Tiere zu quälen und Diskussionen über den Tod zu führen; er wurde später von manchen seiner Nachbarn als »wirklich sonderbares Kind« beschrieben. Er zeigte auch ein frühes Interesse am Predigen, wobei ein Freund aus seiner Kindheit sich daran erinnert, wie Jones einmal ein altes Laken über seine Schultern drapierte, eine Gruppe anderer Kinder zu einer behelfsmäßigen Gemeinde um sich scharte und aus dem Stegreif eine Predigt hielt, in der er vorgab, der Teufel zu sein. Als Teenager verpflichtete er sich als Studentenpfarrer bei einer örtlichen Methodistenkirche, verließ sie jedoch, als die Kirchenleiter ihm verboten, einer gemischtrassigen Gemeinde zu predigen. 1955 trommelte Jones eine kleine Schar treuer Anhänger zusammen und gründete seine eigene Kirche, den Tempel des Volkes. Recht merkwürdig war die Tatsache, dass er sein ehrgeiziges Unternehmen dadurch finanzierte, dass er von Tür zu Tür ging und Schoßäffchen verkaufte. Wenn er nicht gerade mit seinem Affengeschäft zu tun hatte, feilte er an seinen Fähigkeiten als öffentlicher Redner und erwarb sich bald einen beträchtlichen Ruf als äußerst charismatischer Prediger.

Jones' ursprüngliche Botschaft war die von Gleichheit und Rassenintegration. Da er auch praktizierte, was er predigte, ermutigte er seine Anhänger, Nahrungsmittel und Arbeit für die Armen zu beschaffen. Seine guten Taten sprachen sich bald herum und führten dazu, dass fast tausend Menschen zu seiner Kirche strömten. Jones nutzte seinen Einfluss auch weiterhin, um zur Bereicherung der Gemeinde beizutragen, und eröffnete eine Suppenküche und ein Altersheim. 1965 behauptete er, eine Vision gehabt zu haben, dass der mittlere Westen der USA bald das Ziel eines nuklearen Angriffs sein würde, und bewegte etwa hundert Mitglieder seiner Gemeinde dazu, ihm ins Redwood Valley in Kalifornien zu folgen. Noch immer konzentrierte er sich darauf, diejenigen zu unterstützen, die am meisten Hilfe brauchten, wie Drogenabhängige, Alkoholiker und Arme.

Anfang der 1970er Jahre zogen Gewitterwolken auf. Von seinen Anhängern forderte er größeres Engagement und drängte sie dazu, Feiertage mit anderen Tempelmitgliedern anstatt mit ihren Familien zu verbringen und ihr Geld und ihren materiellen Besitz der Kirche zu überlassen. Außerdem hatte Jones eine ernsthafte Drogensucht entwickelt und wurde zunehmend paranoid im Hinblick auf die Vorstellung, dass die amerikanische Regierung versuchen könnte, seine Kirche zu zerstören. Ortsansässige Journalisten begannen schließlich Interesse an den Geschichten über das ungesunde Engagement zu gewinnen, die aus dem Tempel des Volkes herausdrangen, was dazu führte, dass Jones versuchte, unerwünschten Nachforschungen zu entgehen, indem er sein Hauptquartier nach San Francisco verlegte. Hier erwies sich sein Predigen als äußerst erfolgreich, und binnen weniger Jahre hatte sich die Mitgliederzahl der Tempel-Gemeinde verdoppelt. Doch bald schon begannen die Journalisten wieder, Artikel zu schreiben, die ihn kritisierten und ihn zu dem Entschluss veranlassten, Amerika zu verlassen und seine eigene »utopische« Gemeinschaft im Ausland aufzubauen.

Sorgfältig zog er mehrere Länder in Erwägung, bevor er sich entschloss, seine sich selbst versorgende Kommune in Guyana an der Nordküste von Südamerika einzurichten. Aus der Perspektive von Jones war es in mancher Hinsicht eine weise Wahl, weil die Beamten von Guyana leicht bestochen werden konnten und ihm gestatteten, illegale Lieferungen von Feuerwaffen und Drogen zu erhalten. 1974 handelte er einen Pachtvertrag über fast 4000 Morgen im abgelegenen Dschungel im Nordwesten des Landes aus. Nachdem er das Areal bescheidenerweise »Jonestown« genannte hatte, packten der charismatische Prediger und mehrere hundert seiner Anhänger ihre Koffer und zogen nach Guyana. Das Leben war rau. Jonestown war isoliert, litt an schlechtem Boden, und der nächste Wasserspeicher konnte erst nach einer Wanderung von zehn Kilometern auf schlammigen Wegen erreicht werden. Heftiger Durchfall und hohes Fieber waren an der Tagesordnung. Außer dass sie elf Stunden am Tag arbeiten mussten, wurde von den Tempelmitgliedern auch erwartet, lange Abendpredigten und Unterricht im Sozialismus zu besuchen. Verschiedene Strafen wurden denjenigen auferlegt, die ihre Pflichten vernachlässigten, darunter das Einsperren in eine kleine, hölzerne, sargähnliche Kiste und der Zwang, Stunden auf dem Grund eines nicht mehr genutzten Brunnens zu verbringen.

Am 17. November 1978 reiste der Kongressabgeordnete Leo Ryan nach Guyana, um Gerüchten nachzugehen, die besagten, dass in Jonestown Menschen gegen ihren Willen festgehalten würden. Bei seiner Ankunft hörte Ryan zuerst nichts als Lob für die neue Gemeinde. Gegen Ende seines ersten Besuchstages informierte eine kleine Zahl von Familien Ryan heimlich darüber, dass sie überhaupt nicht glücklich seien und darauf brannten, die Gemeinschaft zu verlassen. Früh am nächsten Morgen spürten elf Tempelmitglieder ein zunehmendes Gefühl von Gefahr und Verzweiflung in Jonestown und flohen heimlich, wobei sie 40 Kilometer durch den umgebenden dichten Dschungel liefen. Später am selben Tag begaben sich Ryan und eine kleine Zahl Abtrünniger zu einer nahe gelegenen Flugpiste und versuchten, an Bord von Flugzeugen zu gehen, um nach Amerika zurückzukehren. Bewaffnete

Mitglieder der Sicherheitstruppe des Tempels »Rote Brigade« eröffneten das Feuer und töteten Ryan und mehrere Angehörige seiner Gruppe. Ryan wurde zum ersten Kongressabgeordneten in der Geschichte Amerikas, der bei der Ausübung seiner Dienstpflicht ermordet wurde.

Da er spürte, dass die Welt um ihn herum zusammenbrach, versammelte Jones die Bewohner von Jonestown, sagte ihnen, dass Ryan und seine Reisegruppe getötet worden waren, erklärte, dass die amerikanische Regierung sich jetzt an der Gemeinde rächen wolle, und drängte jedermann dazu, an einem gemeinsamen Akt »revolutionären Selbstmords« teilzunehmen. Große Behälter mit einem nach Weintrauben schmeckenden Saft, der mit Zyanid versetzt war, wurden herbeigeholt, und Jones befahl jedem, die Flüssigkeit zu trinken. Eltern wurden aufgefordert, das Gift zuerst ihren Kindern zu verabreichen und es dann selbst zu trinken. Ein damals erstelltes Tonband belegt, dass, immer wenn seine Anhänger sich widersetzten, Jones sie zur Teilnahme drängte, indem er ausrief: »Egal, wie viele Schreie ihr hört, egal, wie viele Schmerzensschreie, der Tod ist eine Million Mal besser als dieses Leben. Wenn ihr wüsstet, was vor euch liegt, würdet ihr froh sein, heute Abend hinüberzuschreiten.« Über 900 Menschen starben bei dem Ritual, darunter 270 Kinder. Obwohl mehrere bewaffnete Tempelwächter die Gruppe umringt hatten, scheint es, dass die Mehrheit der Anhänger sich bereitwillig das Leben nahm, wobei eine Frau sich währenddessen auf den Arm schrieb: »Jim Jones ist der Einzige.« Bis zum 11. September 2001 stellte die Zahl der Toten den größten einmaligen Verlust amerikanischer Zivilbevölkerung bei einer nichtnatürlichen Katastrophe dar.

Über dreißig Jahre lang haben Psychologen Vermutungen darüber angestellt, wie Jim Jones so viele Menschen dazu bewegen konnte, sich das Leben zu nehmen, und Eltern dazu, ihre Kinder zu ermorden. Einige haben darauf hingewiesen, dass die Mehrheit der Tempelgemeinde psychisch verletzbare Personen waren, die Jones' Botschaft von Gleichheit und Rassenharmonie verzweifelt glaubten. Jones sprach von Jonestown als dem »gelobten Land« und schilderte es als einen Ort, an dem Eltern ihre Kinder fern von den rassistisch geprägten Misshandlungen aufziehen könnten, die ihr eigenes Leben entstellt hatten. Seine Mission hatte auch deshalb Anziehungskraft, weil sie den Menschen ein starkes Gefühl von Entschlossenheit gab, sie von Gefühlen der Wertlosigkeit befreite und sie zu einem Teil einer großen Familie von fürsorglichen und gleichgesinnten Menschen machte. Wie ein Überlebender es auf einprägsame Weise formulierte: »Niemand schließt sich einem Kult an … Man schließt sich einer religiösen Organisation oder einer politischen Bewegung an, und man schließt sich Leuten an, die man wirklich mag.« Obwohl diese Faktoren eindeutig eine Rolle bei der Tragödie von Jonestown spielten, sind sie weit davon entfernt, ein vollständiges Bild zu ergeben. Häufig fühlen sich Menschen von religiösen und politischen Organisationen angezogen, weil diese das Gefühl einer Sinnhaftigkeit und einer erweiterten Familie vermitteln. Aber die meisten wären nicht dazu bereit, ihr Leben für die Sache aufzugeben. Stattdessen glauben Psychologen, dass Jones' Einfluss auf vier Schlüsselfaktoren beruhte.

Erstens hatte Jones die Fähigkeit, seinen Fuß in die Tür zu stellen.

Den Fuß in die Tür stellen

In einer inzwischen klassischen Untersuchung, die von Jonathan Freedman und Scott Fraser von der Stanford University durchgeführt wurde, gaben sich die Forscher als freiwillige Helfer aus und gingen von Tür zu Tür, wobei sie erklärten, dass es in der Gegend viele Verkehrsunfälle gäbe, und die Leute fragten, ob sie etwas dagegen hätten, ein Schild mit der Aufschrift »FAHREN SIE VORSICHTIG« in ihrem Garten aufzustellen.[9] Das war eine große Bitte, weil das Schild sehr groß war und daher die Erscheinung des Hauses und Gartens der jeweiligen Person verunstalten würde. Es überrascht vielleicht nicht, dass nur wenige Anwohner damit einverstanden waren, es aufzustellen. In der nächsten Phase des Experiments gingen die Forscher zu einer zweiten Gruppe von Anwohnern und baten sie, ein Schild mit der Aufschrift »SEIEN SIE EIN SICHERER AUTOFAHRER« in ihrem Garten aufzustellen. Dieses Mal hatte das quadratische Schild nur eine Kantenlänge von acht Zentimetern, und fast alle waren einverstanden. Zwei Wochen später kehrten die Forscher zurück und baten jetzt die zweite Gruppe von Anwohnern, das viel größere Schild aufzustellen. Erstaunlicherweise waren über drei Viertel der Leute damit einverstanden, das große, hässliche Plakat aufzustellen. Diese Methode, die als »Fuß-in-der-Tür«-Technik bezeichnet wird, zielt darauf ab, Leute dazu zu bewegen, einer großen Bitte nachzukommen, indem man sie zuerst dazu bringt, eine viel bescheidenere zu akzeptieren.

Diese Technik setzte Jones ein, um seine Gemeinde zu manipulieren. Die Anhänger wurden zuerst gebeten, einen kleinen Betrag ihres Einkommens für den Tempel zu spenden, aber mit der Zeit stieg der Betrag an, bis sie ihr ganzes Eigentum und alle Ersparnisse an Jones abgegeben hatten. Dasselbe gilt für Akte der Ergebenheit. Als sie sich ursprünglich der Kirche anschlossen, wurden die Mitglieder gebeten, jede Woche nur ein paar Stunden für die Gemeinschaft zu arbeiten. Im Laufe der Zeit steigerte sich die Anzahl dieser wenigen Stunden immer mehr, bis die Mitglieder lange Gottesdienste besuchten, dabei halfen, andere in die Organisation hineinzuziehen, und Briefe an Politiker und die Medien schrieben. Indem er seine Bitten Schritt für Schritt verschärfte, setzte Jones die »Fuß-in-der-Tür«-Technik ein, um seine Anhänger auf das letztendliche Opfer vorzubereiten. Aber diese Technik ist nur dann erfolgreich, wenn die Menschen keine Grenze ziehen und sich nicht gegen die erhöhten Forderungen aussprechen. Die zweite psychologische Technik, die Jones verwendete, sollte dieses potentielle Aufbegehren ersticken.

Jetzt alle zusammen

In den 1950er Jahren führte der amerikanische Psychologe Solomon Asch eine Reihe von Experimenten zur Macht der Konformität durch.[10] Die Versuchsteilnehmer wurden gebeten, jeweils einzeln zu Aschs Labor zu kommen, und wurden dann etwa sechs anderen Versuchspersonen vorgestellt. Keiner der Versuchsteilnehmer wusste jedoch, dass alle anderen Versuchspersonen in Wirklichkeit Strohmänner waren, die für Asch arbeiteten. Die Gruppe, die aus der Versuchsperson und den Strohmännern bestand, wurde um einen Tisch herum versammelt, und man sagte ihnen, dass sie gleich an einem »Sehtest« teilnehmen würden. Dann wurden ihnen zwei Karten gezeigt. Auf der ersten Karte war eine einzelne Linie zu sehen, während auf der zweiten Karte drei Linien sehr verschiedener Länge gezeichnet waren. Eine davon war genauso lang wie die Linie auf der ersten Karte. Die Gruppe wurde gebeten zu sagen, welche der drei Linien auf der zweiten Karte so lang wie die Linie auf der ersten Karte war. Die Versuchsteilnehmer wurden so gesetzt, dass sichergestellt wurde, dass die echte Versuchsperson zuletzt antwortete. Jeder wurde gebeten, seine Antwort zu nennen, und alle »Versuchspersonen« gaben immer dieselbe Antwort. Bei den ersten beiden Durchgängen gaben alle Strohmänner die richtige Antwort beim Vergleich der Linien, während sie beim dritten Durchgang alle eine falsche Antwort gaben. Asch wollte herausfinden, welcher Prozentsatz von Versuchspersonen sich dem Druck der anderen beugen und eine offensichtlich falsche Antwort geben würde, um sich der Gruppe anzuschließen. Erstaunlicherweise passten sich über 75 Prozent der Versuchsteilnehmer an. Bei einer geringfügigen Variation des Verfahrens ließ Asch nur einen der Strohmänner mit der Gruppe brechen und eine andere Antwort geben. Diese einzige abweichende Stimme reduzierte den Konformitätsgrad auf etwa 20 Prozent.

Der Tempel des Volkes war ein gewaltiges Experiment in der Psychologie der Konformität. Jones war sich dessen bewusst, dass jegliche abweichende Meinung andere ermutigen würde, ihre Ansichten zu äußern, und duldete daher keine Kritik. Um diesem System Geltung zu verschaffen, setzte Jones Spitzel ein, die sich mit jenen anfreundeten, von denen er glaubte, dass sie Zweifel am Tempel hegten, wobei jegliche Belege für abweichende Meinungen zu brutalen Prügelstrafen oder öffentlicher Demütigung führten. Er löste auch alle Gruppen auf, die wahrscheinlich ihre Bedenken miteinander teilten. Familien wurden getrennt, wobei die Kinder zunächst von ihren Eltern während des Gottesdienstes weggesetzt und später dann der Vollzeitpflege eines anderen Kirchenmitglieds übergeben wurden. Ehefrauen wurden ermuntert, außereheliche sexuelle Beziehungen einzugehen, um eheliche Bindungen zu lockern. Außerdem garantierte der dichte Dschungel um Jonestown, dass die Gemeinschaft völlig von der Außenwelt abgeschnitten war und keine Möglichkeit hatte, irgendwelche abweichenden Stimmen von Außenstehenden zu hören. Die mächtigen und schrecklichen Auswirkungen dieser Intoleranz gegenüber abweichenden Meinungen traten bei dem Massenselbstmord zutage. Eine Tonbandaufnahme von der Tragödie enthüllte, dass eine Frau zu einem bestimmten Zeitpunkt offen erklärte, dass die Babys zu leben verdienten. Jones erstickte diese Kritik rasch, indem er sagte, dass Babys den Frieden sogar noch mehr verdienten und dass »das beste Zeugnis, das wir ablegen können, darin besteht, diese gottverdammte Welt zu verlassen«. Die Menge applaudierte Jones, und ein Mann rief: »Es ist vorbei, Schwester … Wir hatten eine schöne Zeit«, und ein anderer fügte hinzu: »Wenn du uns sagst, dass wir unser Leben jetzt hingeben müssen, sind wir bereit.«

Aber Jones kümmerte sich nicht nur darum, seinen Fuß in die Tür zu stellen und alle abweichenden Meinungen zu unterdrücken. Er setzte auch noch eine dritte psychologische Waffe ein, um das Bewusstsein seiner Anhänger zu kontrollieren – er schien einen heißen Draht zu Gott zu haben und Wunder vollbringen zu können.

Wunder über Wunder

Viele Menschen folgten Jones, weil er in der Lage zu sein schien, Wunder zu vollbringen. Bei den Gottesdiensten bat Jones gewöhnlich diejenigen, die an irgendwelchen Krankheiten litten, nach vorne zu kommen. Er griff ihnen in den Mund, zog auf theatralische Weise eine abscheuliche Masse von »krebsartigem« Gewebe heraus und verkündete, dass sie jetzt geheilt seien. Manchmal wurden die Gelähmten scheinbar augenblicklich geheilt, wenn Jones ihnen sagte, dass sie ihre Krücken wegwerfen und den Mittelgang entlangtanzen sollten. Er behauptete auch, die Stimme Gottes zu hören, wenn er Menschen in der Gemeinde aufrief und genaue Informationen über ihr Leben offenbarte. Bei einer Gelegenheit erschienen mehr Menschen als erwartet zu einem Gottesdienst, und Jones verkündete, dass er die Menge speisen würde, indem er auf wunderbare Weise das Essen vermehre. Wenige Minuten später ging die Tür auf, und herein kam ein Kirchenmitglied, das zwei große Tabletts mit gebratenem Hühnerfleisch trug.

Es war alles Schwindel. Die »Krebsgeschwülste« waren in Wirklichkeit ranzige Hühnermägen, die Jones in seiner Hand verborgen hatte, bevor er sie aus dem Mund der Menschen »herauszog«. Die Heilung der »Gelähmten« wurde von einem kleinen inneren Kreis äußerst ergebener Anhänger inszeniert, die vorgaben, dass sie nicht gehen könnten. Die Informationen über die Gemeinde stammten nicht von Gott, sondern wurden stattdessen von Mitgliedern aus Jones' »innerem Kreis« gesammelt, die die Mülleimer der Menschen nach Briefen und anderen nützlichen Dokumenten durchsuchten. Diese Leute schilderten später, wie sie Jones bereitwillig halfen, weil er ihnen gesagt hatte, dass er seine echten übernatürlichen Kräfte für wichtigere Zwecke aufspare. Und das Wunder des frittierten Hühnerfleisches? Ein Mitglied der Gemeinde schilderte später, wie er den Träger des Tabletts kurze Zeit vor dem Wunder bei der Kirche ankommen sah, bewaffnet mit mehreren Essensbehältern von Kentucky Fried Chicken. Als Jones von dieser Bemerkung erfuhr, präparierte er ein Stück Kuchen mit einem schwachen Gift, gab es dem abweichlerischen Kirchenmitglied und verkündete, dass Gott seine Lügen mit Erbrechen und Durchfall bestrafen würde.

Hatte Jones' Bewusstseinskontrolle also nur damit zu tun, dass er seinen Fuß in die Tür stellte, Konformität schuf und Wunder vollbrachte? Tatsächlich gab es da noch den wichtigen Punkt der Selbstrechtfertigung.

Über Verhalten und Überzeugungen

1959 führte der Psychologe Elliott Aronson von der Stanford University eine aufschlussreiche Untersuchung zur Beziehung zwischen Überzeugungen und Verhalten durch.[11] Drehen Sie die Zeiger der Zeit zurück und stellen sich vor, dass Sie eine Versuchsperson bei diesem Experiment sind.

Wenn Sie zu Aronsons Labor kommen, fragt Sie ein Forscher, ob Sie etwas dagegen hätten, an einer Gruppendiskussion über die Psychologie des Sexes teilzunehmen. Begeistert sagen Sie, dass sie dazu bereit sind. Der Forscher erklärt dann, dass manche Menschen während der Diskussion ganz verlegen wurden, und daher müssen jetzt alle potentiellen Versuchspersonen einen »Peinlichkeitstest« bestehen. Man gibt Ihnen eine lange Liste von äußerst einschlägigen Wörtern (darunter viele mit vier Buchstaben) und zwei Passagen, die lebhafte Beschreibungen sexueller Aktivität bieten. Der Forscher bittet Sie, sowohl die Liste als auch die Passagen laut vorzulesen, wobei er einschätzt, wie leicht Sie erröten. Nach vielen salonfähigen Flüchen sagt der Forscher, die gute Nachricht sei, dass Sie den Test bestanden haben und jetzt an der Gruppendiskussion teilnehmen können. Die schlechte Nachricht ist jedoch, dass der »Peinlichkeitstest« mehr Zeit als erwartet in Anspruch genommen hat, so dass die Diskussion bereits begonnen hat und Sie dieses Mal der Gruppe nur zuhören können. Der Forscher führt Sie in eine kleine Kabine, erklärt, dass alle Gruppenmitglieder in getrennten Räumen sitzen, um die Anonymität zu wahren, und bittet Sie, Kopfhörer zu tragen. Sie setzen die Kopfhörer auf und sind ziemlich enttäuscht, als Sie feststellen, dass nach all dem, was Sie durchgemacht haben, die Gruppe eine recht langweilige Diskussion über ein Buch mit dem Titel *Sexualverhalten bei Tieren* führt. Schließlich kehrt der Forscher zurück und bittet Sie anzugeben, wie gerne Sie sich der Gruppe anschließen wollen.

Wie viele psychologische Experimente beinhaltete Aronsons Untersuchung ein beträchtliches Maß an Täuschung. In Wirklichkeit ging es bei dem Experiment nicht um die Psychologie des Sexes, sondern um die Psychologie der Überzeugung. Als die Versuchspersonen im Labor eintrafen, wurden sie zufällig einer von zwei Gruppen zugeordnet. Die Hälfte von ihnen durchlief die oben geschilderte Prozedur und wurde gebeten, äußerst einschlägige Wortlisten und explizite Passagen vorzulesen. Die in der anderen Gruppe wurden gebeten, weit weniger emotional geladene Wörter vorzulesen (wie z. B. »Prostituierte« und »Jungfrau«). Alle hörten dann dieselbe aufgezeichnete Gruppendiskussion und wurden gebeten einzuschätzen, wie gerne sie Mitglied der Gruppe sein wollten. Die meisten Psychologen hätten zur damaligen Zeit vorhergesagt, dass diejenigen, die der peinlicheren Prozedur unterzogen wurden, am Ende die Gruppe weniger mögen würden, weil sie sie mit einer äußerst negativen Erfahrung assoziieren würden. Aronsons Arbeiten zur Psychologie der Selbstrechtfertigung hatten ihn jedoch dazu geführt, ganz andere Ergebnisse zu erwarten. Aronson vermutete, dass diejenigen, die das einschlägigere sexuelle Material gelesen hatten, ihre erhöhte Betretenheit rechtfertigen würden, indem sie sich davon überzeugten, dass die Gruppe es wert sei, sich ihr anzuschließen, und so am Ende eine höhere Meinung von ihr hatten. Aronsons Vorhersagen erwiesen sich als richtig. Auch wenn jeder dieselbe Aufzeichnung der Gruppendiskussion gehört hatte, schätzten diejenigen, die sich dem extremeren Peinlichkeitstest unterzogen hatten, es als weit wünschenswerter ein, sich der Gruppe anzuschließen, als diejenigen aus der »Prostituierte und Jungfrau«-Gruppe.

Aronsons Befunde tragen zu einer Erklärung dessen bei, warum viele Gruppen verlangen, dass potentielle Mitglieder sich schmerzhaften und demütigenden Initiationsritualen unterziehen. Amerikanische College-Burschenschaften lassen Studienanfänger unangenehme Substanzen essen oder sich nackt ausziehen, das Militär unterzieht neue Rekruten einem extremen Training, und von Assistenzärzten erwartet man, dass sie Tag und Nacht arbeiten, bevor sie vollwertige Ärzte werden. Jones benutzte dieselbe Taktik, um in den Menschen ein Gefühl der Verpflichtung gegenüber dem Tempel des Volkes zu erzeugen. Mitglieder der Gemeinde mussten lange Versammlungen ertragen, selbstbezichtigende Briefe schreiben, ihr Eigentum dem Tempel vermachen und zulassen, dass ihre Kinder von anderen Familien aufgezogen wurden. Wenn Jones den Verdacht hatte, dass jemand sich auf eine Weise verhielt, die nicht im Interesse des Tempels war, forderte er andere Mitglieder der Gemeinde auf, sie zu bestrafen. Der gesunde Menschenverstand würde vorhersagen, dass diese Handlungen die Menschen sowohl von Jones als auch vom Tempel des Volkes wegtreiben würden. In Wirklichkeit garantierte die Psychologie der Selbstrechtfertigung jedoch, dass sie der Sache nähergebracht wurden.

Die Bewusstseinskontrolle, die von Jim Jones und seinesgleichen ausgeübt wurde, beinhaltete keinerlei hypnotische Trancezustände und macht auch keine Jagd auf besonders suggestible Personen. Stattdessen wendet sie vier Schlüsselprinzipien an. Das erste hat mit einer schrittweisen Steigerung der Beteiligung zu tun. Sobald ein Kultführer seinen Fuß in der Tür hat, fordert er eine stärkere Beteiligung, bis schließlich die Anhänger voll und ganz Teil der Bewegung geworden sind. Zweitens werden alle abweichenden Stimmen aus der Gruppe entfernt. Skeptiker werden vertrieben, und die Gruppe wird zunehmend von der Außenwelt isoliert. Dann gibt es die Wunder. Indem die Kultführer den Anschein erwecken, das Unmögliche zu vollbringen, überzeugen sie ihre Anhänger häufig davon, dass sie einen direkten Zugang zu Gott haben und daher nicht in Frage gestellt werden sollten. Schließlich gibt es die Selbstrechtfertigung. Sie könnten sich vorstellen, dass die Bitte, sich einem sonderbaren oder schmerzhaften Ritual zu unterziehen, jeden ermuntern wird, eine Abneigung gegen die Gruppe zu entwickeln. In Wirklichkeit ist das Gegenteil der Fall. Wenn sie an diesen Ritualen teilnehmen, rechtfertigen die Anhänger ihr Leiden, indem sie der Gruppe gegenüber eine positivere Einstellung einnehmen.

Natürlich wäre die Vorstellung schön, dass, wenn die Gruppe nicht von der Gesellschaft isoliert worden wäre, die Möglichkeit bestanden hätte, die Wirkungen dieser Techniken ungeschehen zu machen, den Wahnsinn ihrer Verfahrensweisen zu erklären und eine größere Tragödie zu verhüten. Unser letzter Aufenthalt in der Welt der Kulte deutet jedoch darauf hin, dass das eine naive Ansicht derjenigen ist, die dem Bann eines charismatischen Führers verfallen sind.

Wie man einer Gehirnwäsche entgeht

Sie können leicht einer Bewusstseinskontrolle entgehen, vorausgesetzt, Sie halten nach den folgenden vier Gefahrenzeichen Ausschau.

1. Haben Sie das Gefühl, dass die »Fuß in der Tür«-Technik angewendet wird? Hat die Organisation oder die Person sie zuerst gebeten, kleine Akte der Verpflichtung oder Ergebenheit auszuführen, und dann ihre Forderungen langsam erhöht?

Wenn ja, wollen Sie diesen Forderungen wirklich nachkommen, oder werden Sie manipuliert?

2. Nehmen Sie sich vor jeder Organisation in Acht, die versucht, Sie von einer abweichenden Ansicht fernzuhalten. Versuchen diese Leute, Sie von Freunden und der Familie zu trennen? Werden innerhalb der Organisation abweichende Meinungen und offene Diskussionen unterdrückt? Wenn die Antwort auf eine der beiden Fragen »Ja« ist, denken Sie sorgfältig über jegliche Beteiligung nach.

3. Behauptet der Führer der Organisation, paranormale Wunder vollbringen zu können? Etwa Heilungen oder Prophezeiungen? Wie beeindruckend sie auch sein mögen, sind sie doch wahrscheinlich das Ergebnis von Selbsttäuschung oder Betrug. Lassen Sie sich nicht von übernatürlichen Erscheinungen beeinflussen, bevor Sie sie nicht selbst untersucht haben.

4. Verlangt die Organisation irgendwelche schmerzhaften, schwierigen oder demütigenden Initiationsrituale? Denken Sie daran, dass diese wohl dazu dienen könnten, ein gesteigertes Gefühl von Loyalität der Gruppe gegenüber herzustellen. Stellen Sie sich die Frage, ob irgendwelches Leiden wirklich notwendig ist.

Das Ende der Welt ist nahe

In den frühen 1950er Jahren stieß der Psychologe Leon Festinger auf eine Meldung in einer Lokalzeitung, in der es hieß, dass eine sektenähnliche Gruppe das Ende der Welt vorhersagte. Dem Artikel zufolge hatte eine Frau namens Marian Keech ein Erlebnis automatischen Schreibens und behauptete, dass die Botschaften von Außerirdischen stammten. Keech hatte eine kleine Gruppe von elf Anhängern davon überzeugt, dass es am 21. Dezember 1954 eine große Flut geben würde, dass sie sich aber keine Sorgen machen müssten, weil eine fliegende Untertasse sie unmittelbar vor der Katastrophe retten würde.

Festinger fragte sich, was wohl mit Keech und ihren Anhängern geschähe, wenn die erwartete Sintflut und die fliegenden Untertassen nicht Wirklichkeit werden würden. Um das herauszufinden, ließ er heimlich mehrere getarnte Beobachter die Gruppe infiltrieren und sorgsam jede psychologische Wendung aufzeichnen. Festinger schilderte seine Ergebnisse in einem Buch mit dem Titel *When Prophecy Fails* (Wenn Prophezeiungen scheitern) (welches einen Hinweis darauf enthält, ob das Raumschiff tatsächlich landete) und lieferte einen faszinierenden Einblick in die Psychologie von Kulten.[12]

Wenige Tage bevor das Ende der Welt gemäß der Erwartung der Gruppe eintreten sollte, waren Frau Keech und ihre Anhänger heiter, und ein Mitglied buk sogar einen großen Kuchen, der das Mutterschiff darstellte und die glasierte Botschaft trug »In die Luft hinauf!«. Am großen Tag war die Gruppe nervös und aufgeregt. Die Außerirdischen hatten Keech mehrere Botschaften geschickt mit der Erklärung, dass sie um Mitternacht an ihrer Türe klopfen und die Gruppe zu ihren nahe gelegenen, fliegenden Untertassen führen würden (anscheinend gab es keinen Parkplatz direkt vor dem Haus). Die Außerirdischen hatten außerdem gesagt, dass es äußerst wichtig sei, dass niemand Metall bei sich trage, und deshalb tauschten die Gruppenmitglieder mehrere Stunden vor dem erwarteten Besuch ihre Gürtel durch Schnüre aus, schnitten sorgfältig alle Reißverschlüsse von ihren Kleidern ab und rissen die Ösen der Schnürlöcher an ihren Schuhen heraus. Keechs automatisch geschriebene Bücher wurden dann in eine große Einkaufstasche gelegt, und alle warteten auf die Außerirdischen.

Unmittelbar nach Mitternacht wurde klar, dass die außerirdischen Besucher nicht erscheinen würden. Die Gruppe saß fassungslos schweigend da und versuchte die folgenden vier Stunden, eine Erklärung für das Geschehene zu finden. Als das nicht klappte, fing Keech an zu weinen. Einige Stunden später sagte sie jedoch, dass sie eine weitere Botschaft von den Außerirdischen empfangen hatte, in der erklärt wurde, dass die vorhergesagte Katastrophe abgeblasen worden war, weil die Gruppe es geschafft hatte, Licht in der Welt zu verbreiten. Festingers Untersuchung veranschaulicht, dass Menschen eine bemerkenswerte Fähigkeit besitzen, eher Belege wegzuerklären, als ihre geheiligten Überzeugungen zu ändern. Diese »Ich habe mich entschieden, verwirren Sie mich nicht mit den Tatsachen«-Einstellung ermöglicht es, dass ihre Überzeugungen auch bei den verheerendsten Angriffen unangetastet bleiben. Nur zwei Mitglieder von Keechs Gruppe, die beide von Anfang an nur eine schwache Verpflichtung fühlten, gaben ihren Glauben an die Schriften ihres Gurus auf.

Festinger bemerkte, dass viele Gruppenmitglieder besonders großen Eifer zeigten, die Botschaft zu verbreiten, anstatt sich mit eingezogenem Schwanz zurückzuziehen. Vor der gescheiterten Vorhersage scheute die Gruppe die Öffentlichkeit und gab nur widerwillig Interviews. Unmittelbar danach nahmen sie Kontakt mit den Medien auf und begannen eine eilige Kampagne, um ihre Botschaft zu verbreiten. Festinger erklärte dieses merkwürdige Verhalten durch die Vermutung, dass sie versuchten, sich selbst davon zu überzeugen, dass ihr Glaube richtig war, indem sie andere überzeugten, und dabei das Gefühl hatten, dass auch etwas daran sein muss, wenn viele Menschen an etwas glauben.

Schließlich brach die Gruppe auseinander, und alle gingen getrennte Wege. Manche gingen auf die Straße und reisten von einer Zusammenkunft über fliegende Untertassen zur nächsten, wobei sie die frohe Botschaft verbreiteten. Andere kehrten zu ihrem früheren Leben zurück. Keech sorgte sich zunehmend um die Aufmerksamkeit seitens der Strafvollzugsbehörden und tauchte unter. Nachdem sie mehrere Jahre in Peru verbracht hatte, kehrte Keech nach Arizona zurück und behauptete bis zu ihrem Tod im Jahr 1992 weiterhin, dass sie in Kontakt mit Außerirdischen stehe.

Es wäre tröstlich zu glauben, dass die Art von Bewusstseinskontrolle, die in diesem Kapitel besprochen wurde, nur auf die recht eigenartige und esoterische Welt von Kulten beschränkt ist. Tröstlich, aber falsch. Tatsächlich begegnet man häufig genau denselben Prinzipien des Überzeugens im Alltagsleben. Verkäufer setzen die »Fuß in der Tür«-Technik ein, um Verkäufe zu sichern. Politiker versuchen, abweichende Stimmen zum Schweigen zu bringen, und drängen Sie von Informationen weg, die Sie nicht sehen sollen. Händler machen ausgiebigen Gebrauch vom Prinzip der »Selbstrechtfertigung« und sind sich dessen wohl bewusst, dass Sie durch umso mehr geistige Reifen springen müssen, um den Kauf zu rechtfertigen, je mehr Sie für ein Produkt bezahlen. Und Werbeagenturen wissen, dass genauso wie Marian Keechs Anhänger ihre eigenen Überzeugungen bestärkten, indem sie versuchten, andere zu bekehren, Sie Waren an Freunde und Kollegen empfehlen bei dem Versuch, sich davon zu überzeugen, dass Sie die richtige Entscheidung getroffen haben. Obwohl die Kontexte, in denen die Prinzipien wirksam sind, sich unterscheiden, ist die Psychologie genau dieselbe. Die Praktiker der Bewusstseinskontrolle beschränken sich nicht auf Kultführer und religiöse Sekten. Vielmehr begegnen wir ihnen täglich.

7. Kapitel:
Prophezeiungen

In welchem wir herausfinden, ob Abraham Lincoln wirklich seinen eigenen Tod vorhersah, erfahren, wie wir unsere Träume steuern können, und tief in die bemerkenswerte Welt der Schlafwissenschaft eintauchen.

Aberfan ist ein kleines Dorf in Südwales. In den 1960er Jahren arbeiteten viele der dort lebenden Menschen in einem nahe gelegenen Kohlebergwerk, das man errichtet hatte, um diese hochwertige Kohle in diesem Gebiet abzubauen. Obwohl ein Teil der Abfälle der Minenarbeit unter der Erde gespeichert worden war, wurde der größte Teil davon auf die steilen Hänge der Hügel geschüttet, die das Dorf umgaben. Den ganzen Oktober 1966 ergoss sich heftiger Regen auf das Gebiet und sickerte in den porösen Sandstein der Hügel. Unglücklicherweise erkannte niemand, dass das Wasser von dort aus in mehrere verborgene Quellen floss und den Grubenabfall allmählich in weichen Schlamm verwandelte.

Unmittelbar nach neun Uhr am Morgen des 21. Oktobers gab die Seite des Hügels nach, und eine halbe Million Tonnen Geröll begann, sich schnell auf das Dorf zuzubewegen. Obwohl ein Teil des Materials in den unteren Abschnitten des Hügels zum Stehen kam, rutschte der größte Teil davon nach Aberfan hinein und krachte in die Dorfschule. Mehrere Klassenzimmer waren schlagartig in einer zehn Meter tiefen Schlammmasse versunken. Die Schüler hatten die Schulaula wenige Augenblicke zuvor verlassen, nachdem sie die Hymne »All things bright and beautiful« gesungen hatten, und kamen gerade in ihren Klassenzimmern an, als der Erdrutsch die Schule erreichte. Eltern und Polizei eilten zur Schule und begannen verzweifelt, sich durch die Trümmer zu graben. Obwohl eine Handvoll Kinder in der ersten Stunde der

Rettungsaktion lebend geborgen wurde, gab es keine weiteren Überlebenden. 139 Schulkinder und fünf Lehrer verloren bei der Tragödie ihr Leben.

Nach dem Erdrutsch besuchte der Psychiater John Barker das Dorf.[1] Barker hatte ein langjähriges Interesse an paranormalen Erscheinungen und fragte sich, ob die extremen Ereignisse in Aberfan nicht bei zahlreichen Menschen das Erlebnis einer Vorahnung der Tragödie veranlasst haben könnten. Um das herauszufinden, sorgte Barker dafür, dass die Zeitung *Evening Standard* alle Leser, die glaubten, dass sie die Katastrophe von Aberfan vorhergesehen hatten, bitten sollte, mit ihm Kontakt aufzunehmen. Er erhielt 60 Briefe aus ganz England und Wales, wobei mehr als die Hälfte der Auskunftspersonen behaupteten, dass sie ihre scheinbare Vorahnung während eines Traums hatten.

Eines der frappierendsten Erlebnisse wurde von den Eltern eines zehnjährigen Kindes berichtet, das bei der Tragödie umkam. Am Tag vor dem Erdrutsch schilderte ihre Tochter einen Traum, in dem sie zur Schule gehen wollte, sagte aber, dass »keine Schule da gewesen« sei, weil »etwas Schwarzes auf sie niedergegangen war«. In einem anderen Beispiel sagte Frau M. H., eine 54-jährige Frau aus Barnstable, sie habe in der Nacht vor der Tragödie geträumt, dass eine Gruppe von Kindern in einem rechteckigen Zimmer eingeschlossen war. In ihrem Traum wurde das Ende des Zimmers von mehreren Holzbalken blockiert, und die Kinder versuchten, über die Balken zu klettern. Frau M. H. war so besorgt wegen des Traums, dass sie ihren Sohn und ihre Schwiegertochter anrief und sie ermahnte, auf ihre beiden kleinen Töchter besonders gut aufzupassen. Eine andere Auskunftsperson, Frau G. E. aus Sidcup, sagte, dass sie eine Woche vor dem Erdrutsch von einer Gruppe schreiender Kinder geträumt hatte, die von einer Kohlelawine verschüttet worden waren, und zwei Monate vor der

Tragödie hatte Frau S. B. aus London von einer Schule am Hang eines Hügels, einer Lawine und von Kindern geträumt, die ihr Leben verloren. So ging die Liste weiter.

Barker war von den Ergebnissen beeindruckt und gründete 1966 das britische Amt für Vorahnungen (British Premonitions Bureau). Die Öffentlichkeit wurde gebeten, ihre vermeintlichen Vorahnungen bei diesem Amt einzureichen, in der Hoffnung, dass Barker in der Lage sein würde, zukünftige Tragödien vorherzusagen und, wenn möglich, zu verhindern. Leider verfing seine Idee nicht. Obwohl sein Amt etwa tausend Vorhersagen erhielt, stammten die meisten davon von nur sechs Personen.[2] Die vielleicht sonderbarste Geschichte, die bei dem Projekt eingehen sollte, kam von einem dieser angeblichen »Hellseher«, einem 44-jährigen nachts arbeitenden Telefonvermittler namens Alan Hencher. Hencher war zwar üblicherweise darauf spezialisiert, Flugzeugzusammenstöße und andere größere Unfälle vorherzusagen, kontaktierte jedoch 1967 das Amt, um eine weitaus persönlichere Vorahnung registrieren zu lassen. In einem der gewiss schwierigeren Gespräche in der Geschichte der Parapsychologie informierte Hencher den Chef des Amtes, John Barker, darüber, dass Barker bald sterben würde. Seine Aussage erwies sich als unheimlich genau, denn Barker verstarb plötzlich im folgenden Jahr mit nur 44 Jahren. Darüber hinaus wollte es die Ironie des Schicksals, dass Barker zuvor ein Buch mit dem Titel *Scared to Death* (Zu Tode erschrocken) geschrieben hatte, in dem er behauptete, dass das Hören einer Vorahnung des eigenen Todes eine tiefsitzende Angst induzieren und zum Tod führen könnte. Ein paar Jahre später stellte das British Premonitions Bureau seine Arbeit aufgrund mangelnder Finanzierung ein. Anscheinend sahen weder Hencher noch irgendein anderer erfahrener Hellseher diese Schließung voraus.

Die Überzeugung, man habe von der Zukunft geträumt, ist erstaunlich weit verbreitet, wobei kürzlich gemachte Umfragen darauf hindeuten, dass etwa ein Drittel der Bevölkerung irgendwann in ihrem Leben dieses Phänomen erlebt. Ähnliche Überzeugungen hat es die ganze Geschichte hindurch gegeben. Bekanntlich schildert die Bibel, wie der Pharao davon träumte, dass sieben magere Kühe aus einem Fluss herauskamen und sieben fette Kühe fraßen. Josef deutete das als das Kommen von sieben Jahren des Überflusses, auf die sieben Jahre der Hungersnot folgen. Der antike römische Staatsmann und Philosoph Cicero berichtete darüber, dass er einen Traum hatte, in dem er »einen edel aussehenden Jüngling [sah], der an einer goldenen Kette vom Himmel herabgelassen wurde«. Als er am nächsten Tag das Capitol betrat, sah er Octavius und erkannte ihn als den edel aussehenden Jüngling aus seinem Traum. Später folgte Octavius auf Caesar als Kaiser von Rom. In jüngerer Zeit wird berichtet, dass Abraham Lincoln zwei Wochen, bevor er erschossen wurde, von seiner Ermordung träumte. Mark Twain schilderte einen Traum, in dem er die Leiche seines Bruders nur wenige Wochen, bevor sein Bruder bei einer Explosion getötet wurde, in einem Sarg liegen sah. Und Charles Dickens träumte von einer rotgekleideten Frau namens Miss Napier, kurz bevor er Besuch von einem Mädchen bekam, das einen roten Schal trug und sich als Miss Napier vorstellte.

Was könnte diese bemerkenswerten Ereignisse erklären? Haben Menschen wirklich Einblick in die Zukunft? Kann die menschliche Psyche wirklich das eigentliche Gewebe der Zeit zerstören? Ist es möglich, heute schon zu sehen, was morgen geschieht?

Zu allen Zeiten haben diese Fragen den Geist vieler der größten Denker der Welt in Anspruch genommen. Beispielsweise schrieb ungefähr 350 v. Chr. der klassische griechische Philosoph Aristoteles einen kurzen Text mit dem Titel *Über Träume, über die Weissagung im Schlaf.* Aristoteles' zweiteiliges Argument war genauso einfach wie sonderbar. Nachdem er einige Zeit über diese Frage nachgedacht hatte, kam der große Philosoph zu dem Schluss, dass nur Gott in der Lage wäre, prophetische Träume zu schicken. Aristoteles hatte jedoch beobachtet, dass diejenigen, die über die Träume berichteten, nicht besonders aufrechte Bürger zu sein schienen und sich oft als ziemlich »gewöhnliche Personen« erwiesen. Nachdem er sich gedacht hatte, dass Gott keine Zeit damit verschwenden würde, seine Perlen der Weisheit vor solche Säue zu werfen, kam er zu dem Schluss, dass prophetische Träume ohne Schaden als glückliche Zufälle abgetan werden konnten. Das ist ein interessantes Argument, obwohl es wahrscheinlich sowohl von modernen Wissenschaftlern als auch von Frau M. H. aus Barnstable bestritten werden wird. Doch trotz eines 2000 Jahre anhaltenden Interesses am Geheimnis prophetischer Träume haben Forscher es erst im letzten Jahrhundert geschafft, das Rätsel zu lösen.

Bevor Sie weiterlesen, möchten Sie sich vielleicht eine heiße Tasse Kakao machen und unter die Bettdecke kuscheln. Wir sind im Begriff, in die sonderbare Welt der Schlafwissenschaft einzutreten.

Bevor wir jedoch anfangen, wollen wir einen kurzen Gedächtnistest machen: Schauen Sie sich die folgende Liste von Wörtern an und versuchen Sie, sie sich zu merken.

Lampe	Felsen	Apfel	Wurm	Uhr
Baby	Pferd	Schwert	Vogel	Schreibtisch

Vielen Dank, später mehr dazu. Fangen wir an.

Wetten über Preisdifferenzen

In Kapitel 5 wurde geschildert, wie die bahnbrechende Arbeit von Eugene Aserinsky dazu beitrug, einer neuen Wissenschaft vom Träumen den Weg zu ebnen. Aserinsky zeigte, dass, wenn man eine Person aufweckt, nachdem sie sich einige Zeit im REM-Zustand befunden hat, sie sehr wahrscheinlich über einen Traum berichtet. Dadurch setzte er eine Jahrzehnte anhaltende Erforschung der Eigenart von Träumen in Gang. Bei einem Großteil der Arbeiten wurden Menschen gebeten, die Nacht in besonderen Schlaflabors zu verbringen, wobei man sie während ihres Schlafs überwachte und sie aufweckte, wenn sie gerade eine REM-Phase hinter sich hatten, und sie dann bat, ihren Traum zu beschreiben.[3] Diese Arbeiten lieferten viele wichtige Einblicke in das Träumen. Fast jeder träumt in Farbe. Menschen, die von Geburt an blind sind, »sehen« in ihren Träumen nicht, aber erleben viel mehr Gerüche, Geschmackserlebnisse und Geräusche. Obwohl manche Träume sonderbar sind, haben viele mit alltäglichen Routinearbeiten zu tun, wie z.B. Abwaschen, Steuerformulare ausfüllen oder Staubsaugen. Wenn Sie sich an jemanden heranschleichen, der gerade träumt, und leise Musik spielen, sein Gesicht anleuchten oder ihn mit Wasser besprühen, baut er sehr wahrscheinlich diese Reize in seine Träume ein. Die vielleicht wichtigste Enthüllung war jedoch, dass man viel mehr Träume hat, als man meint.

Schlafwissenschaftler entdeckten rasch, dass man im Durchschnitt etwa vier Träume pro Nacht hat. Sie finden ungefähr alle 90 Minuten statt, und jeder dauert etwa 20 Minuten. Beim Aufwachen vergisst man die große Mehrheit dieser Episoden und hat den Eindruck, dass man weitaus weniger träumt, als tatsächlich der Fall ist. Die einzige Ausnahme von dieser Regel ergibt sich, wenn man während eines Traums aufwacht, etwa weil der Wecker am

Morgen klingelt oder man in der Nacht gestört wird. Wenn das geschieht, erinnert man gewöhnlich den allgemeinen Inhalt des Traums und vielleicht auch einige besondere Teile davon, aber bald wird man alles vergessen, es sei denn, die Inhalte sind besonders frappierend. Es gibt jedoch ziemlich ungewöhnliche Umstände, die die Wahrscheinlichkeit, dass man sich an diese Träume erinnert, stark erhöhen.

Weiter vorne in diesem Kapitel legte ich Ihnen eine Liste mit zehn Wörtern vor und bat Sie, sie sich zu merken. Jetzt möchte ich gerne, dass Sie versuchen, sich an alle zehn Wörter zu erinnern. Um Ihnen dabei zu helfen, sehen Sie hier fünf Wörter, die mit einigen der Wörter aus der ursprünglichen Liste assoziiert sind.

Licht   Frucht   Zeit   Galopp   Flügel

Bitte nehmen Sie sich einen Stift und ein Stück Papier, und versuchen Sie, sich an die ursprüngliche Liste zu erinnern. Blättern Sie die Seite nicht um, bevor Sie sich nicht wirklich Mühe gegeben haben, um sich an alle Wörter zu erinnern.

Sind Sie mit allem fertig? Hier ist noch einmal die Liste der Wörter:

| Lampe | Felsen | Apfel | Wurm | Uhr |
| Baby | Pferd | Schwert | Vogel | Schreibtisch |

Wie haben Sie abgeschnitten? Meine Vorhersage ist, dass Sie sich mit besonders hoher Wahrscheinlichkeit an die Wörter »Lampe«, »Apfel«, »Uhr«, »Pferd« und »Vogel« erinnert haben. Warum? Weil die assoziierten Wörter »Licht«, »Frucht«, »Zeit«, »Galopp« und »Flügel« als Hinweisreize gedient haben. Sie hatten diese Wörter nicht vergessen, sondern sie lauerten vielmehr in Ihrem Unbewussten und brauchten nur ein wenig Unterstützung, um bewusst zu werden. Ein ähnliches Prinzip gilt für Ihre Erinnerung an Träume. Genauso wie die assoziierten Wörter Ihnen dabei halfen, sich an Wörter zu erinnern, die Sie sich aus der ursprünglichen Liste nicht sofort ins Gedächtnis rufen konnten, kann ein Ereignis, das Ihnen im Wachzustand widerfährt, die Erinnerung an einen Traum auslösen. Um die Beziehung zwischen diesem Effekt und der Gabe der Prophezeiung herauszufinden, stellen wir uns drei Nächte gestörter Träume vor.

Am ersten Tag gehen Sie nach einem anstrengenden Arbeitstag zu Bett. Sie schließen Ihre Augen und verlieren allmählich das Bewusstsein. Die ganze Nacht hindurch gleiten Sie durch die verschiedenen Schlafphasen und erleben mehrere Träume. Um zehn nach sieben wird Ihr Gehirn plötzlich wieder aktiv und bietet Ihnen eine weitere ganz fiktive Episode dar. Die nächsten 20 Minuten besuchen Sie eine Eisfabrik, fallen in ein riesiges Becken mit Himbeer-Vanilleeis und versuchen, sich essenderweise Ihren Weg nach draußen zu bahnen. Gerade als Sie nicht mehr können, klingelt Ihr Wecker und Sie erwachen, wobei Ihnen Bruchstücke der Fabrik und Himbeer-Vanilleeis durch den Kopf gehen.

Am zweiten Tag findet dieselbe Reihe von Ereignissen statt. Sie gehen zu Bett, gleiten in den Schlaf und erleben mehrere Träume. Um zwei Uhr morgens sind Sie gerade mitten in einem unheimlichen Traum, in dem Sie eine dunkle Landstraße entlangfahren. Eric Chuggers, Ihr größter Lieblingsrockstar, sitzt auf dem Beifahrersitz, und Sie beide unterhalten sich ohne Umstände. Plötzlich springt ein riesiger purpurroter Frosch vor das Auto. Sie reißen das Steuer herum, um dem Frosch auszuweichen, kommen aber von der Straße ab und stoßen gegen einen Baum. Heute Nacht ist Ihre Katze jedoch etwas hungrig und beschließt, zu Ihnen zu kommen und Sie um Essen anzubetteln. Als Sie auf das Bett springt, wachen Sie aus dem Traum mit einer undeutlichen Erinnerung an Eric Chuggers, einen riesigen purpurroten Frosch, einen Baum und den unmittelbar drohenden Tod auf.

In der dritten Nacht schlafen Sie wieder ein. Um vier Uhr morgens haben Sie einen sehr verstörenden Traum. Es ist etwas Surreales, wobei Sie gezwungen werden, für die Rolle eines Oompa Loompas in einer neuen Filmversion von *Charlie und die Schokoladenfabrik* vorzuspielen. Sie sind erfolgreich, entdecken später aber, dass das orangefarbige Make-up und die grüne Haarfarbe, womit Sie für das Vorspielen geschminkt worden waren, nicht mehr weggehen. Plötzlich wachen Sie auf und fühlen sich sehr gestresst, erinnern sich an das Vorspielen und versuchen die nächsten 20 Minuten, die symbolische Bedeutung des Traums herauszufinden. Dann legen Sie sich für den Rest der Nacht wieder schlafen.

Am Morgen wachen Sie auf, schalten das Radio ein und stellen schockiert fest, dass Eric Chuggers in der Nacht bei einem Autounfall getötet wurde.

Dem Nachrichtenbericht zufolge fuhr Chuggers durch die Stadt, riss plötzlich das Steuer herum, um einem anderen Auto auszuweichen, das auf die falsche Straßenseite geraten war, und stieß mit einem Laternenpfahl zusammen. Bingo. Auf dieselbe Art und Weise, wie die Wörter »Zeit« und »Galopp« Ihnen dabei halfen, sich an die Wörter »Uhr« und »Pferd« zu erinnern, wirkt der Nachrichtenbericht wie ein Auslöser, und der Traum über den Autounfall kommt Ihnen plötzlich in den Sinn. Sie vergessen, dass Sie enorme Mengen von Himbeer-Vanilleeis vertilgt haben, und Sie vergessen das aufreibende Oompa-Loompa-Vorspielen. Stattdessen erinnern Sie sich an den einen Traum, der mit Ereignissen in der wirklichen Welt übereinzustimmen scheint, und gelangen so zu der Überzeugung, dass Sie durchaus hellseherische Kräfte besitzen könnten.

Und das ist noch nicht alles. Bald schon, nachdem Sie die Überzeugung gewonnen haben, dass Sie einen Blick in die Zukunft geworfen haben, während Sie fest schliefen, kommt ein Teil Ihres Geistes nach dem Motto »Machen wir dieses Erlebnis so gespenstisch wie möglich« zum Einsatz. Da Träume in der Regel etwas surreal sind, können sie auch so hingebogen werden, dass sie mit den tatsächlich geschehenen Ereignissen übereinstimmen. In Wirklichkeit fuhr Eric Chuggers nicht auf einer Landstraße, stieß nicht gegen einen Baum, und an dem Unfall war auch kein purpurroter Frosch beteiligt. Doch eine Landstraße hat Ähnlichkeit mit einer Straße in der Stadt, und ein Laternenpfahl sieht ein bisschen wie ein Baum aus. Und was ist mit dem riesigen purpurroten Frosch? Nun, der könnte ein Symbol für etwas Unerwartetes gewesen sein, wie z.B. das Auto, das auf die falsche Straßenseite gelangte. Oder es stellt sich vielleicht heraus, dass Chuggers unter der Einwirkung halluzinogener Drogen stand und daher gedacht haben mag, dass der entgegenkommende Wagen tatsächlich ein riesiger, purpurroter Frosch war. Oder vielleicht sehen Sie ein Foto vom Unfallort und stellen fest, dass Chuggers' Wagen ein purpurrotes Maskottchen auf dem Armaturenbrett hatte. Oder vielleicht sollte Chuggers' nächstes Album einen Frosch auf dem Cover haben. Oder vielleicht trug Chuggers zum Zeitpunkt des Zusammenstoßes ein purpurrotes Hemd. Sie verstehen schon. Vorausgesetzt, dass Sie kreativ sind und glauben wollen, dass Sie eine parapsychologische Verbindung mit dem kürzlich verstorbenen Herrn Chuggers haben, werden die Möglichkeiten für Übereinstimmungen nur von Ihrer Vorstellungskraft begrenzt.

Bislang haben wir uns auf Ihren Traum von Chuggers konzentriert, weil er Ähnlichkeit mit Ereignissen hatte, die ein paar Tage später geschahen. Aber stellen wir uns anstelle von Chuggers' Tod vor, dass Sie zu einem Supermarkt gegangen wären und eine besonders herrliche Kostprobe von Himbeer-Vanilleeis angeboten bekamen. Unter diesen Umständen könnten Sie die Träume mit Chuggers und den Oompa Loompas durchaus vergessen haben und in Versuchung geraten sein, Ihren Freunden und Ihrer Familie davon zu erzählen, wie Ihr Traum die unerwartete Begegnung mit Himbeer-Vanilleeis vorherzusagen schien. Oder stellen wir uns vor, dass die Firma, für die Sie arbeiten, Sie befördert, und Ihre neue Stelle erfordert, dass Sie eine Uniform in grellen Farben tragen. Plötzlich würde die tiefe Symbolik des Traums mit den Oompa Loompas hervorstechen, und die Träume von Chuggers und dem Himbeer-Vanilleeis blieben in Ihrem Unbewussten begraben.

Kurz, Sie haben eine Menge Träume und erleben viele Ereignisse. Meistens haben die Träume keine Beziehung zu den Ereignissen, und deshalb vergessen Sie sie. Doch manchmal entspricht einer der Träume einem Ereignis. Sobald das geschieht, ist es plötzlich leicht, sich an den Traum zu erinnern und sich einzureden, dass er auf magische Weise die Zukunft vorhergesagt hat. In Wirklichkeit sind nur die Gesetze der Wahrscheinlichkeit am Werk.

Diese Theorie trägt auch zur Erklärung einer recht merkwürdigen Eigenschaft hellseherischer Träume bei. Die meisten Vorahnungen haben sehr viel mit schlechten Nachrichten zu tun. So sehen Menschen regelmäßig die Ermordung von Weltpolitikern voraus, wohnen der Beerdigung enger Freunde bei, sehen Flugzeuge vom Himmel stürzen und schauen zu, wie Länder Krieg führen. Selten berichten Menschen darüber, dass sie einen Einblick in die Zukunft gewonnen und dabei jemanden gesehen haben, der an seinem Hochzeitstag wahnsinnig glücklich war oder in seinem Beruf befördert wurde. Schlafwissenschaftler haben herausgefunden, dass etwa 80 Prozent aller Träume überhaupt nicht süß sind und sich stattdessen auf negative Ereignisse beziehen. Aufgrund dessen lösen schlechte Nachrichten viel eher als gute Nachrichten die Erinnerung an einen Traum aus, was erklärt, warum so viele hellseherische Träume mit dem Vorhersehen von Tod und Katastrophen zu tun haben.

Zu Beginn dieses Kapitels schilderte ich, wie der Psychiater John Barker 60 Personen fand, die die Katastrophe des Aberfan-Bergwerks vorhergesagt zu haben schienen. Ändert die Erforschung von Träumen und Erinnerungen die Beweiskraft dieser angeblichen Vorahnungen? In 36 von Barkers Fällen lieferten die Auskunftspersonen keinerlei Belege dafür, dass sie ihren Traum vor der Katastrophe festgehalten hatten. Diese Auskunftspersonen hatten möglicherweise noch viele andere Träume, bevor sie von Aberfan hörten und erinnerten sich dann nur an den einen Traum, der mit der Tragödie übereinstimmte, und berichteten nur von diesem. Nicht nur das, sondern das Fehlen jeglicher Aufzeichnungen, die zur Zeit des Traums gemacht wurden, bedeutet, dass sie unabsichtlich den Traum so hingebogen haben könnten, dass er besser zu den unglücklichen Ereignissen passte, die bekannt geworden waren. Schwärze könnte zu Kohle geworden sein, Zimmer könnten zu Klassenzimmern und aus sanft geschwungenen Hügeln könnte ein walisisches Tal geworden sein.

Natürlich könnten diejenigen, die an paranormale Dinge glauben, geltend machen, dass sie von Beispielen überzeugt sind, bei denen Leute ihren Freunden und ihrer Familie von einem Traum erzählen oder ihn in einem Tagebuch beschreiben, und dann entdecken, dass er mit zukünftigen Ereignissen übereinstimmt. Stellen diese Beispiele ein Wunder des Geistes dar? Um das herauszufinden, werden wir uns noch mehr in die Schlafwissenschaft vertiefen.

Interview mit Caroline Watt von der Koestler-Abteilung für
Parapsychologie über Hellsehen im Schlaf
www.richardwiseman.com/paranormality/CarolineWatt.html

»Davon abgesehen, hat Ihnen das Stück gefallen, Frau Lincoln?«

Schlagen Sie irgendwelche beliebige Bücher über paranormale
Phänomene auf, und Sie werden bald feststellen, dass Präsident
Abraham Lincoln einst einen der berühmtesten hellseherischen
Träume der Geschichte hatte. Der Erzählung zufolge wandte sich
Lincoln in den ersten Apriltagen des Jahres 1865 an seinen engen
Freund und Leibwächter Ward Hill Lamon und erklärte, dass er
vor kurzem einen ziemlich beunruhigenden Traum hatte. Während des Traums hatte Lincoln eine »Totenstille« in seinem Körper gespürt und ein Weinen aus einem im unteren Stockwerk des
Weißen Hauses gelegenen Zimmer gehört. Nachdem er das Gebäude durchsucht hatte, gelangte er zum Ostzimmer und fand dort
eine Leiche, die in Begräbnisgewänder eingehüllt war. Eine Menschenmenge blickte traurig auf die Leiche. Als Lincoln fragte, wer
gestorben war, sagte man ihm, es sei der Präsident und dass er ermordet wurde.

Zwei Wochen nach dem Traum schauten sich Lincoln und

seine Frau ein Stück im Ford's Theatre in Washington D. C. an. Kurz nach Beginn des Stückes wurde Lincoln von einem Südstaatenspion namens John Wilkes Booth erschossen.

Die große Mehrheit der Bücher, in denen der Traum geschildert wird, gibt ihren Lesern jedoch nicht alle Informationen. Joe Nickell hatte ein langes und buntes Berufsleben, in dem er als getarnter Detektiv, als Manager eines Flussschiffs, als Karnevalorganisator und als Zauberer arbeitete. Jetzt ist er ein leitender Forscher am Centre for Inquiry, einer amerikanischen Organisation, die paranormale Erscheinungen untersucht. In den 1990er Jahren beschloss Nickell, sich Lincolns scheinbare Prophezeiung genauer anzusehen.[4] Er machte Ward Hill Lamons Darstellung des Vorfalls in seiner 1895 verfassten Denkschrift *Recollections of Abraham Lincoln* (Erinnerungen an Abraham Lincoln) ausfindig und entdeckte, dass in vielen der Darstellungen des Vorfalls aus zweiter Hand ein ganz wichtiger Teil der Episode fehlte. Nachdem Lincoln ihm von seinem Traum erzählt hatte, brachte Lamon seine Besorgtheit zum Ausdruck, aber der Präsident antwortete seelenruhig: »In diesem Traum wurde nicht ich, sondern ein anderer Mensch getötet. Es scheint, dass dieser geisterhafte Mörder Hand an jemand anderen legte.« Mit anderen Worten, Lincoln dachte nicht wirklich, dass er seinen eigenen Tod, sondern den eines anderen Präsidenten gesehen hatte.

Natürlich könnten die, die guten Glaubens sind, geltend machen, dass der Präsident seine eigene Ermordung vorhersah, aber ohne es zu ahnen. Auch wenn man diese Annahme macht, würde dann der Vorfall als ein zwingender Beweis für Hellsehen gelten? Die Antwort liegt abermals in der wegweisenden Arbeit der Schlafwissenschaft.

In den späten 1960er Jahren führten Traumforscher ein bahnbrechendes Experiment mit einer Gruppe von Patienten durch, die an therapeutischen Sitzungen teilnahmen, um mit den psychologischen Auswirkungen größerer Operationen besser fertig zu werden.[5] Die Forscher überwachten die Träume der Patienten über mehrere Nächte hinweg und stellten fest, dass sie viel häufiger von ihren medizinischen Problemen träumten, wenn sie tagsüber an einer therapeutischen Sitzung teilgenommen hatten. Beispielsweise fiel es einem Patienten schwer, mit den Drainageschläuchen klarzukommen, die ihm bei seiner Operation gelegt worden waren. Nachdem er eine Zeitlang bei einer therapeutischen Sitzung über das Problem gesprochen hatte, war die Wahrscheinlichkeit besonders hoch, dass er Träume hatte, in denen er ständig Schläuche in sich selbst und in andere Personen steckte. Kurz, die Träume der Patienten neigten dazu, ihre Ängste widerzuspiegeln. Ähnliche Studien haben denselben Effekt zutage gefördert. Der Inhalt unserer Träume wird nicht nur durch Ereignisse in unserer Umgebung beeinflusst, sondern spiegelt auch häufig das wider, was uns Sorgen macht.

Nickell bemerkte, dass selbst die oberflächlichste Durchsicht von Geschichtsbüchern zeigt, dass Lincoln allen Grund gehabt hätte, wegen der Möglichkeit eines Mordanschlags beunruhigt zu sein. Unmittelbar vor seiner ersten Amtseinführung wurde ihm geraten, dass er es vermeiden solle, durch Baltimore zu reisen, weil seine Berater dort einen Mordplan aufgedeckt hatten, und während seiner Amtszeit hatte er mehrere Todesdrohungen erhalten: Bei einer besonders denkwürdigen Gelegenheit feuerte ein unfähiger Möchtegernmörder eine Kugel durch seinen Zylinderhut. Im Lichte dieser Befunde betrachtet, sieht Lincolns berühmter Traum plötzlich weniger paranormal aus.

Dieselbe Idee könnte auch eines der frappierendsten Beispiele angeblichen Hellsehens im Zusammenhang mit der Aberfan-Katastrophe erklären. Zu Beginn dieses Kapitels schilderte ich, wie eines der jungen Mädchen, die später bei der Tragödie umkommen sollten, ihren Eltern erzählte, dass sie von »etwas Schwarzem« geträumt hatte, das auf die Schule niederging, und dass es die Schule nicht mehr gab. Mehrere Jahre vor der Katastrophe hatten die ortsansässigen Behörden starke Bedenken erhoben, ob es klug sei, große Mengen von Bergwerksschutt auf dem Hügel zu lagern, aber ihre Sorgen wurden von den Betreibern des Bergwerks ignoriert. Der Schriftverkehr aus der damaligen Zeit macht das Ausmaß dieser Bedenken deutlich.[6] Beispielsweise schrieb der Gemeindeingenieur des Gebiets an die Behörden folgenden Hinweis: »Ich betrachte [die Situation] als äußerst ernst, da der Schlamm so flüssig und der Abhang so steil ist, dass der Schlamm im Winter oder während heftiger Regenperioden unmöglich an seinem Ort bleiben kann.« Und später fügte er hinzu: »Diese Befürchtung teilen auch … die Bewohner dieses Gebiets, da sie früher bei heftigen Regenperioden die Bewegung des Schlamms als Gefahr und zum Schaden von Menschen und Eigentum erlebt haben.« Es lässt sich zwar nicht mit Gewissheit feststellen, aber die Möglichkeit besteht, dass der Traum des kleinen Mädchens diese Ängste widergespiegelt haben könnte.

Wie sieht es jedoch mit den anderen 23 Fällen aus, in denen die Leute Beweise vorlegten, dass sie ihren Traum geschildert hatten, bevor es zur Tragödie kam, und in denen der Traum ihre Ängste und Sorgen nicht widerzuspiegeln schien. Um das zu untersuchen, müssen wir die Schlafwissenschaft verlassen und uns in die aufregende Welt der Statistik begeben. Schauen wir uns die Zahlen genauer an, die mit diesen anscheinend übernatürlichen Erfahrungen verbunden sind.

Wählen wir zunächst eine beliebige Person aus Großbritannien aus und nennen sie Brian. Anschließend machen wir ein paar Annahmen zu Brian. Nehmen wir an, dass Brian in jeder

Nacht zwischen seinem 15. und 75. Lebensjahr träumt. Jedes Jahr hat 365 Tage, so dass also diese 60 Jahre garantieren, dass Brian 21 900 Nächte träumt. Nehmen wir außerdem an, dass ein Ereignis wie die Aberfan-Katastrophe nur einmal pro Generation auftritt und ordnen wir es einem beliebigen Tag zu. Nun wollen wir annehmen, dass Brian sich nur einmal in seinem ganzen Leben an einen Traum von derartig schrecklichen Ereignissen erinnern wird, die mit einer solchen Tragödie verbunden sind. Die Wahrscheinlichkeit, dass Brian seinen »Katastrophen«-Traum in der Nacht vor der tatsächlichen Tragödie haben wird, ist sehr gering und beträgt 1 zu 22 000. Kein Wunder, dass Brian überrascht wäre, wenn er diesen Traum hätte.

Hier darf man sich aber nicht in die Irre führen lassen. Wenn Brian über die Wahrscheinlichkeit nachdenkt, dass gerade ihm dieses Ereignis widerfährt, ist er sehr selbstzentriert. In den 1960er Jahren gab es etwa 45 Millionen Menschen in Großbritannien, und dasselbe Zusammentreffen der Ereignisse hätte jedem dieser Menschen widerfahren können. Anhand unserer bisherigen Berechnungen, die zeigen, dass die Wahrscheinlichkeit, dass jeder von ihnen in einer bestimmten Nacht den »Katastrophen«-Traum gehabt haben und die Tragödie sich am nächsten Tag ereignet haben könnte, 1 zu 22 000 ist, würden wir erwarten, dass eine Person von 22 000 oder ungefähr 2000 Menschen in jeder Generation solch ein verblüffendes Erlebnis hätten. Zu sagen, dass die Träume dieser Gruppe genau zuträfen, ist so, wie wenn man einen Pfeil in ein Feld schießen würde, nach seiner Landung eine Zielscheibe um ihn herum malen und sagen würde: »Großartig, was ist wohl die Wahrscheinlichkeit dafür!«

Das Prinzip ist als das »Gesetz der großen Zahlen« bekannt und besagt, dass ungewöhnliche Ereignisse wahrscheinlich eintreten, wenn es viele Gelegenheiten für ein solches Ereignis gibt. Mit der staatlichen Lotterie verhält es sich genauso. Die Wahrscheinlichkeit, dass irgendeine Person den Jackpot knackt, ist eins zu mehreren Millionen, aber es geschieht doch so regelmäßig wie ein Uhrwerk, weil eine so große Zahl von Menschen Lose kauft.

Hinsichtlich echter Belege für Hellsehen ist die Situation also noch schlimmer, als wir uns vorgestellt haben. In unserem Beispiel ging es nur um Menschen, die von der Aberfan-Tragödie träumten. In Wirklichkeit passieren nationale und internationale Unglücksfälle fast jeden Tag. Flugzeugabstürze, Tsunamis, Ermordungen, Serienmorde, Erdbeben, Entführungen, terroristische Akte usw. Da Menschen meistens von Unglücken träumen, steigen die Zahlen schnell an und angebliche Prophezeiungen werden unvermeidlich.

Wie Sie Ihre Träume steuern: Teil eins

Der Harvard-Psychologe Daniel Wegner hat sich eine einfache, aber effektive Methode einfallen lassen, mit der Sie Ihre Träume steuern können.[7] Wie in Kapitel vier schon bemerkt wurde, hat Wegner zahlreiche Arbeiten zum sogenannten »Rebound-Effekt« durchgeführt, bei dem es den Personen, die gebeten werden, nicht an ein bestimmtes Thema zu denken, überraschend schwerfällt, dieses Thema aus ihren Gedanken zu verbannen. Wegner stellte sich die Frage, ob derselbe Effekt auch genutzt werden könnte, um Träume zu beeinflussen. Um das herauszufinden, versammelte er eine Gruppe von Versuchspersonen, gab jeder von ihnen zwei Umschläge und bat sie, einen Umschlag unmittelbar abends vor dem Schlafengehen zu öffnen und den anderen morgens nach dem Aufwachen.

Der erste Umschlag enthielt ungewöhnliche Anweisungen. Alle Versuchspersonen wurden zunächst gebeten, an jemanden zu denken, den sie besonders attraktiv fänden. Die Hälfte der Versuchspersonen wurde dann angewiesen, fünf Minuten lang zu versuchen, **nicht** an diese Person zu denken, während die anderen gebeten wurden, an ihren Traumpartner zu denken. Als jede von ihnen morgens aufwachte, öffneten sie den zweiten Umschlag und fanden weitere Anweisungen. Dieses Mal wurden sie gebeten, alle Träume zu schildern, die sie in der Nacht hatten. Wegner stellte fest, dass Versuchspersonen, die versucht hatten, nicht an die Person zu denken, die sie attraktiv fanden, etwa zweimal so häufig als die anderen von dieser Person träumten. Die Botschaft ist klar – wenn Sie wollen, dass eine bestimmte Person in Ihren Träumen erscheint, versuchen Sie fünf Minuten lang, **nicht** an diese Person zu denken, bevor Sie einschlummern.

Bisher haben wir gesehen, wie die Schlafwissenschaft und das Studium der Statistik darauf hindeuten, dass hellseherische Träume auf selektive Erinnerungen und das Gesetz der großen Zahl zurückgehen. Obwohl diese Erklärungen für viele angeblich hellseherische Träume gelten, könnte man natürlich immer einwenden, dass manche Träume dennoch wirklich übernatürlich sind.

Die schlechte Nachricht ist, dass eine Überprüfung dieser Möglichkeit in der Praxis schwierig ist, obwohl sie sich theoretisch einfach anhört. Es hat keinen Zweck, Menschen darum zu bitten, sich **nach** einer nationalen Katastrophe oder Tragödie zu melden, weil sie wahrscheinlich nur über einen von vielen Träumen, die sie hatten, berichten oder zu der Gruppe gehören, die aufgrund des Gesetzes der großen Zahl zufällig richtig lagen. Man kann Menschen auch nicht bitten, von einem Ereignis zu träumen, das sich auf irgendeine Weise vorhersagen lässt. Stattdessen muss man die Prophezeiungen vieler Menschen festhalten, **bevor** ein **unvorhersagbares** Ereignis eingetreten ist. Dem Gesetz der großen Zahl zufolge würde man schließlich ein breites Spektrum von Vorhersagen erhalten, wobei nur eine äußerst geringe Zahl davon sich im Nachhinein als richtig erweisen würde. Im Gegensatz dazu würden diejenigen, die einen Hang zum Paranormalen haben, vorhersagen, dass dadurch eine überraschend große Zahl von Vorahnungen entstünde, die auf eine ganz bestimmte Zukunft hindeuten.

Die gute Nachricht ist, dass eine solche Untersuchung schon durchgeführt wurde.[8] Ich begrüße Sie zum sonderbaren Fall von Charles Lindbergh jun.

»Die größte Geschichte seit der Auferstehung«

Der Harvard-Psychologe Henry Murray, der 1893 geboren wurde, verbrachte den Großteil seines Lebens mit dem Versuch, die Rätsel der menschlichen Persönlichkeit zu entwirren. In den späten 1930er Jahren war er bei der Entwicklung eines bekannten psychologischen Verfahrens beteiligt, das als »Thematischer Apperzeptionstest« oder kurz »TAT« bezeichnet wird. Beim TAT zeigt man den Probanden Bilder, die verschiedene mehrdeutige Szenen darstellen, wie z. B. eine geheimnisvolle Frau, die einem Mann über die Schulter blickt, und bittet sie zu beschreiben, was ihrer Ansicht nach auf dem Bild geschieht (»Was erkennen Sie im TAT?«). Den Befürwortern des Tests zufolge können gutausgebildete Therapeuten diese Beschreibungen verwenden, um einen wichtigen Einblick in die innersten Gedanken der Menschen zu gewinnen, wobei z. B. Äußerungen über Töten, Gewalt und Mord alle Alarmglocken schrillen lassen. Der TAT ist nicht Murrays einziger Anspruch auf Ruhm. Gegen Ende des II. Weltkriegs appellierte die amerikanische Regierung an ihn, bei der Erstellung eines psychologischen Profils von Adolf Hitler mitzuwirken. Da eine direkte Konsultation äußerst unwahrscheinlich zu sein schien, war Murray gezwungen, sich auf andere Quellen zu verlassen, wie z. B. Hitlers Schulzeugnis, Schriften und Reden. Er kam zu dem Schluss, dass der Diktator, obwohl er kontaktfreudig zu sein schien, in Wirklichkeit ziemlich schüchtern war und ein tiefsitzendes Bedürfnis hatte, das Sudetenland zu annektieren. Das war nur ein Scherz. Tatsächlich meinte Murray, dass Hitler ein klassisches Beispiel eines »kontraaktiven Narzissten« war, ein Mann, der nachtragend war, exzessiv die Aufmerksamkeit anderer verlangte, dazu neigte, andere herabzusetzen, und keinen Spaß verstand. Außer dass er den TAT entwickelte und Hitler auf die Couch legte, führte Murray auch einen einmaligen Test durch, der die hellseherische Macht von Träumen untersuchte.

1927 erlangte der 25-jährige amerikanische Luftpostpilot Charles Lindbergh internationalen Ruhm, als er allein den ersten Nonstop-Flug über den Atlantik machte. Zwei Jahre später heiratete Lindbergh Anne Spencer Morrow, und die beiden zogen weiterhin große öffentliche Aufmerksamkeit auf sich, indem sie mehrere zusätzliche Flugrekorde aufstellten, unter anderem waren sie die Ersten, die von Afrika nach Südamerika flogen und Pionierarbeit bei der Erkundung von Polarrouten von Nordamerika nach Asien leisteten. 1930 bekamen die Lindberghs ihr erstes Kind, Charles Lindbergh jun., und zogen in eine große, abgeschiedene Villa in New Jersey.

Am 1. März 1932 änderte sich die Welt der Lindberghs für immer. Gegen 10 Uhr abends eilte das Kindermädchen zu Charles sen. und sagte ihm, dass Charles jun. aus seinem Zimmer entführt worden sei und dass die Entführer eine Lösegeldnotiz mit der Forderung von 50 000 Dollar hinterlassen hatten. Lindbergh nahm rasch ein Gewehr und suchte das Grundstück ab. Er entdeckte die selbstgezimmerte Leiter, die die Entführer verwendet hatten, um in das Zimmer des Kindes im zweiten Stock zu klettern, fand aber kein Zeichen seines Sohnes. Man rief die Polizei, und Colonel Norman Schwarzkopf (der Vater von General H. Norman Schwarzkopf, der die Koalitionsstreitkräfte bei der Operation Desert Shield befehligte) übernahm die Leitung des Falles und organisierte eine großangelegte Suchaktion. Der Ruhm der Lindberghs hatte zur Folge, dass der Fall ein enormes öffentliches Interesse auf sich zog, wobei ein Journalist ihn gar als »die größte Geschichte seit der Auferstehung« bezeichnete.

Wenige Tage nach dem Bekanntwerden der Entführung beschloss Murray, diesen Fall, der die öffentliche Aufmerksamkeit auf sich zog, zur Untersuchung der Treffgenauigkeit hellseherischer Träume zu nutzen. Er überredete eine überregionale Zeitung, ihre Leser zu bitten, jegliche Vorahnungen zu dem Fall, die in ihren Träumen erschienen waren, mitzuteilen. Murrays Untersuchung sprach sich von einer Zeitung zur nächsten herum, was dazu führte, dass der Psychologe schließlich 1300 Antworten erhielt. Um diese Antworten angemessen beurteilen zu können, war Murray gezwungen, zwei Jahre zu warten, bis das Verbrechen aufgeklärt war.

Binnen weniger Tage nach dem Verschwinden seines Sohnes richtete Lindbergh mehrfach öffentliche Appelle an den Entführer, um ihn zu Verhandlungen zu bewegen. Keiner davon hatte eine Reaktion zur Folge. Als der pensionierte Schullehrer John Condon jedoch einen Artikel in eine Zeitung setzen ließ, worin er

seine Bereitschaft zeigte, als Vermittler zu agieren und das Löse-
geld um zusätzliche 1000 Dollar zu erhöhen, erhielt er von dem
Entführer eine Reihe von Kurznachrichten. Am 2. April wurde
Condon in einer Nachricht aufgefordert, auf einen Friedhof der
Bronx zu kommen und die 50000 Dollar in Goldzertifikaten im
Austausch gegen Informationen über den Aufenthaltsort des Kindes zu übergeben. Condon holte die Zertifikate von Lindbergh ab,
übergab sie bei dem Treffen und erfuhr, dass das Kind auf einem
Boot zu finden sei, das an der Küste von Massachusetts vor Anker
lag. Lindbergh flog tagelang über das Gebiet, konnte das angebliche Boot aber nicht finden.

Am 12. Mai 1932 hielt ein Lastwagenfahrer am Straßenrand
wenige Kilometer vom Haus der Lindberghs entfernt an und ging
zu einer Baumgruppe, um sich zu erleichtern. Dort stieß er zufällig auf die Leiche von Charles Lindbergh jun., die in einem eilig
aufgeschütteten, flachen Grab lag. Der Schädel des Babys wies
schwere Brüche auf, und sein linkes Bein und beide Hände fehlten.
Die Untersuchung eines Gerichtsmediziners ergab später, dass
das Baby schon ungefähr zwei Monate tot war und dass sein Tod
durch einen Schlag auf den Kopf verursacht wurde.

Über zwei Jahre lang mühte sich die Polizei mit der Aufklärung des Verbrechens ab. Im September 1934 wurde ein Tankwart
dann argwöhnisch, als ein Kunde für 20 Liter Benzin mit einem
Zehn-Dollar-Goldzertifikat bezahlte. Der Tankwart schrieb sich
das Kennzeichen des Kunden auf und gab diese Information an
die Behörden weiter. Die Polizei identifizierte den Eigentümer des
Fahrzeugs als Bruno Richard Hauptmann, einen illegalen deutschen Einwanderer, der zu dieser Zeit als Zimmermann arbeitete.
Die Polizei durchsuchte Hauptmanns Haus, entdeckte 14000 Dollar des Lösegeldes und verhaftete ihn unverzüglich. Bei Hauptmanns Verhandlung zeigte die Staatsanwaltschaft, dass seine Hand-

schrift mit jener der Lösegeldforderungen übereinstimmte, die an Condon geschickt wurden, und dass die Dielen in seinem Haus aus demselben Holz gezimmert waren wie die Leiter, die am Haus der Lindberghs entdeckt wurde. Nach einer elfstündigen Beratung fällten die Geschworenen das Urteil »schuldig«, und Hauptmann wurde zum Tode verurteilt.

Als der Fall abgeschlossen war, machte sich Murray an die Arbeit. Er überprüfte seine Sammlung angeblicher Vorahnungen nach drei wichtigen Informationen, die für die Untersuchung der Polizei eine große Hilfe gewesen wären – die Tatsache, dass das Baby tot und in einem Grab verscharrt war und dass das Grab sich in der Nähe von Bäumen befand. Nur etwa 5 Prozent der Antworten deuteten darauf hin, dass das Baby tot war und nur vier der 1300 Antworten erwähnten, dass es in einem Grab in der Nähe von Bäumen verscharrt war. Außerdem erwähnte niemand die Leiter, Erpressungsbriefe oder Lösegeld. Genau wie von den Anhängern der »Traumvorahnungen sind das Ergebnis von normalen und nicht von paranormalen Kräften«-Hypothese vorhergesagt wurde, gingen die Vorahnungen der Auskunftspersonen querbeet, wobei nur wenige davon Informationen enthielten, die sich nachträglich als treffsicher erwiesen. Murray war zu dem Schluss gezwungen, dass seine Ergebnisse »die Behauptung nicht stützten, dass entfernte Ereignisse und Träume kausal miteinander verbunden sind«. Obwohl manche Leute von der Zukunft träumen mögen, bieten diese Träume keinen magischen Einblick in das, was sein wird.

Leider scheint das der Öffentlichkeit niemand gesagt zu haben. 2009 führten die Psychologen Cary Morewedge von der Carnegie Mellon University und Michael Norton von der Harvard University ein Experiment durch, um herauszufinden, ob der moderne Geist sich immer noch von der Vorstellung angezogen fühlt, dass Träume die Zukunft vorhersagen.[9] Nahezu 200 Pendler wurden in

318

einem Bostoner Bahnhof gebeten, sich vorzustellen, dass sie einen bestimmten Flug gebucht hätten, dass aber am Tag vor der Reise eines von vier Ereignissen auftrat. Entweder die Regierung gab eine Warnung vor einem möglichen terroristischen Anschlag heraus, sie dachten daran, dass ihr Flugzeug abstürzte, ein anderes Flugzeug stürzte wirklich auf derselben Route ab, oder sie träumten, in ein Flugzeugunglück verwickelt zu sein. Nachdem sie sich jedes dieser Szenarien vorgestellt hatten, wurden alle gebeten, jeweils die Wahrscheinlichkeit anzugeben, mit der sie ihren Flug stornieren würden. Erstaunlicherweise wurden die hellseherischen Träume an erster Stelle genannt, da sie ein stärkeres Gefühl von Angst verursachten als eine Terrorwarnung der Regierung oder gar ein wirklicher Absturz.

Außer dass sie das »Träume als Prophezeiungen«-Modell der menschlichen Psyche ernsthaften Zweifeln unterzog, hat die Schlafwissenschaft auch beträchtliche Fortschritte bei der Erhellung des vielleicht größten aller Rätsel im Zusammenhang mit Träumen erzielt – welchen Zweck haben unsere Träume eigentlich?

Wie Sie Ihre Träume steuern: Teil zwei

Die ultimative Art von Traumsteuerung hat mit Klarträumen zu tun. Diese wünschenswerteste aller nächtlichen Aktivitäten bedeutet, dass Sie das Unmögliche erleben können, und erlaubt Ihnen zu fliegen, durch Wände zu gehen und Mußestunden mit Ihrem Lieblingsstar zu verbringen. Dieses sonderbare Phänomen hatte zunächst zahlreiche Auseinandersetzungen zwischen Wissenschaftlern zur Folge, wobei manche Forscher behaupteten, dass diejenigen, die über solche Erfahrungen berichteten, vielleicht gar nicht wirklich träumten. Die Streitfrage wurde jedoch in den späten 1970er Jahren entschieden, als der Traumforscher Keith Hearne die Gehirnaktivität von Leuten untersuchte, die behaupteten, regelmäßig Klarträume zu erleben.[10] In seiner vielleicht bekanntesten Untersuchung lud Hearne seine hoffnungsvollste Versuchsperson in sein Schlaflabor ein, bat sie zu signalisieren, wann sie einen Klartraum hat, indem sie ihre Augen achtmal nach rechts und links bewegen sollte, und überwachte dann ihre Gehirnaktivität, als sie schlief. Hearne entdeckte, dass die Klarträume während des REM-Schlafs stattfanden und mit derselben Art von Gehirnaktivität wie bei einem normalen Traum verbunden waren. Kurz, er legte Beweise vor, dass Klarträume vom träumenden Gehirn hervorgebracht werden.

Hearnes Arbeiten setzten die Erforschung von Klarträumen in Gang, wobei die Wissenschaftler ein ganzes Spektrum von Fragen untersuchten, unter anderem die besten Methoden, um die Chancen zu erhöhen, dass man einen Klartraum hat. Ihre Forschung lässt vermuten, dass die folgenden Schritte Ihnen dabei helfen werden, Kontrolle über Ihre Träume zu erlangen.[11]

1. Stellen Sie Ihren Wecker so ein, dass Sie vier, sechs und sieben Stunden nach dem Einschlafen aufwachen. Theoretisch erhöht das die Wahrscheinlichkeit, dass Sie während eines Traums oder unmittelbar danach aufwachen.

2. Wenn der Wecker Sie während eines Traums weckt, lesen Sie zehn Minuten lang, machen Sie sich Notizen über den Traum oder laufen Sie umher. Gehen Sie dann wieder zu Bett und denken Sie über den Traum nach, den Sie vor dem Auf-

wachen hatten. Sagen Sie sich, dass Sie denselben Traum noch einmal träumen werden, dass Sie sich dieses Mal aber bewusst sein werden, dass Sie träumen.

3. Malen Sie ein großes »W« (für »wach«) auf eine Ihrer Handflächen und den Buchstaben »T« (für »träumen«) auf die andere. Immer wenn Sie einen der Buchstaben bemerken, fragen Sie sich, ob sie wach sind oder schlafen. Das hilft Ihnen dabei, sich an das Ritual zu gewöhnen und sich auch dann dieselbe Frage zu stellen, wenn Sie träumen. Außerdem, jede Nacht, wenn Sie im Bett liegen und sich auf das Einschlafen vorbereiten, dann schauen Sie eine Minute lang auf Ihre Handflächen und sagen Sie sich im Stillen, dass Sie auf Ihre Hände schauen werden, wenn Sie träumen.

4. Wenn Sie tatsächlich einen Klartraum haben, werden Sie feststellen, dass Sie entscheiden müssen, ob Sie träumen oder in der wirklichen Welt sind. Die gute Nachricht ist, dass es verschiedene Handlungen gibt, die Ihnen gestatten werden, den Schein von der Wirklichkeit zu unterscheiden. Versuchen Sie zunächst in einen Spiegel zu schauen – in einem Klartraum wird Ihr Bild verschwommen erscheinen. Zweitens können Sie sich auch gerne in den Arm beißen. Wenn Sie einen Klartraum erleben, werden Sie nicht das Geringste spüren, während es in der wirklichen Welt höllisch wehtun wird. Versuchen Sie schließlich, sich gegen eine Wand zu lehnen. In einem Klartraum werden Sie häufig durch die Wand hindurchfallen, wohingegen das in der wirklichen Welt nur dann geschehen wird, wenn das Gebäude in den letzten zehn Jahren von britischen Ingenieuren gebaut wurde.

Ein Spaziergang auf dem Königsweg
zum Unbewussten

Es gibt einen alten Witz über eine Frau, die morgens aufwacht, sich zu ihrem Ehemann herumdreht und sagt: »Letzte Nacht träumte ich, dass du mir eine herrliche Silberhalskette zu meinem Geburtstag geschenkt hast. Was glaubst du, was das bedeutet?« Ihr Ehemann antwortet: »Das wirst du heute Abend erfahren.« Am Abend kommt der Ehemann mit einem kleinen Päckchen nach Hause und überreicht es seiner Frau. Entzückt öffnet sie das Päckchen und findet ein Exemplar von Sigmund Freuds *Die Traumdeutung*.

Der Witz ist erfunden, aber das Buch gibt es wirklich. Sigmund Freud war fasziniert von Träumen und bezeichnete sie bekanntlich als »den Königsweg zum Unbewussten«. Freuds Grundmodell des Geistes drehte sich um die Vorstellung, dass wir alle verschiedene Ängste und Sorgen haben und dass unser bewusster Geist sie insofern bewältigt, als er sie in unser Unbewusstes verdrängt. Beim Träumen macht der bewusste Geist eine wohlverdiente Pause und gestattet unseren wahren Wünschen und Gefühlen, an die Oberfläche zu kommen. Daher dachte Freud, dass es möglich sei, einen Einblick in die geheimen Wünsche einer Person zu gewinnen, wenn man sie den »manifesten Inhalt« eines Traums (wovon sie tatsächlich geträumt hat) beschreiben lässt und diese Beschreibung verwendet, um den »latenten Inhalt« (die unerfüllten Gefühle, die der Traum repräsentiert) zu bestimmen. Das erwies sich jedoch häufig als gar nicht so einfach, weil die Sprache keine große Stärke des unbewussten Geistes ist und er stattdessen zu symbolischer Kommunikation neigt. Obwohl einige dieser Symbole sowohl universal als auch offensichtlich sind (Sie träumen von einer »Zigarre« und denken an einen »Penis«), sind andere sehr persönlich und können nur mit der Hilfe eines geschulten Therapeuten ganz verstanden werden (Sie träumen davon, ständig einen Polizisten zu umarmen, und denken an »200 Euro pro Stunde«). Freuds Ideen haben eine ganze Industrie hervorgebracht, die sich mit der Deutung von Träumen beschäftigt, wobei nicht an Verdrängung leidende Händler auf der ganzen Welt Handbücher, Schulungsseminare und DVDs zu dem Thema verkaufen. Es gibt nur ein kleines Problem. Viele Wissenschaftler glauben heute, dass Freud furchtbar danebenlag und dass diese Interpretationsversuche völlige Zeitverschwendung sind.

Manche Wissenschaftler verfolgen bei Träumen einen stärker evolutionär ausgerichteten Ansatz. Wenn ich Sie aus Ihrem REM-Schlaf aufwecken und Sie um einen Traumbericht bitten würde, würde wahrscheinlich zweierlei geschehen. Erstens würden Sie wohl fragen, was ich in Ihrem Schlafzimmer zu suchen hätte. Zweitens würden Sie, wie weiter vorne in diesem Kapitel bemerkt wurde, etwa acht von zehn Mal von irgendeiner negativen Emotion oder Situation berichten. Vielleicht würden Sie sagen, dass Sie in der Öffentlichkeit nackt waren, in Treibsand versanken oder von anderen ausgelacht wurden (oder in einer wirklich schlechten Nacht alle drei Dinge zusammen). Warum sollten solche negativen Ereignisse unseren träumenden Geist beherrschen? Manchen Evolutionspsychologen zufolge sind Träume eine Generalprobe für die bedrohlichen Situationen, denen Sie in der wirklichen Welt begegnen können.[12] Sie ermöglichen uns, darüber nachzudenken, was wir in schwierigen Situationen tun können, ohne uns tatsächlich in Gefahr zu begeben.

Wenn Sie kein Anhänger dieses »Träume sind ein psychologischer Selbstverteidigungsunterricht«-Modells sind, könnten Sie vielleicht mehr Gefallen an den Ideen finden, die von jenem Mann vorgeschlagen wurden, der zur Entwirrung der Struktur der DNA beitrug, Francis Crick.[13] Mitte der 1980er Jahre ging Crick das Problem auf ganz andere Weise an, als er behauptete, dass Träume die Methode des Gehirns darstellen, die Informationen des Tages auszusortieren, wobei unwichtige Daten ausgeschieden und neue Verbindungen zwischen Ereignissen und Ideen hergestellt werden. Aus Cricks Perspektive sind Träume sowohl eine Methode der Defragmentierung der Festplatte des Geistes als auch ein gigantischer Generator von »Heureka-Augenblicken«. Diese Idee hat durchaus ihre Vorzüge, denn viele Geistesgrößen haben berichtet, dass ihre Träume eine entscheidende Inspirationsquelle waren. Beispielsweise wollte Elias Howe 1840 die erste Nähmaschine entwerfen, konnte sich aber nicht genau vorstellen, wie sie funktionieren sollte. Eines Nachts träumte er, dass er von einer Gruppe von Stammeskriegern umzingelt war, und bemerkte, dass ihre Speere in der Nähe der Spitzen Löcher hatten. Howe begriff, dass der Traum die Lösung seines Problems enthielt, weil mit einem Loch an der Nadelspitze der Faden greifen würde, nachdem die Nadel durch den Stoff gegangen war, und so seine Maschine funktionsfähig machte. Ähnlich brachte der Chemiker August von Kekulé Jahre damit zu, die Struktur der chemischen Verbindung Benzol herauszufinden, bevor er von einer Schlange träumte, die sich in den eigenen Schwanz biss, und begriff, dass die schwer fassbare Verbindung aus einem Ring von Kohlestoffatomen bestehen könnte. (Der Schriftsteller Arthur Koestler schilderte später diesen Vorfall als »den wahrscheinlich wichtigsten Traum in der Geschichte seit Josefs sieben fetten und sieben mageren Kühen«.) Derselbe Prozess hat auch die Geschichte des Sports und der Musik beeinflusst. Der Golfspieler Jack Nicklaus berichtete nämlich, dass er einen bedeutenden Auftrieb in seinem Spiel erfuhr, nachdem er von einer neuen Möglichkeit geträumt hatte, seinen Golfschläger zu halten, und Paul McCartney bemerkte, dass das Lied

»Yesterday« ihm in allen Einzelheiten im Traum erschienen war. (Vor kurzem untersuchte ein Akademiker McCartneys Heureka-Augenblick und kam zu folgendem Schluss: »Diese drei Bestandteile der Person, des Bereichs und des Feldes machen ein System mit zirkulärer Kausalität aus, in dem das Individuum, die soziale Organisation, die sie innerhalb dieses Systems erzeugen, und das Symbolsystem, das sie verwenden, alle gleich wichtig und bei der Erzeugung kreativer Produkte voneinander abhängig sind. ›Yesterday‹ ist nur ein kreatives Produkt dieses funktionierenden Systems.«[14] Gut, dass es aussortiert wird.)

Wenn Sie die Vorstellung von Träumen als »Probelauf für bedrohliche Situationen« oder »Ideengenerator« nicht mögen, könnten Sie sich zu dem gegenwärtigen Favoriten in Wissenschaftskreisen hingezogen fühlen, nämlich zu der Vorstellung, dass Träume das bedeutungslose Erzeugnis zufälliger Gehirnaktivität sind. Diese Idee, die als »Aktivierungs-Synthese-Modell« bezeichnet wird, wurde erstmals von dem Harvard-Psychiater James Hobson in den späten 1970er Jahren vorgeschlagen.[15] Wenn Sie schlafen, empfangen Sie offensichtlich nicht viele Informationen von Ihren Sinnesorganen. Hobson zufolge zeigen die evolutionär älteren Teile des Gehirns, die für Grundfunktionen wie z. B. die Atmung und den Herzschlag verantwortlich sind, einen regelmäßigen Aktivitätsanstieg, der eine ungesteuerte, zufällige Aktivität im ganzen Gehirn zur Folge hat. Aufgrund dieser Verwirrung tut der modernere Teil des Gehirns sein Bestes, um eine sinnvolle Geschichte aus diesen Empfindungen zu machen, und bringt sonderbare Träume hervor, die Alltagssorgen mit zufälligen Elementen verknüpfen. Unter der Annahme, dass Schlaf für unser Wohlbefinden wesentlich ist, glauben manche Theoretiker, dass Träume auf gewisse Weise die »Wächter des Schlafes« sind – ein Mechanismus, der gestattet, mit der Gehirnaktivität umzugehen, ohne dass man aufwacht. Interessanterweise deutet die neueste Spitzenforschung darauf hin, dass sie recht haben könnten, denn Menschen, bei denen derjenige Teil des Gehirns beschädigt ist, der ihnen zu träumen ermöglicht, berichten häufig, dass sie in der Nacht nur sehr schwer in den Schlaf finden.[16] Das Aktivierungs-Synthese-Modell schließt Freuds Vorstellung nicht aus, dass Träume Alltagssorgen widerspiegeln, aber es stellt gewiss die Idee in Frage, dass sie eine sonderbare Art von Symbolik besitzen, die nur mit Hilfe eines geschulten Therapeuten entwirrt werden kann.

Oder vielleicht ist es auch viel einfacher als all dies. Wie der Schlafforscher Jim Horne von der Loughborough University es einmal auf einprägsame Weise ausdrückte, sind Träume nichts weiter als eine Art von »Kino des Geistes«, das die Funktion hat, Ihr Gehirn in den ansonsten langweiligen Stunden des Schlafs zu unterhalten.

Tausende von Jahren glaubten Menschen, dass ihre Träume einen flüchtigen Blick auf die Zukunft liefern könnten. Erst in den 1950er Jahren entdeckten Wissenschaftler, wie man das schlafende Gehirn untersuchen konnte, und fanden die Wahrheit über diese vermeintlich prophetischen Akte heraus. Sie träumen viel mehr, als Sie meinen, und erinnern sich nur an jene Träume, die Wirklichkeit zu werden scheinen. Viele Ihrer Träume drehen sich um Themen, die Ihnen Angst einflößen, und werden daher häufiger mit zukünftigen Ereignissen verbunden. Im Gegensatz zu einer verbreiteten Ansicht träumt fast jedermann, und einige der vielen Millionen von Träumen, die jede Nacht stattfinden, werden allein durch Zufall zukünftige Ereignisse darstellen. Führen Sie Experimente durch, die diese Faktoren eliminieren, und plötzlich kann Ihr schlafender Geist nicht mehr herausfinden, was der morgige Tag bringen wird. Wichtiger ist aber vielleicht, dass diese wissenschaftlichen Expeditionen ins Land der Träume wichtige Hin-

weise auf die wirklichen Gründe unserer nächtlichen Phantasieflüge hervorgebracht haben, unter anderem wie Ihre Träume Sie
auf bedrohliche Situationen vorbereiten, Ihre Chancen erhöhen,
auf kreative Ideen zu kommen, und Ihnen dabei helfen, ausrei-
chend viel Schlaf zu finden. Es gibt viel mehr Rätsel, die den
Schlaf betreffen und noch auf eine Lösung warten, aber eines ist
sicher – für diejenigen, die an die Wirklichkeit des Paranormalen
glauben wollen, sind die Ergebnisse der Schlafwissenschaft ein
Albtraum.

Schluss

In welchem wir herausfinden, warum wir alle einen Hang zum Übernatürlichen haben, und das Wesen von Wundern betrachten.

Wir nähern uns dem Ende unserer abenteuerlichen Reise in die wunderbare Welt der Wissenschaft vom Übernatürlichen. Im ersten Teil unserer Reise entdeckten wir, wie parapsychologische Wahrsagesitzungen Ihr wahres Selbst enthüllen, wie außerkörperliche Erfahrungen zeigen, dass Ihr Gehirn darüber entscheidet, wo Sie sich jetzt gerade befinden, wie Vorführungen vermeintlicher Psychokinese demonstrieren, warum Sehen **nicht** Glauben ist, und wie Versuche, mit den Toten zu sprechen, die Macht Ihres unbewussten Geistes illustrieren. In der zweiten Hälfte unserer Expedition haben wir entdeckt, wie Gespenstererfahrungen wichtige Einblicke in die Psychologie der Suggestion liefern, wie Experten für Bewusstseinskontrolle Ihre Gedanken manipulieren und wie prophetische Träume von der Schlafwissenschaft erklärt werden können. Nebenbei haben wir auch erfahren, wie man eine Vielzahl sonderbarer Erlebnisse erzeugt. Wenn alles erfolgreich verlaufen ist, sollten Sie jetzt unter anderem in der Lage sein, eine Sitzung mit dem Ouija-Brett durchzuführen, aus ihrem Körper zu entschweben, völlig fremden Leuten alles über sie selbst zu erzählen, den Anschein zu vermitteln, Metall durch die Kraft Ihres Geistes zu verbiegen, eine Gehirnwäsche zu vermeiden und Ihre Träume zu steuern.

Es gibt jedoch ein wichtiges Problem, das noch behandelt werden muss. Warum haben wir uns so entwickelt, dass wir das Unmögliche erleben? Unser Geist hat dazu beigetragen, die Welt von schrecklichen Krankheiten zu befreien, Menschen auf den Mond gebracht und angefangen, die Ursprünge des Universums herauszufinden. Warum kann er dann irrtümlicherweise zu der Überzeugung verleitet werden, dass die Seele den Körper verlassen könnte, dass es Geister gäbe und dass unsere Träume wirklich die Zukunft vorhersagten? Merkwürdigerweise sind die beiden Dinge aufs Engste miteinander verknüpft. Bevor wir jedoch herausfinden, wie das vor sich geht, ist es Zeit, zu der Übung zurückzukehren, die Sie ganz zu Beginn dieses Buches gemacht haben.

Wie Sie sich vielleicht erinnern, legte ich Ihnen einen Tintenklecks vor und bat Sie zu entscheiden, wonach er aussähe. Diese Art von Test wurde von Freud'schen Therapeuten bei dem Versuch entwickelt, einen Einblick in ihre Patienten zu gewinnen. Ihnen zufolge projizieren Menschen ihre innersten Gedanken und Gefühle unbewusst auf das Bild und gestatten auf diese Weise einem erfahrenen Therapeuten, einen tiefen Einblick in das Unbewusste ihrer Patienten zu erlangen. Umfangreiche Forschungen haben jetzt gezeigt, dass solche Tests sowohl ungenau als auch unzuverlässig sind.[1] Doch für jede Wolke gibt es auch einen Silberstreif am Horizont, und auf der positiven Seite hat dieser Test mehrere gute Witze angeregt, darunter meinen Lieblingswitz: »Mein Psychoanalytiker ist schrecklich. Ich habe keine Ahnung, was er mit so vielen Fotos meiner nackten Mutter macht.«

Ich schweife ab. Obwohl der Test kein Portal zu Ihrem Unbewussten darstellt, misst er tatsächlich etwas viel Wichtigeres – Ihre Fähigkeit, Muster zu erkennen. Wie haben Sie abgeschnitten? Genauso wie manche Menschen klein und andere groß sind, so haben auch manche Menschen eine natürliche Begabung für das Erkennen von Mustern, und zwar selbst bei bedeutungslosen Farbklecksen. Sie schauen sich das Bild an und sehen sofort das Gesicht eines Pudels, zwei Hasen, die Gras fressen, oder einen Teddybären, der im Bett sitzt. Andere sehen sich dasselbe Bild zehn Minuten lang an, können aber immer noch nicht mehr als ein paar schwarze Kleckse erkennen.

Die Fähigkeit, Muster zu entdecken, spielt eine entscheidende Rolle in Ihrem Alltagsleben, weil Sie ständig gefordert sind, echte Fälle von Ursache und Wirkung zu erkennen. Beispielsweise könnte Ihnen jedes Mal übel werden, wenn Sie bestimmte Speisen essen, und Sie müssten herausfinden, welche Inhaltsstoffe Sie krank machen. Oder es könnte sein, dass Sie ein neues Auto kaufen wollen und deshalb mehrere Testurteile überprüfen, um die Gemeinsamkeiten herauszufinden, die zu einem informierten Kauf führen würden. Oder es könnte sein, dass sie mehrere Beziehungen eingehen müssen, bevor Sie herausfinden, welche Eigenschaften für Ihren idealen Partner ausschlaggebend sind. Diese Fähigkeit, echte Muster zu erkennen, hat eine entscheidende Rolle für den Erfolg und das Überleben der Menschen gespielt. Meistens leistet uns diese Fähigkeit gute Dienste und gestattet uns herauszufinden, wie die Welt funktioniert. Manchmal stößt sie jedoch an ihre Grenzen und lässt uns Dinge sehen, die es nicht gibt.

Stellen wir uns vor, Sie seien draußen in der Wildnis, und der Wind bringt ein paar Büsche in der Nähe zum Rascheln. Außerdem hat man Ihnen gesagt, dass es in diesem Gebiet mehrere hungrige Tiger gibt, und Sie wissen, dass sie dieselbe Art von Rascheln verursachen. Sie stehen nun vor einer einfachen Wahl – entscheiden Sie sich dafür, dass das Rascheln vom Wind kommt, und bleiben, wo Sie sind, oder schließen Sie, dass es durchaus auch ein Tiger sein könnte, und rennen weg? Im Hinblick auf Ihr langfristiges Überleben ist es eindeutig besser, wenn Sie sich nach der sicheren Seite hin täuschen und sich am Ende für die Tigerhypothese entscheiden. Wie das alte Sprichwort schon sagt, ist es letzten Endes immer besser, vor dem Wind wegzulaufen, als einem hungrigen Tiger zu begegnen. Oder um es psychologischer auszudrücken, es ist besser, ein paar Muster zu sehen, die es tatsächlich gar nicht gibt, als dass Ihnen eines entgeht, das wirklich existiert.

Aufgrund dessen haben Ihre Fähigkeiten zum Erkennen von Mustern eine feststehende Tendenz, Verbindungen zwischen völlig unverbundenen Ereignissen herzustellen. Daher können Sie sich leicht davon überzeugen, dass Sie das Unmögliche erlebt haben. Beispielsweise könnten Sie frappierende Zusammenhänge zwischen den bedeutungslosen Aussagen eines Handlesers und Ihrer Vergangenheit finden und zu dem Schluss kommen, dass die Wahrsagerei echt ist. Oder Sie könnten Entsprechungen zwischen einem zufälligen Traum und späteren Ereignissen in Ihrem Leben finden und sich davon überzeugen, dass Sie die Gabe des Hellsehens besitzen. Oder Sie könnten ein schlichtes Foto von Felsen, die sich in einem See spiegeln, ansehen und ein »geisterhaftes« Gesicht im Wasser finden. Oder Sie könnten dabei zusehen, wie eine »parapsychologisch begabte Person« ihre Aufmerksamkeit auf einen Löffel konzentriert, sehen, dass sich der Löffel verbiegt, und schließen, dass das Verbiegen das Ergebnis der verblüffenden paranormalen Fähigkeiten dieser Person ist. Oder Sie könnten vor einem wichtigen Einstellungsgespräch einen Glücksbringer einstecken, die Stelle angeboten bekommen und schließen, dass der Glücksbringer irgendwie für Ihr Glück kausal verantwortlich war.

Diese großartige Theorie des Paranormalen sagt vorher, dass Menschen mit einer besonders guten Begabung im Erkennen solcher Muster häufiger als die meisten anderen scheinbar übernatürliche Phänomene erleben sollten. Aber stimmt das denn auch? Um das herauszufinden, legten Forscher Versuchspersonen Varianten des Tintenkleckstests vor und befragten sie zu den übernatürlichen Ereignissen, die sie erlebt hatten.[2] Genau wie vorhergesagt, zeigten die Ergebnisse, dass diejenigen, die besonders hohe

Punktzahlen bei Mustererkennungstests erreichen, auch viel mehr sonderbare Dinge erleben.

Kurz, die Fähigkeit, Muster zu erkennen, ist für Ihr Überleben so wichtig, dass Ihr Gehirn lieber ein paar eingebildete Muster sieht, als echte Fälle von Ursache und Wirkung zu verpassen. So betrachtet, sind scheinbar übernatürliche Erlebnisse nicht so sehr das Ergebnis davon, dass Ihr Gehirn aus dem Konzept gebracht wird, als vielmehr der Preis dafür, dass Sie in den übrigen Fällen so erstaunlich gut sind.

Über Wunder

Unsere Reise ist fast zu Ende. Es hat mich gefreut, dass Sie dabei waren, und ich hoffe, dass Ihnen die Fahrt gefallen hat. Zum Schluss möchte ich Ihnen gerne einen letzten Gedanken anheimstellen.

Vor vielen Jahren arbeitete ich als Magier in einem Restaurant. Von Tisch zu Tisch gehend, führte ich Kartentricks vor und gab mein Bestes, um allen eine gute Unterhaltung zu bieten. Am Ende meiner Vorführung äußerten die Kunden häufig dieselbe »Scherzfrage«, nämlich »Können Sie meine Rechnung zum Verschwinden bringen?«. Jede Person dachte, dass sie die Erste sei, die auf diese Frage gekommen wäre, und als vollendeter Profi zwang ich mich jedes Mal zum Lachen. Ich war nicht der einzige Magier, der diese Bemerkung Abend für Abend ertragen musste. Tatsächlich handelte es sich um ein weitverbreitetes internationales Phänomen. Ein bekannter amerikanischer Künstler schrieb die Frage auf eine kleine Karte und setzte eine Reihe von Strichen daneben. Immer wenn ein Kunde diese Frage stellte, lachte der Magier, nahm dann die Karte aus seiner Brieftasche und fügte sichtbar einen weiteren Strich hinzu.

Heute wandere ich nicht mehr in Restaurants umher, um Kartentricks vorzuführen. Ich referiere jedoch häufig über paranormale Phänomene und spreche über einen Großteil des Materials aus diesem Buch. Nach dem Vortrag stellt mindestens eine Person immer dieselbe Frage. Anstatt wissen zu wollen, ob ich die Rechnung zum Verschwinden bringen könne, fragen sie mich, ob es irgendwelche paranormalen Phänomene gäbe, die ich nicht wissenschaftlich erklären könne. Wenn ich antworte, dass ich erst noch zwingende Belege für das Übernatürliche sehen muss, machen die Fragesteller oft einen äußerst enttäuschten Eindruck. Ihre Reaktion geht meist auf die Überzeugung zurück, dass eine Welt, die keine übernatürlichen Phänomene umfasst, irgendwie weniger wundersam sei, als eine, in der es das Unmögliche gibt. Ich glaube, dass diese Überzeugung falsch ist.

Der amerikanische Mathematiker und Wissenschaftsautor Martin Gardner war einer meiner akademischen Helden. Er starb 2010 im Alter von 95 Jahren, und in einem seiner letzten Interviews sprach er über den Begriff des Wunders.[3] Gardner machte ein einfaches Gedankenexperiment. Stellen Sie sich vor, dass jemand einen weinführenden Fluss entdeckt oder eine Methode gefunden hätte, einen Gegenstand hoch in der Luft schweben zu lassen. Wie viel Geld würden Sie dafür zahlen, um den Fluss besichtigen oder den schwebenden Gegenstand sehen zu können? Die meisten Menschen bieten frohgemut große Geldsummen an, um Zeugen solcher scheinbar wundersamen Phänomene zu sein. Gardner wies dann darauf hin, dass ein Fluss mit Wasser genauso wunderbar ist wie ein Fluss mit Wein und dass ein Gegenstand, der von der Erde angezogen wird, nicht weniger bemerkenswert ist, als wenn er vom Himmel angezogen wird. Ich glaube, dass er recht hatte. Die Überzeugung, dass die Ergebnisse der Erforschung des Übernatürlichen das Wunder aus der Welt entfernen, ist gleichbedeutend mit der Unfähigkeit, die bemerkenswerten Ereignisse zu sehen, die uns jeden Tag unseres Lebens umgeben. Und im Unterschied zu denen, die mit den Toten zu sprechen oder Gegenstände mit der Kraft ihres Geistes zu bewegen scheinen, sind diese verblüffenden Phänomene echt.

Bevor wir uns auf unsere Expedition begaben, sagte ich, dass wir in eine Welt reisen würden, die wunderbarer als Oz sei. Es war nicht nötig, sehr weit zu reisen. Sie leben schon dort. Wie Dorothy es so unvergesslich am Ende jenes wunderbaren Films ausdrückte, nichts ist so schön wie das Zuhause.

Anhang:
Bausatz für den sofort
einsatzfähigen Superhelden

Ich dachte mir, dass es schön wäre, Sie mit einem Abschiedsgeschenk zu verlassen. Ich habe eine Reihe kurzer und eigenartiger psychologischer Demonstrationen zusammengestellt, mit denen Sie Ihre Freunde, Familie und Kollegen beeindrucken können. Diese Demonstrationen beruhen auf den Theorien und Ideen, denen wir auf unserer Reise begegnet sind, und sind als anregende Erinnerung an unsere Reise gedacht. Sie lassen sich in kurzer Zeit erlernen und machen zusammen den »Bausatz für den sofort einsatzfähigen Superhelden« aus. Viel Vergnügen.

Die Wahrsagesitzung

Im ersten Kapitel wurde untersucht, wie es kommt, dass parapsychologisch begabte Personen, Medien und Astrologen auf sehr genaue und beeindruckende Weise wahrsagen können. Man braucht Übung, um die psychologischen Prinzipien zu meistern, die bei einem professionellen »kalten Wahrsagen« Verwendung finden. Mit der folgenden Demonstration können Sie jedoch ohne weiteres auch völlig Fremde davon überzeugen, dass Sie alles über sie wissen.

In den späten 1940er Jahren führte der Psychologe Bertram

Forer ein bahnbrechendes Experiment durch, in dem er jedem seiner Studenten genau dieselbe Persönlichkeitsbeschreibung gab und feststellte, dass fast alle sie als äußerst zutreffend beurteilten.[4] Dieses Phänomen, das als »Barnum-Effekt« bezeichnet wird, kann genutzt werden, um den Eindruck zu vermitteln, dass Sie einen tiefen und geheimnisvollen Einblick in die Persönlichkeit eines Fremden haben.

Um eine überzeugende Geschichte auszuhecken, stellen Sie zunächst fest, ob die Person, die Sie beeindrucken wollen, sich für Handleserei, Astrologie oder Psychologie interessiert. Dann sehen Sie sich ihre Hand an, fragen Sie nach Ihrem Geburtsdatum oder lassen Sie sie ein Haus zeichnen und sagen Folgendes …

Ich habe den Eindruck, dass Sie ein treuer und anhänglicher Freund sind – jemand, auf den man sich in schwierigen Zeiten verlassen kann. Obwohl Sie aufrichtig sind, sind Sie auch weit ehrgeiziger, als Ihre Freunde und Kollegen meinen. Meistens vermitteln Sie den Eindruck von Stärke, aber tief im Innern sorgen Sie sich manchmal darum, was die Zukunft bringen wird. Sie gehören zu den Menschen, die sehr allgemeinen Aussagen über sich selbst zustimmen. (Das war nur ein Scherz. Tut mir leid, wenn Sie das laut gesagt haben.) Ich habe das Gefühl, dass Sie unter bestimmten Umständen etwas perfektionistisch sein können und dass das die Menschen in Ihrer Nähe manchmal stört. Sie können durchaus beide Seiten bei einer Auseinandersetzung sehen, anstatt überstürzt Schlüsse zu ziehen. Sie gehören zu den Menschen, die gerne alle Tatsachen sammeln und dann eine Entscheidung treffen. Stimmt das? Wenn Sie auf Ihr Leben zurückblicken, halten Sie sich manchmal bei Dingen auf, die Sie anders hätten tun können, aber im Allgemeinen konzentrieren Sie sich auf die Zukunft. Obwohl Sie

342

Veränderungen und Vielfalt genießen, haben Sie auch einen Sinn für Regelmäßigkeit und Beständigkeit. Gerade jetzt sind Sie mit einer bedeutenden Entscheidung konfrontiert, oder Sie haben vor kurzem eine große Veränderung in Ihrem Leben durchgemacht. Sie wissen, dass Sie über beträchtliche ungenutzte Kapazitäten verfügen, die Sie noch nicht zu Ihrem Vorteil genutzt haben, und manchmal sind Sie extravertiert und gesellig, während Sie bei anderen Gelegenheiten weitaus introvertierter und zurückhaltender sind.

Die Vorhersage der Wissenschaft lautet, dass die fremde Person gewaltig beeindruckt sein wird. Natürlich nur, wenn sie dieses Buch nicht gelesen hat.

Der Blitzanästhesist

Kapitel zwei tauchte tief in die Wissenschaft ein, die sich hinter außerkörperlichen Erfahrungen verbirgt, und stellte fest, dass diese merkwürdigen Empfindungen einen einzigartigen Einblick in das Verfahren ermöglichten, wie Ihr Gehirn herausbekommt, wo »Sie« sich in jedem Augenblick Ihres Wachlebens befinden. Ein Teil der Forschung auf diesem Gebiet hat untersucht, wie Ihr Gehirn visuelle Informationen nutzt, um zu entscheiden, wo »Sie« sind, indem Studien durchgeführt wurden, bei denen die Versuchspersonen das Gefühl haben, als ob eine Gummihand oder sogar eine Tischplatte ein Teil von ihnen sei. Die folgende Demonstration des »anästhetisierten Fingers« ist im Prinzip mit diesen Experimenten identisch. Bitten Sie einen Freund, seinen rechten Zeigefinger auszustrecken. Strecken Sie jetzt Ihren linken Zeigefinger aus und umfassen Sie Ihre Hände, so dass Ihr Zeigefinger und der Ihres Freundes sich der Länge nach berühren (siehe das Foto unten).

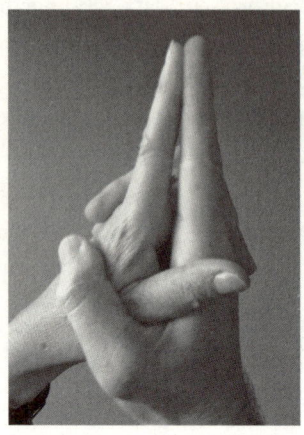

Bitten Sie Ihren Freund dann, mit dem Daumen und dem Zeigefinger seiner linken Hand an den Seiten dieses »Doppelfingers« entlangzustreichen. Lassen Sie ihn seinen linken Daumen an der Vorderseite seines rechten Zeigefingers und seinen linken Zeigefinger an der Vorderseite Ihres linken Zeigefingers entlangreiben. Etwas sehr Sonderbares wird dann geschehen. Ihr Freund wird das Gefühl haben, als ob sein rechter Zeigefinger völlig taub geworden sei.

Das Gehirn Ihres Freundes sieht, dass das, was es für seinen linken Zeigefinger hält, gestreichelt wird, spürt aber nichts und kommt zu dem Schluss, dass der Finger taub sein muss. Außer dass diese Demonstration die innerste Funktionsweise des Gehirns illustriert, eignet sie sich auch hervorragend dazu, Leute in Kneipen anzubaggern.

Der Suggestibilitätstest

In Kapitel drei wurde gezeigt, wie Untersuchungen zum Tischrücken, Ouija-Brett und automatischen Schreiben zur Entdeckung einer Art von unbewusster Bewegung führte, die als »ideomotorisches Handeln« bezeichnet wird. Suggestible Personen sind besonders anfällig für ideomotorisches Handeln, und mit der folgenden Übung können Sie den Grad der Suggestibilität eines Ihrer Freunde einschätzen.

Bitten Sie Ihren Freund, seine Arme vor sich auszustrecken, so dass seine Arme parallel zum Boden und beide Hände mit der Handfläche nach unten und gerade sind. Bitten Sie ihn jetzt, seine Augen zu schließen, während Sie den folgenden Absatz langsam und deutlich vorlesen:

Ich werde dich durch eine einfache Visualisierungsübung führen. Zuallererst stell dir einen schweren Bücherstapel vor, der mit einer dicken Schnur zusammengebunden ist, wobei das Ende der Schnur an den Fingern deiner linken Hand festgebunden ist. Die Bücher hängen unter deiner linken Hand und ziehen deinen Arm nach unten zum Boden. Bewege deine Hände nicht bewusst, sondern höre vielmehr einfach nur auf meine Stimme und lass die Bilder durch deinen Kopf fließen. Stell dir das Gewicht der Bücher vor, das deinen linken Arm sanft nach unten zieht und sich mit der Zeit immer schwerer und schwerer anfühlt. Stelle dir jetzt einen mit Helium gefüllten Ballon vor, der mit einem dünnen Faden verbunden ist. Das Ende des Fadens ist an den Fingern deiner rechten Hand befestigt und zieht deine Hand sanft nach oben. Die Bücher ziehen deine linke Hand nach unten, und der Ballon zieht deine rechte Hand zur Decke hin. Bewege deine Hände nicht absichtlich, sondern höre vielmehr einfach nur auf meine Stimme und lass die Bilder durch deinen Kopf fließen. Deine linke Hand wird nach unten und deine rechte Hand nach oben gezogen. Ausgezeichnet. Öffne jetzt deine Augen und entspanne deine Arme.

Schauen Sie auf die Lage der Hände Ihres Freundes am Ende der Übung. Die Hände waren am Anfang auf derselben Höhe. Hat sich die linke Hand nach unten und die rechte Hand nach oben bewegt? Wenn sie immer noch auf derselben Höhe oder nur ein paar Zentimeter auseinander sind, dann ist die Person nicht besonders suggestibel. Wenn die Hände der Person sich mehr als ein paar Zentimeter auseinanderbewegt haben, dann gehört sie zu einem suggestibleren Typ. Außer den Grad der Suggestibilität zu messen, gibt der Test auch einen Einblick in den Charakter der Person. Nichtsuggestible Typen sind in der Regel bodenständiger und logischer, sie machen gerne Rätsel und Spiele. Im Gegensatz dazu haben suggestible Typen in der Regel eine gute Vorstellungskraft, sind empfindsam, intuitiv und lassen sich leichter von Büchern und Filmen fesseln.

Der Autor beim Suggestibilitätstest
www.richardwiseman.com/paranormality/SuggestTest.html

Der Geist ist stärker als die Materie

In Kapitel vier wurde untersucht, wie Menschen, die behaupten, Gegenstände mit der Kraft ihres Geistes bewegen zu können, zeigen, dass Sie nur einen kleinen Bruchteil dessen sehen, was tatsächlich vor Ihren Augen geschieht. Dieses wichtige psychologische Prinzip wird durch die folgende, aus zwei Teilen bestehende Demonstration illustriert. Alles, was Sie brauchen, ist ein Plastiktrinkhalm, eine Plastikflasche und einen Tisch.

Einige Sekunden, bevor Sie anfangen, reiben Sie den Trinkhalm heimlich an Ihrer Kleidung, damit er eine statische Ladung aufbaut. Anschließend balancieren Sie den Trinkhalm vorsichtig waagrecht auf dem Deckel der Plastikflasche aus (siehe Foto).

Verkünden Sie, dass Sie anscheinend sehr merkwürdige paranormale Kräfte entwickelt hätten, halten Sie Ihre rechte Hand etwa zwei Zentimeter vom einen Ende des Trinkhalms entfernt, und reiben Sie Ihre Finger aneinander. Der Trinkhalm wird sich auf magische Weise auf dem Deckel der Flasche drehen und sich zu Ihren Fingern hin bewegen.

Für den zweiten Teil der Vorführung legen Sie den Trinkhalm einige Zentimeter von der Tischkante entfernt auf die Tischplatte.

Der Trinkhalm muss der Länge nach und parallel zu Ihrem Körper auf dem Tisch liegen. Reiben Sie wieder Ihre Fingerspitzen, als ob Sie versuchten, Ihre schlummernden Kräfte zu wecken. Setzen Sie Ihre Hand jetzt ein paar Zentimeter vom Trinkhalm entfernt auf die Tischplatte (siehe das Foto unten).

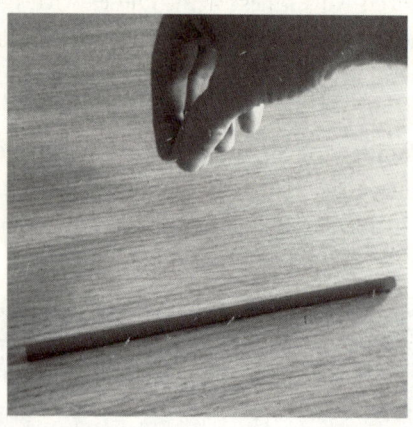

Neigen Sie Ihren Kopf anschließend leicht nach unten, während Sie Ihre Aufmerksamkeit auf den Trinkhalm konzentrieren. Reiben Sie langsam Ihre Finger aneinander und blasen Sie zugleich unbemerkt auf die Tischoberfläche. Die Luftströme werden den Tisch entlangwandern und den Trinkhalm bewegen.

Voilà, ein Wunder ist geschehen.

Der Einsatz zweier verschiedener Methoden (statische Elektrizität und Blasen), um dieselbe Wirkung zu erreichen, ist ein wichtiges Prinzip bei der Vorspiegelung, dass der Geist stärker als die Materie sei. Entsprechend wird beim zweiten Teil der Demonstration die Aufmerksamkeit der Zuschauer auf Ihre Finger gerichtet und von Ihrem Mund weggelenkt, was auch dazu beiträgt, dass sie von der wirklichen Quelle der Bewegung abgelenkt werden.

Der Autor bei der Vorführung der Demonstrationen mit dem Trinkhalm
www.richardwiseman.com/paranormality/PKdemo.html

Das Ritual

In Kapitel fünf haben wir uns tief in die gespenstische Welt der Geister und des Spuks begeben und entdeckt, wie Dinge, die nachts poltern, tatsächlich auf der Psychologie der Suggestion, einem verstärkten Gefühl von Angst, das eine erhöhte Wachsamkeit hervorruft, und auf der »übersensiblen Urheberschaftsermittlungseinheit« des Gehirns beruhen. Viele Leute würden liebend gerne ein Gespenst sehen, und diese Demonstration wird Ihre Freunde davon überzeugen, dass Sie die Macht besitzen, Geister zu beschwören.

Bitten Sie einen Ihrer Freunde, sich etwa einen halben Meter vor einen großen Spiegel zu stellen. Stellen Sie eine Kerze oder ein anderes schwaches Licht direkt hinter ihn und schalten Sie dann das Licht aus. Nachdem er etwa eine Minute lang auf sein Spiegelbild geschaut hat, wird er eine seltsame Illusion erleben. Arbeiten zufolge, die der italienische Psychologe Giovanni Caputo durchgeführt hat,[5] sehen etwa 70 Prozent aller Menschen, wie ihr Gesicht schrecklich verzerrt wird, wobei viele den Eindruck haben, dass es sich in das Gesicht einer anderen Person verwandelt. Volkstümlichen Erzählungen zufolge wird der Effekt verstärkt, wenn ihr Freund dreizehnmal die Worte »Bloody Mary« skandiert. Obwohl sich die Forscher nicht sicher sind, worauf der eigenartige Effekt beruht, scheint er damit zu tun zu haben, dass dieses Verfahren Ihr Gehirn daran hindert, die verschiedenen Merkmale Ihres Gesichts in einem einzigen Bild zu verbinden.

Schließen Sie die Demonstration mit der Erklärung ab, dass die Geister ihrem Freund jetzt sehr wahrscheinlich nach Hause folgen und ihm eine Woche lang furchtbare Albträume eingeben werden (das ist besonders wirksam, wenn seine Hände bei dem Suggestibilitätstest weit voneinander entfernt waren).

Kontrollfreak

Kapitel sechs erforschte die Welt der Bewusstseinskontrolle und zeigte, wie bemerkenswerte Demonstrationen von Telepathie zur Entdeckung des Muskellesens führten und wie die Untersuchungen zu Kultführern die Macht der Überredung enthüllten. Einen Kult zu gründen ist wahrscheinlich keine sehr gute Idee. Es gibt jedoch ein paar spaßige Möglichkeiten, wie Sie den Anschein erwecken können, dass Sie das Verhalten Ihres Freundes kontrollieren.

Bitten Sie Ihren Freund zunächst, seine Hände zu falten, die Zeigefinger jeder Hand aber auszustrecken, wobei ein Abstand von etwa zwei Zentimetern zwischen den beiden Fingerspitzen bestehen soll (siehe Foto nächste Seite).

Verkünden Sie dann, dass Sie die Kraft Ihres Geistes einsetzen werden, um seine Finger sich zueinander hinbewegen zu lassen. Bitten Sie Ihren Freund, so intensiv wie nur möglich zu versuchen, seine Zeigefinger auseinanderzuhalten, sich aber einen dünnen Faden vorzustellen, der um die Fingerspitzen geschlungen wäre, wobei sich die Schlinge allmählich zuzöge. Möglicherweise ist es hilfreich, das Herumschlingen und Zusammenziehen des Fadens mimisch darzustellen. Nach wenigen Sekunden werden die Muskeln Ihres Freundes ermüdet sein, und seine Finger werden sich langsam aufeinanderzubewegen.

Bitten Sie Ihren Freund zweitens, seine rechte Hand flach auf die Tischplatte zu legen. Sein Daumen und seine Finger sollten auseinandergespreizt und flach auf dem Tisch liegen. Bitten Sie ihn, den Mittelfinger seiner rechten Hand am zweiten Gelenk nach innen abzuwinkeln (siehe Foto nächste Seite).

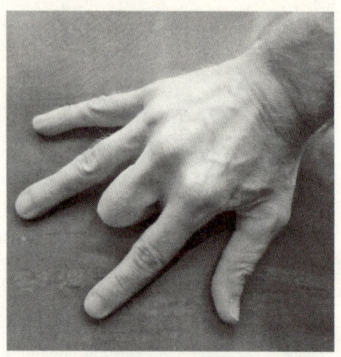

Verkünden Sie, dass Sie ihn mit Ihren geistigen Fähigkeiten daran hindern werden, den Ringfinger seiner rechten Hand vom Tisch abzuheben. Auch wenn er es noch so sehr versuchen mag, Ihr Freund wird nicht in der Lage sein, seinen Ringfinger zu bewegen.

Ich hoffe, dass Sie Spaß dabei haben werden, Ihre neuentdeckten Superkräfte zu demonstrieren, und sie nur für gute Zwecke einsetzen werden.

Danksagung

In erster Linie möchte ich der University of Hertfordshire dafür danken, dass sie meine Arbeit über Jahre hinweg unterstützt hat. Ich möchte Sue Blackmore, James Randi, Jim Houran, Chris French, dem geheimnisvollen Herrn D., Peter Lamont und David Britland für ihre unschätzbaren Beiträge zu diesem Buch danken. Besonderer Dank geht auch an Emma Greening und Clive Jefferies für die Lektüre früherer Fassungen des Manuskripts. Dieses Buch wäre ohne die Leitung und Sachkenntnis meines Agenten Patrick Walsh und des Herausgebers Jon Butler nicht möglich gewesen. Ein besonderes Dankeschön auch an meine wunderbare Kollegin, Mitarbeiterin und Partnerin, Caroline Watt.

Anmerkungen

Einleitung

1 Mein Experiment mit Jaytee wird beschrieben in:
Wiseman, R., Smith, M., Milton, J. (1998). »Can animals detect when their owners are returning home? An experimental test of the ›psychic pet‹ phenomenon.« *British Journal of Psychology*, 89, S. 453–462.
Rupert Sheldrake hat ebenfalls Untersuchungen mit Jaytee gemacht und glaubt, dass die Ergebnisse Belege für parapsychologische Fähigkeiten liefern. Diese Arbeiten werden in seinem Buch »Dogs That Know When Their Owners are Coming Home« beschrieben. Meine Antwort auf diese Untersuchungen steht auf www.richardwiseman.com / jaytee.

2 L. J. Chapman und J. P. Chapman (1967). »Genesis of popular but erroneous psychodiagnostic observations.« *Journal of Abnormal Psychology*, 72, S. 193–204.

3 D. A. Redelmeier und A. Tversky (1996). »On the belief that arthritis pain is related to the weather.« *Proc Natl Acad Sci USA*, 93, S. 2895–2896.

1. Wahrsagerei

1 Der größte Teil der Angaben in diesem Abschnitt wurde entnommen aus:
J. Mooney (2009). »The Demystifying Adventures of the Amazing Randi.« *SF Weekly News*, 26. August.
(http: / / www.sfweekly.com / 2009 – 08 – 26 / news / the-demystifying-adventures-of-the-amazing-randi / 1 /)

2 Für weitere Angaben zu diesem Test siehe: http: / / www.guardian.co.uk / science / 2009 / may / 12 / psychic-claims-james-randi-paranormal

3 Patricia Putt beklagte sich später über die Bedingungen, unter denen der Test durchgeführt wurde. Ihre Bemerkungen und mein Kommentar dazu können hier nachgelesen werden: http://richardwiseman.wordpress.com/2009/05/27/patricia-putt-replies/

4 H. G. Boerenkamp (1988). *A Study of Paranormal Impressions of Psychics*. Den Haag: CIP-Gegevens Koninklijke.
Diese Arbeiten wurden auch in einer Reihe von Aufsätzen im *European Journal of Parapsychology* von 1983 bis 1987 veröffentlicht.

5 S. A. Schouten (1994). »An overview of quantitatively evaluated studies with mediums and psychics.« *The Journal of the American Society for Psychical Research*, 88, S. 221–254.

6 C. A. Roe (1998). »Belief in the paranormal and attendance at psychic readings.« *Journal of the American Society for Psychical Research*, 90, S. 25–51.

7 Für weitere Angaben zum kalten Wahrsagen siehe:
I. Rowland (1998). *The Full Facts Book of Cold Reading*. London: Ian Rowland Limited.

8 Einen Überblick zu dieser Literatur findet man in: D. G. Myers (2008). *Social Psychology*. New York: McGraw-Hill.

9 A. H. Hastorf und H. Cantril (1954). »They Saw a Game: A Case Study.« *Journal of Abnormal and Social Psychology*, 49, S. 129–134.

10 D. H. Naftulin, J. E. Ware und F. A. Donnelly (1973). »The Doctor Fox Lecture: A Paradigm of Educational Seduction«. *Journal of Medical Education*, 48, S. 630–635.

11 Die Herausgeber von *Lingua Franca* (2000). *The Sokal Hoax: The Sham That Shook the Academy*. Lincoln, Nebraska: Bison Books.

12 G. A. Dean, I. W. Kelly, D. H. Saklofske und A. Furnham (1992). »Graphology and human judgement«. In: B. Beyerstein und D. Beyerstein (Hg.), *The Write Stuff*, Buffalo, New York: Prometheus Books, S. 349–395.

13 A. C. Little und D. I. Perrett (2007). »Using composite face images to assess accuracy in personality attribution«. *British Journal of Psychology*, 98, S. 111–126.

14 Die Abbildungen wurden mit Genehmigung des *British Journal of Psychology* wiedergegeben © The British Psychological Society.

15 Für weitere Angaben zu Populationsstereotypen siehe: D. Marks (2000). *The Psychology of the Psychic* (2. Aufl.). Amherst, New York: Prometheus Books.

16 S. J. Blackmore (1997). »Probability misjudgement and belief in the paranormal: A newspaper survey.« *British Journal of Psychology*, 88, S. 683–689.

17 B. Jones (1989). *King of the Cold Readers: Advanced professional pseudo-psychic techniques.* Bakersfield, Kalifornien: Jeff Busby Magic Inc.

18 B. Couttie (1988). *Forbidden Knowledge: The Paranormal Paradox.* Cambridge: Lutterworth Press.

19 W. F. Chaplin, J. B. Phillips, J. D. Brown, N. R. Clanton und J. L. Stein (2000). »Handshaking, gender, personality and first impressions.« *Journal of Personality and Social Psychology*, 79, S. 110–117.

2. Außerkörperliche Erfahrungen

1 C. A. Alvarado (2000). »Out-of-body experiences«. In: E. Cardeña, S. J. Lynn und S. Krippner (Hg.), *Varieties of anomalous experiences.* Washington D. C.: American Psychological Association, S. 183–218.

2 G. Gabbard und S. Twemlow (1984). *With the eyes of the mind.* New York: Praeger Scientific.

3 Für weitere Angaben zu Mumler siehe: L. Kaplan (2008). *The Strange Case of William Mumler, Spirit Photographer.* Minneapolis: University of Minnesota Press.

4 Für weitere Informationen zum Fotografieren der Seele siehe: H. Carrington und J. R. Meader (1912). *Death, its Causes and Phenomena.* London: Rider.

5 M. Willin (2007). *Ghosts Caught on Film: Photographs of the Paranormal?* Cincinnati: David & Charles; dt.: *Geister: Unglaubliche Bilder auf dem Prüfstand, Fotografien des Übersinnlichen.* Graz: Sammler, 2010.

6 D. MacDougall (1907). »Hypothesis concerning soul substance, together with experimental evidence of the existence of such substance.« *Journal of the American Society for Psychical Research*, 1, S. 237–244.

7 M. Roach (2003). *Stiff: The Curious Lives of Human Cadavers.* New York: W. W. Norton.

8 Eine Darstellung der von Watters und Hopper durchgeführten Experimente findet man in: S. J. Blackmore (1982). *Beyond the Body: An investigation into Out-of-the-Body Experiences.* London: Paladin Grafton Books.

9 K. Clark (1984). »Clinical Interventions with Near-Death Experiencers.« In: B. Greyson und C. P. Flynn (Hg.), *The Near-Death Experience: Problems, Prospects, Perspectives.* Springfield, Illinois: Charles C. Thomas.

10 E. Hayden, S. Mulligan und B. L. Beyerstein (1996). »Maria's NDE: Waiting for the Other Shoe to Drop.« *Skeptical Inquirer*, 20(4), S. 27–33.

11 Dieser Fragebogen beruht auf Arbeiten, die beschrieben werden in: A. Tellegen und G. Atkinson (1974). »Openness to absorbing and self-altering experiences (›absorption‹), a trait related to hypnotic susceptibility.« *Journal of Abnormal Psychology*, 83, S. 268–277.

12 K. Osis (1974). »Perspectives for out-of-body research«. In: W. G. Roll, R. L. Morris und J. D. Morris (Hg.), *Research in Parapsychology*, New York: Parapsychological Association, S. 110–113.

13 J. Palmer und R. Lieberman (1975). »The influence of psychological set on ESP and out-of-body experiences.« *Journal of the American Society for Psychical Research*, 69, S. 235–243. J. Palmer und C. Vassar (1974). »ESP and out-of-body experiences: An exploratory study.« *Journal of the American Society for Psychical Research*, 68, S. 257–280.

14 M. Botvinick und J. Cohen (1998): »Rubber hands ›feel‹ touch that eyes see.« *Nature*, 391, S. 756.

15 G. L. Moseley et al. (2008). »Psychologically induced cooling of a specific body part caused by the illusory ownership of an artificial counterpart.« *Proc Natl Acad Sci*, 105, S. 13169–13173.

16 S. Blakeslee und V. S. Ramachandran (1998). *Phantoms in the Brain: Human Nature and the Architecture of the Mind*. New York. William Morrow. K. C. Armel und V. S. Ramachandran (2003). »Projecting sensations to external objects: Evidence from skin conductance response.« *Proceedings of the Royal Society of London: Biological*, 270, S. 1499–1506.

17 V. S. Ramachandran und D. Rogers-Ramachandran (1996). »Synaesthesia in phantom limbs induced with mirrors.« *Proc R Soc Lond B Biol Sci*, 263, S. 377–386.

18 B. Lenggenhager, T. Tadi, T. Metzinger und O. Blanke (2007). »Video ergo sum: Manipulation of bodily self consciousness.« *Science*, 317, S. 1096–1099.

19 E. L. Altschuler und V. S. Ramachandran (2007). »A simple method to stand outside oneself.« *Perception*, 36(4), S. 632–634.

20 S. J. Blackmore und F. Chamberlain (1993). »ESP and Thought Concordance in Twins: A Method of Comparison.« *Journal of the Society for Psychical Research*, 59, S. 89–96.

21 S. J. Blackmore (1987). »Where am I?: Perspectives in imagery, and the out-of-body experience.« *Journal of Mental Imagery*, 11, S. 53–66.

3. Der Geist ist stärker als Materie

1 Für weitere Informationen über Hydrick siehe: D. Korem (1988). *Powers: Testing the psychic & supernatural.* Downers Grove, Illinois: InterVarsity Press. »Psychic Confession«, ein Dokumentarfilm von Korem über seine Zeit mit Hydrick. J. Randi (1981). »›Top Psychic‹ Hydrick: Puffery and Puffs.« *The Skeptical Inquirer*, 5(4), S. 15–18.

2 D. Korem und P. D. Meier (1981). *The Fakers: Exploding the myths of the supernatural.* Grand Rapids, Michigan: Baker Book House.

3 R. Beene (1989). »›Sir James‹ molest suspect says he's misunderstood, but prosecutors insist he's a con man.« *LA Times*, Februar 2006.

4 Dieser Test beruht auf einer ähnlichen Aufgabe, die beschrieben wird in: L. Wardlow Lane, M. Groisman und V. S. Ferreira (2006). »Don't talk about pink elephants! Speakers' control over leaking private information during language production.« *Psychological Science*, 17, S. 273–277.

5 J. Steinmeyer (2006). *Art and Artifice: And Other Essays of Illusion.* New York: Carroll & Graf.

6 B. Singer und V. A. Benassi (1980–81). »Fooling some of the people all of the time.« *Skeptical Inquirer*, 5(2), S. 17–24.

7 R. Hodgson und S. J. Davey (1887). »The possibilities of malobservation and lapse of memory from a practical point of view.« *Proceedings of the Society for Psychical Research*, 4, S. 381–404.

8 A. R. Wallace (1891), Correspondence: »Mr. S. J. Davey's Experiments.« *Journal of the Society for Psychical Research*, 5, S. 43.

9 R. Hodgson (1892). »Mr. Davey's imitations by conjuring of phenomena sometimes attributed to spirit agency.« *Proceedings of the Society for Psychical Research*, 8, S. 252–310.

10 Wiedergabe der Bilder mit Genehmigung von J. Kevin O'Regan, Laboratoire Psychologie de la Perception, CNRS, Université Paris Descartes.

11 R. Wiseman und E. Haraldsson (1995). »Investigating macro-PK in India: Swami Premananda.« *Journal of the Society for Psychical Research*, 60, S. 193–202.

12 H. Münsterberg (1908). *On the Witness Stand: Essays on Psychology and Crime.* New York: Page & Co, Doubleday.

13 R. Buckhout (1974). »Eyewitness testimony.« *Scientific American*, 231, S. 23–31.

14 R. Buckhout (1975). »Nearly 2000 witnesses can be wrong.« *Social Action and the Law*, 2, S. 7.

4. Mit den Toten sprechen

1 Für weitere Angaben zu den Fox-Schwestern siehe: B. Weisberg (2004). *Talking to the Dead: Kate and Maggie Fox and the Rise of Spiritualism*. San Francisco: Harper.

2 P. Lamont (2004). »Spiritualism and a mid-Victorian crisis of evidence.« *Historical Journal*, 47(4), S. 897–920.

3 Zu einer umfassenden Darstellung des Geständnisses siehe: R. B. Davenport (1888). *The Death-Blow to Spiritualism: being the true story of the Fox sisters, as revealed by authority of Margaret Fox Kane and Catherine Fox Jencken*. New York: G. W. Dillingham.

4 P. P. Alexander (1871). *Spiritualism: a narrative with a discussion*. Edinburgh: William Nimmo.

5 N. S. Godfrey (1853). *Table Turning the Devil's Modern Masterpiece; Being the Result of a Course of Experiments*. London: Seeley.

6 D. Graves (1996). *Scientists of Faith*. Grand Rapids, Michigan: Kregel Resources.

7 M. Faraday (1853). »Experimental investigation of table moving.« *Athenaeum*, 1340, S. 801–803.

8 J. Jastrow (1900). *Fact and fable in psychology*. New York: Houghton Mifflin Company.

9 Zu einem Überblick über diese Arbeiten siehe: E. Jacobson (1982). *The human mind: A physiological clarification*. Springfield, Illinois: Charles C. Thomas.

10 H. H. Spitz (1997). *Nonconscious movements: From Mystical Messages to Facilitated Communication*. Princeton: Lawrence Erlbaum Associates.

11 D. M. Wegner und D. J. Schneider (2003). »The White Bear Story.« *Psychological Inquiry*, 14, S. 326–329.

12 O. P. John und J. J. Gross (2004). »Healthy and unhealthy emotion regulation: Personality processes, individual differences, and life span development.« *Journal of Personality*, 72, S. 1301–1317. A. G. Harvey (2003). »The attempted suppression of presleep cognitive activity in insomnia.« *Cognitive Therapy and Research*, 27, S. 593–602.

13 D. M. Wegner, M. E. Ansfield und D. Pilloff (1998). »The putt and the pendulum: Ironic effects of the mental control of action.« *Psychological Science*, 9, S. 196–199.

14 F. C. Bakker, R. R. D. Oudejans, O. Binsch und J. van der Kamp (2006). »Penalty shooting and gaze behavior: Unwanted effects of the wish not to miss.« *International Journal of Sport Psychology*, 37, S. 265–280.

15 J. Etkin (2001). »Erratic Pitching – performance anxiety of baseball players.« *Baseball Digest*, August 2001, S. 52–56.

16 W. F. Prince (1964). *The Case of Patience Worth*. New York: University Books.

17 D. Wegner (2002). *The Illusion of Conscious Will*. Cambridge, Massachusetts: MIT Press.

18 B. Libet, C. A. Gleason, E. W. Wright und D. K. Pearl (1983). »Time of conscious intention to act in relation to onset of cerebral activity (readiness-potential). The unconscious initiation of a freely voluntary act.« *Brain*, 106, S. 623–642. B. Libet (1985). »Unconscious cerebral initiative and the role of conscious will in voluntary action.« *Behavioral and Brain Sciences*, 8, S. 529–566.

19 Beschrieben in »Time and the Observer« von D. C. Dennett und M. Kinsbourne in: *The Nature of consciousness: Philosophical debates*, 141 (Ned Block, Owen Flanagan et al., 1997), S. 168.

Pause

1 Für weitere Angaben zu Gef siehe: H. Price (1936). *Confessions of a Ghost-Hunter*. London: Putnam & Co. Ltd. H. Price und R. S. Lambert (1936). *The Haunting of Cashen's Gap: A Modern »Miracle« Investigated*. London: Methuen & Co. Ltd.

5. Geisterjagd

1 D. P. Musella (2005). »Gallup poll shows that Americans' belief in the paranormal persists.« *Skeptical Inquirer*, 29(5), S. 5.

2 R. Lange, J. Houran, T. M. Harte und R. A. Havens (1996). »Contextual mediation of perceptions in hauntings and poltergeist-like experiences.« *Perceptual and Motor Skills*, 82, S. 755–762.

3 D. J. Hufford (1982). *The Terror That Comes in the Night*. Philadelphia: University of Pennsylvania Press. T. Kotorii, N. Uchimura, Y. Hashizume, S. Shirakawa, T. Satomura et al. (2001). »Questionnaire relating to sleep paralysis.« *Psychiatry and Clinical Neurosciences*, 55, S. 265–266.

4 C. Brown (2003). »The Stubborn Scientist Who Unraveled A Mystery of the Night.« *Smithsonian Magazine*, Oktober 2003.

5 E. Aserinsky und N. Kleitman (1953). »Regularly Occurring Periods of Eye Motility, and Concomitant Phenomena, during Sleep.« *Science*, 118, S. 273–274.

6 Für zusätzliche Angaben zu diesen Arbeiten siehe: R. Wiseman, C. Watt, E. Greening, P. Stevens und C. O'Keeffe (2002). »An investigation into the alleged haunting of Hampton Court Palace: Psychological variables and magnetic fields.« *Journal of Parapsychology*, 66(4), S. 387–408. R. Wiseman, C. Watt, P. Stevens, E. Greening und C. O'Keeffe (2003). »An investigation into alleged ›hauntings‹«. *The British Journal of Psychology*, 94, S. 195–211.

7 G. W. Lambert (1955). »Poltergeists: a physical theory.« *Journal of the Society for Psychical Research*, 38, S. 49–71.

8 A. Gauld und A. D. Cornell (1979). *Poltergeists*. London: Routledge & Kegan Paul.

9 A. Cornell (1959). »An experiment in apparitional observation and findings.« *Journal of the Society for Psychical Research*, 40, S. 120–124. A. Cornell (1960). »Further experiments in apparitional observations.« *Journal of the Society for Psychical Research*, 40, S. 409–418.

10 V. Tandy und T. Lawrence (1998). »The ghost in the machine.« *Journal of the Society for Psychical Research*, 62, S. 360–364.

11 V. Tandy (2000). »Something in the cellar.« *Journal of the Society for Psychical Research*, 64, S. 129–140.

12 C. M. Cook und M. A. Persinger (1997). »Experimental induction of the ›sense presence‹ in normal subjects and an exceptional subject.« *Perceptual and Motor Skills*, 85, S. 683–693. C. M. Cook und M. A. Persinger (2001). »Geophysical variables and behavior: XCII. Experimental elicitation of the experience of a sentient being by right hemispheric, weak magnetic fields: Interaction with temporal lobe sensitivity.« *Perceptual and Motor Skills*, 92, S. 447–448.

13 P. Granqvist, M. Fredrikson, P. Unge, A. Hagenfeldt, S. Valind, D. Larhammar und M. Larsson (2005). »Sensed presence and mystical experiences are predicted by suggestibility, not by the application of weak complex transcranial magnetic fields.« *Neuroscience Letters*, 379, S. 1–6. M. Larsson, D. Larhammar, M. Fredrikson, P. Granqvist (2005). »Reply to M. A. Persinger and S. A. Koren's response to Granqvist et al. »Sensed presence and mystical experiences are predicted by suggestibility, not by the application of transcranial weak magnetic fields.« *Neuroscience Letters*, 380, S. 348–350. Für weitere Angaben zu diesen Arbeiten siehe: http://www.nature.com/news/2004/041206/full/news041206–10.html.

14 C. C. French, U. Haque, R. Bunton-Stasyshyn und R. Davis (2009). »The ›Haunt‹ Project: An attempt to build a ›haunted‹ room by manipulating complex electromagnetic fields and infrasound.« *Cortex*, 45, S. 619–629.

362

Für weitere Angaben zu der möglichen Beziehung zwischen Spuk und Elektromagnetismus siehe: J. J. Braithwaite (2008). »Putting Magnetism in its Place: A Critical Examination of the Weak-Intensity Magnetic field Account for Anomalous Haunt-type Experiences.« *Journal for the Society of Psychical Research*, 890, S. 34–50. J. J. und M. Townsend (2005). »Sleeping with the entity: A quantitative magnetic investigation of an English castle's reputedly haunted bedroom.« *European Journal of Parapsychology*, 20(1), S. 65–78.

15 E. E. Slosson (1899). »A lecture experiment in hallucinations.« *Psychological Review*, 6, S. 407–408.

16 M. O'Mahony (1978). »Smell illusions and suggestion: Reports of smells contingent on tones played on television and radio.« *Chemical Senses and Flavour*, 3, S. 183–189.

17 R. Lange und J. Houran (1999). »The role of fear in delusions of the paranormal.« *Journal of Nervous and Mental Disease*, 187, S. 159–166.

18 R. Lange und J. Houran (1997). »Context-induced paranormal experiences: Support for Houran and Lange's model of haunting phenomena.« *Perceptual and Motor Skills*, 84, S. 1455–1458.

19 J. Houran und R. Lange (1996). »Diary of events in a thoroughly unhaunted house.« *Perceptual and Motor Skills*, 83, S. 499–502.

20 Der größte Teil der Angaben in diesem Abschnitt beruht auf einem Bericht über Smyths Arbeiten in der BBC-Dokumentarreihe *Leap in the Dark* aus den 1970er Jahren.

21 J. M. Bering (2006). »The cognitive psychology of belief in the supernatural.« *American Scientist*, 94, S. 142–149.

22 J. L. Barrett (2004). *Why would anyone believe in God?* Lanham: AltaMira Press.

6. Bewusstseinskontrolle

1 Zu weiteren Angaben über Bishop siehe: H. H. Spitz (1997). *Nonconscious movements: From mystical messages to facilitated communication*. Princeton: Lawrence Erlbaum Associates.
R. Jay (1986). *Learned Pigs and Fireproof Women*. London: Robert Hale.
B. H. Wiley (2009). »The Thought-Reader Craze.« *The Conjuring Arts Research Center*, 4(1), S. 9–134, New York: Gibeciere.

2 Für weitere Angaben zum klugen Hans siehe: H. H. Spitz (1997). *Nonconscious movements: From mystical messages to facilitated communication*. Princeton: Lawrence Erlbaum Associates. O. Pfungst (1911). *Clever Hans*

(The horse of Mr. von Osten): A contribution to experimental animal and human psychology. New York: Henry Holt; dt.: *Das Pferd des Herrn von Osten (der kluge Hans)*, Leipzig: Barth, 1907.

3 R. Rosenthal und K. Fode (1963). »The effect of experimenter bias on the performance of the albino rat.« *Behavioral Science*, 8, S. 183–189.

4 R. Rosenthal und L. Jacobson (1968). *Pygmalion in the classroom: Teacher expectations and pupils' intellectual development.* New York: Holt, Rinehart and Winston.

5 G. L. Wells (1988). *Eyewitness identification: A system handbook.* Toronto: Carswell.

6 H. B. Gibson (1991). »Can hypnosis compel people to commit harmful, immoral and criminal acts?: A review of the literature.« *Contemporary Hypnosis*, 8, S. 129–140.

7 M. T. Orne und F. J. Evans (1965). »Social control in the psychological experiment: Antisocial behavior and hypnosis.« *Journal of Personality and Social Psychology*, 1, S. 189–200.

8 Für weitere Angaben zu Jim Jones siehe: J. Mills (1979). *Six Years with God.* New York: A&W Publishers. D. G. Myers (2010). *Social Psychology* (10. Aufl.), New York: McGraw-Hill.

9 J. L. Freedman und S. C. Fraser (1966). »Compliance without pressure: The foot-in-the-door technique.« *Journal of Personality and Social Psychology*, 4, S. 196–202.

10 S. E. Asch (1951). »Effects of group pressure upon the modification and distortion of judgment.« In: H. Guetzkow (Hg.), *Groups, leadership and men.* Pittsburgh, Pennsylvania: Carnegie Press.

11 E. Aronson und J. Mills (1959). »The effect of severity of initiation on liking for a group.« *Journal of Abnormal and Social Psychology*, 59, S. 177–181.

12 L. Festinger, H. W. Riecken und S. Schachter (1956). *When Prophecy Fails: A Social and Psychological Study of a Modern Group that Predicted the Destruction of the World.* Minneapolis: University of Minnesota Press.

7. Prophezeiungen

1 J. C. Barker (1967). »Premonitions of the *Aberfan* Disaster.« *Journal of the Society for Psychical Research*, 44, S. 168–181.

2 A. MacKenzie (1974). *The Riddle of the Future: A Modern Study of Precognition.* London: Arthur Barker.

3 A. M. Arkin, J. S. Antrobus und J. Ellman (1978). *The mind in sleep: Psychology and psychophysiology.* Princeton: Erlbaum.

4 J. Nickell (1999). »Paranormal Lincoln.« *Skeptical Inquirer*, 23. 3.

5 L. Breger, I. Hunter und R. W. Lane (1971). *The effect of stress on dreams.* New York: International Universities Press.

6 Entnommen aus http://www.nuffield.ox.ac.uk/politics/aberfan/dow intro.htm

7 D. M. Wegner, R. M. Wenzlaff und M. Kozak (2004). »Dream rebound: The return of suppressed thoughts in dreams.« *Psychological Science*, 15, S. 232–236.

8 H. A. Murray und D. R. Wheeler (1937). »A note on the possible clairvoyance of dreams.« *Journal of Psychology*, 3, S. 309–313.

9 C. K. Morewedge und M. I. Norton (2009). »When dreaming is believing: The (motivated) interpretation of dreams.« *Journal of Personality and Social Psychology*, 96, S. 249–264.

10 K. M. T. Hearne (1978). »Lucid Dreams: an electrophysiological and psychological study.« Dissertation, University of Hull.

11 Die Angaben in diesem Abschnitt beruhen auf Stephen LaBerge's »Mnemonic Induction of Lucid Dreams«.

12 A. Revonsuo (2000). »The reinterpretation of dreams: An evolutionary hypothesis of the function of dreaming.« *Behavioral and Brain Sciences*, 23, S. 877–901.

13 F. Crick und G. Mitchison (1983). »The function of dream sleep.« *Nature*, 304, S. 111–114.

14 P. Mcintyre (2006). »Paul McCartney and the creation of ›Yesterday‹: the systems model in operation.« *Popular Music*, 25, S. 201–219.

15 J. A. Hobson und R. W. McCarley (1977). »The brain as a dream-state generator: An activation-synthesis hypothesis of the dream process.« *American Journal of Psychiatry*, 134, S. 1335–1348.

16 M. Solms und O. H. Turnbull (2007). »To sleep, perchance to REM? The rediscovered role of emotion and meaning in dreams.« In: Sergio Della Sala (Hg.), *Tall Tales About the Mind and Brain*, Oxford: Oxford University Press, S. 478–500.

Schluss

1 J. M. Wood, M. T. Nezworski, S. O. Lilienfeld, H. N. Garb (2002). *What's Wrong With the Rorschach? Science Confronts the Controversial Inkblot Test.* New York: John Wiley & Sons.

2 R. Wiseman und C. Watt (2006). »Belief in psychic ability and the misattribution hypothesis: A qualitative review.« *British Journal of Psychology*,

97, S. 323–338. S. J. Blackmore und R. Moore (1994). »Seeing things: Visual recognition and belief in the paranormal.« *European Journal of Parapsychology*, 10, S. 91–103. P. Brugger, M. Regard, T. Landis, D. Krebs und J. Niederberger (1994). »Coincidences: Who can say how ›meaningful‹ they are?« In: E. W. Cook und D. Delanoy (Hg.), *Research in parapsychology*, Metuchen, New Jersey: Scarecrow. P. Brugger und R. Graves (1998). »Seeing connections: associative processing as a function of magical belief.« *Journal of the International Neuropsychological Society*, 4, S. 6–7. R. Wiseman und M. D. Smith (2002). »Assessing the role of cognitive and motivational biases in belief in the paranormal.« *Journal of the Society for Psychical Research*, 66, S. 178–186.

3 J. Jay (2010). »Martin Gardner: An Interview.« *Magic Magazine*, 19(11), S. 58–61. Für weitere Angaben zu diesem Aspekt von Gardners Denken siehe: M. Gardner (1983). *The Whys of a Philosophical Scrivener*. New York: Quill.

4 B. R. Forer (1949), »The fallacy of personal validation: A classroom demonstration of gullibility.« *Journal of Abnormal Psychology*, 44, S. 118–121.

5 G. B. Caputo (2010). »Strange-face-in-the-mirror-illusion.« *Perception*, 39(7), S. 1007–1008.